双面暴君

隋炀帝的生平、时代及真相

胡戟 著

岳麓書社 · 长沙

隋炀帝（唐阎立本绘）

隋代展子虔《授经图》

隋代展子虔《游春图》（局部）

隋代董伯仁《三顾茅庐图》

隋代菩萨像（敦煌莫高窟第 276 窟壁画）

隋代徐敏行墓壁画《徐侍郎出行仪仗图》

愿天下人还他个公道

一个众所周知的事实是，隋炀帝自伴随亡隋的败迹黯然辞世起，便已盖棺定论，被公认是中国历史上最坏的皇帝，千余年来，铁案如山。笔者无意只在“翻案”二字上做文章。按愚意，评论历史人物，功就是功，过就是过，功不折罪，瑕不掩瑜，归根结底要看他历史活动的社会意义是进步还是反动。我之所以认定隋炀帝不失为一个伟大的历史人物，是因为他是中国古代社会历史上建树最多的皇帝之一，而那最后湮没在农民战争的血与火中的，曾是中国历史上最有光彩的一页。完全否定这些，是中国士大夫传统思维模式偏狭、脆弱一面的反映。

显然我们不能指望从瓦岗寨上下来，又抱着“以隋为鉴”宗旨撰史的魏徵，能给我们留下一部公允地评述隋炀帝的《隋书》；我们甚至也不能指望所有作为小生产观念文化代表的中国士大夫及其史学家，能比较客观地认识隋炀帝；即使这几十年，他还是更多地被当作一个批判对象而不是研究对象。所以，我们倘若不下一番从头做起的功夫，把隋炀帝的全部材料，颠来倒去，反复玩味，怕是无法拨开迷雾，接近他的真面目的。

我们差不多可以说，秦始皇做过的事，他多半也做了，但是他没有焚书坑儒；我们还可以说，隋炀帝做过的事，唐太宗多半也做了，但是唐太宗没有开运河。然而，秦始皇、唐太宗都有“千古一帝”的美誉，隋炀帝却落了个万世唾骂的恶名。

我们不能设想，如果隋炀帝早死几年，秦始皇、唐太宗多活几年的话，他们的历史评价是否要掉一个个儿。但我们可以不落前人的窠臼，重新研究隋炀帝，还他一个公道。

此地曾经翠辇过，浮云流水竟如何。
香销南国美人尽，怨入东风芳草多。
残柳宫前空露叶，夕阳川上浩烟波。
行人遥起广陵思，古渡月明闻棹歌。

——［唐］刘沧《经炀帝行宫》

目录

一 天之骄子的诞生：杨广和他的新贵之家

北周武帝天和四年，即公元569年，隋炀帝杨广诞生在关中，出生地可能是同州（即冯翊，治今陕西大荔）。今大荔城中犹有街名龙兴里，文化馆并存“炀帝故里”碑。二十八年前，他的父亲杨坚（541—604）也出生在这里的一座般若寺中。开皇七年（587），隋文帝杨坚来此“亲祠故社”，这里被称是“先帝所居”，北周时就建有其父的桓王庙。[①]

杨坚出生前四年，即公元537年，同

① 参见《隋书》卷1《高祖纪上》，卷7《礼仪志二》。据《隋书·炀帝纪上》和《关中胜迹图志》卷6，杨广在扶风和长安少陵原还有“旧宅”，是与李渊在河东和武功另有别业馆舍一样，这批军事贵族都有多处房地产业。

州以南发生的沙苑之战中，宇文泰大败高欢，这一胜利成为西魏、北周政权立足关中的奠基礼。因同州地处河东往长安的交通要道上，宇文泰常居此地以御东魏、北齐，杨坚的父亲杨忠（507—568）入关未久，便也跟着他在这里安了家。

这是一个新兴的关陇军事贵族之家。北魏末年六镇起兵后的丧乱中，杨忠的父亲杨祯（？—526）从武川（在今内蒙古自治区大青山北）避地中山（治今河北定州），死于鲜于修礼的战事。此后杨忠跟随也是来自武川的独孤信（503—557）作战，北魏末永熙三年（534），他们一起随孝武帝元修入关，投奔武川的世交宇文泰。杨忠武艺绝伦，屡建战功，大统十六年（550）西魏府兵制初创时，独孤信名列八大柱国，杨忠也被授大将军勋衔，这两家都成为关陇军事贵族集团中最显赫的家族。

杨隋谱系

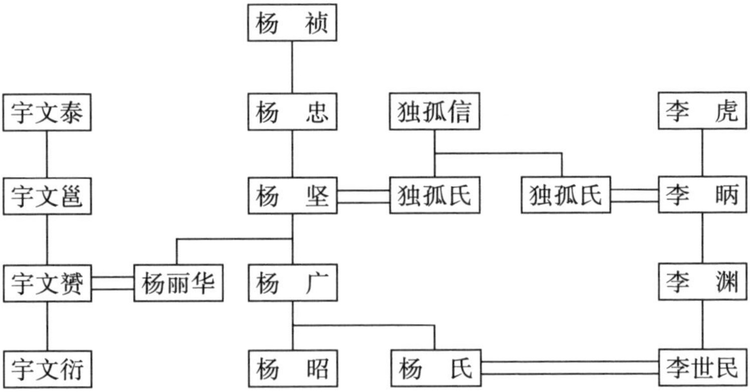

《隋书·高祖纪上》所称杨坚为弘农华阴人，汉太尉杨震之后，是执行宇文泰入关后的政策，“以关内诸州，为其本望”[①]，攀附士族高门，伪冒为弘农杨氏。遍查史志碑传，未见杨坚先人与弘农杨氏有任何关联，其实只是来自武川那个没有士族门阀的僻远军镇的军人，后因战功而成为西魏、北周的军事贵族。宇文泰、杨忠、李虎这一伙起自下层的关陇新贵，其出身、阅历、门第、思想倾向和旧门阀士族是迥然有别的，因此这些新贵结成关陇集团，凭手中掌握的西魏、北周、隋、初唐四朝政权，与旧族抗衡，成为摧毁腐朽的门阀政治的积极力量。

杨广又名英，字阿麽。他的兄弟也有睍地伐、阿祇等非汉族的名字，连他的爸爸杨坚也一度称普六茹坚。他的母亲独孤氏是鲜卑人或匈奴人屠各部后裔。可以说这是一个民族血统混合的家庭。和他家庭背景极为相似的唐太宗，后来能够成为“天可汗”，是很得益于这样的家庭气氛的熏陶的。

杨广的母亲独孤氏，即隋文帝文献皇后（544—602），是独孤信的第七女。杨广的长姐杨丽华（？—609），是北周宣帝天元皇后。杨广出生时，父亲杨坚已袭爵为隋国公，因此他幼年即以父荫封雁门郡公。隋炀帝曾在博陵回忆：“朕昔从先朝周

① 魏徵：《隋书》卷33《经籍志二》，中华书局，1973年，第990页。

旋于此，年甫八岁。”[①] 博陵即定州（治今河北定州），这应指其父杨坚作为右三军总管，在建德五年（576）从周武帝宇文邕平齐之后，又于翌年与齐王宇文宪破北齐任城王高湝于冀州（治今河北冀州），任定州总管一事。但此时杨坚已被齐王宪和内史王轨等盯上，疑心他“貌有反相”，周宣帝（559—580）也向他发出“必族灭尔家”的警告。杨坚迫不得已，“深自晦匿”，极力掩饰。小小年纪的杨广，已惯见战场厮杀的酷烈和政治旋涡的险恶。他是一个在非常的环境里成长起来的非常人才。

对于杨家来说，很快便时来运转。三十六岁的周武帝去世之后不过两年，其子周宣帝便因荒淫过度，在大象二年（580）五月驾崩了。这位年方二十二岁的天元皇帝，长子宇文衍（573—581）此时才八岁，杨坚作为皇太后之父，以外戚身份入主朝政。九个月后，周静帝“逊位于隋”，杨坚轻而易举地捡了个皇帝做，成为隋朝的开国君主。十三岁的杨广，作为天子的骄子，跃入了处于社会巅峰的皇家生活。

① 魏徵：《隋书》卷4《炀帝纪下》，第85页。

二 春风得意的皇子生涯

开皇元年（581）二月甲子（十四日），隋文帝即皇帝位，当月乙亥（二十五日），封雁门公杨广为晋王。丁丑（二十七日），又任命他为并州总管，接替就任太师的李穆。翌年正月，又置河北行台尚书省于并州，以晋王广为尚书令。同时还置河南道行台尚书省于洛州（治今河南洛阳），以第三子秦王俊为尚书令；置西南道行台尚书省于益州（治今四川成都），以第四子蜀王秀为尚书令。“是时，帝惩周室诸侯微弱，以亡天下，故分封诸子，并为行台，专制方面。”[①] 想依靠亲子加强对国内要害地区的控制。

① 魏徵：《隋书》卷23《五行志下》，第660页。

隋文帝像（明人绘）

杨广的任所并州治晋阳，在今太原市西南约二十公里的晋源街道古城营村一带，是东魏、北齐的别都。五六年前这里是北周同北齐激烈争夺的战略要地，并且这里是防御北方突厥的军事重镇，所以隋文帝首先派次子杨广出藩镇守。

此时的杨广年仅十三岁，“朝廷妙选正人有文武才干者，为之僚佐”[①]，“令项城公韶、安道公李彻辅导之”[②]。

王韶（？—591）字子相，是太原晋阳本地人，北周以来累立军功。杨广镇守并州时，王韶为行台右仆射，视从二品。传称：“韶性刚直，王甚惮之，每事谘询，不致违于法度。”[③]

李彻（？—559）字广达，朔方岩绿（今陕西靖边白城子）人，在北周平齐和取陈的淮南诸役之中，每为先锋，武功卓著。

① 魏徵：《隋书》卷54《李彻传》，第1367页。
② 魏徵：《隋书》卷3《炀帝纪上》，第59页。
③ 魏徵：《隋书》卷62《王韶传》，第1473页。

在隋为左武卫将军，从三品。传称："性刚毅，有器干，伟容仪，多武艺。"杨广出镇并州，"诏彻总晋王府军事"[①]。

隋文帝特意安排了隆重的拜官仪式，隋炀帝后来回忆当时的场面说：

> 我昔阶缘恩宠，启封晋阳，出藩之初，时年十二。先帝立我于西朝堂，乃令高颎、虞庆则、元旻等，从内送王子相于我。于时诫我曰："以汝幼冲，未更世事，今令子相作辅于汝，事无大小，皆可委之。无得昵近小人，疏远子相。若从我言者，有益于社稷，成立汝名行。如不用此言，唯国及身，败无日矣。"吾受敕之后，奉以周旋，不敢失坠。[②]

王韶、李彻忠于职守，颇有建树。有一次王韶奉使巡检长城工程。乘其外出，晋王"穿池，起三山"，稍有放纵，王韶便"自锁而谏，王谢而罢之"。隋文帝"闻而嘉叹，赐金百两，并后宫四人"。[③] 开皇三年（583）隋以卫王杨爽等为行军元帅，八

① 魏徵：《隋书》卷 54《李彻传》，第 1367 页。
② 魏徵：《隋书》卷 47《柳謇之传》，第 1276 页。
③ 魏徵：《隋书》卷 62《王韶传》，第 1474 页。

道大规模出塞，反击突厥，在白道（今内蒙古呼和浩特西北，一说是呼和浩特东北的大青山南北通道）遇沙钵略可汗的主力，李彻赞成李充的主张，趁突厥轻敌无备，用精兵突袭，终于力挫突厥锐气，取得大胜，不可一世的沙钵略从此屈膝称藩。隋文帝对他俩寄以柱石之望，结果非常满意，认为“文同王子相，武如李广达”①，是坐镇一方的藩王最理想的僚佐。

还有一位出身于山东士族高门的李雄，赵郡高邑（今在河北西部偏南）人。“家世并以学业自通，雄独习骑射。……不守章句”。在北周战功卓著，入隋，拜鸿胪卿，正三品，随晋王往并州，出任河北行台兵部尚书。隋文帝嘱咐：“吾儿既少，更事未多，以卿兼文武才，今推诚相委，吾无北顾之忧矣。”李雄慷慨应命。雄“当官正直，侃然有不可犯之色，王甚敬惮，吏民称焉”②。

李雄到任年余便去世，杨广和王韶、李彻的关系一直保持到平陈之后。开皇末王韶死后，杨广仍深情地怀念着他，自己做了皇帝后还说：“微子相之力，吾无今日矣！”③追赠他为司徒、尚书令。

① 魏徵：《隋书》卷54《李彻传》，第1367页。
② 魏徵：《隋书》卷46《李雄传》，第1261页。
③ 魏徵：《隋书》卷47《柳謇之传》，第1276页。

晋王在王韶他们的辅导下，表现得“好学，善属文，沉深严重”[①]。有一次外出观猎，不巧遇雨，左右的人给他披上油衣遮蔽，他说：“士卒皆沾湿，我独衣此乎！”让人把油衣拿走。这样，他不仅很早就取得了政治经验，又积累了政绩声誉。少年的杨广已使“朝野属望”。隋文帝密令一个名叫来和的善于看相的人，给他五个儿子都相一下面，来和说：“晋王眉上双骨隆起，贵不可言。”[②]就是这种社会舆论的反映。

正当杨广春风得意之时，父皇母后又为他物色了妻室。开皇四年（584）[③]，梁主萧岿之女嫁到皇隋做了晋王正妃。这时新郎杨广才虚岁十六。

萧妃（570—647）是南兰陵（今江苏武进）人。萧家是晋末丧乱时从北方兰陵郡（治今山东苍山兰陵镇）迁来，族本寒微。刘宋建立后，因是刘裕外家（刘裕继母姓萧），日渐富贵。萧家出了南齐、萧梁两朝皇帝后，成为侨姓中与王、谢、袁等并列的大姓。萧妃的高祖萧衍，攻灭本族远亲的南齐，建萧梁政权，他就是著名的梁武帝。其子昭明太子萧统是萧妃的曾祖

---

① 魏徵：《隋书》卷3《炀帝纪上》，第59页。

② 魏徵：《隋书》卷3《炀帝纪上》，第59页。

③《资治通鉴》卷175记晋王娶萧妃在开皇二年，但同时与萧岿子萧玚订婚的隋文帝女兰陵公主（573—604）年仅十岁，议嫁尚早。此据《隋书·萧岿传》，晋王娶妃事在萧岿朝长安后。

父。萧梁政权在侯景之乱中崩溃，萧妃的祖父萧詧乞师于西魏，在西魏恭帝元年（554）靠于谨、杨忠（隋炀帝祖父），攻杀其叔父梁元帝萧绎，立国于江陵。他在其国内称皇帝，对西魏、北周称臣，史称后梁，是个附庸国。

萧氏谱系

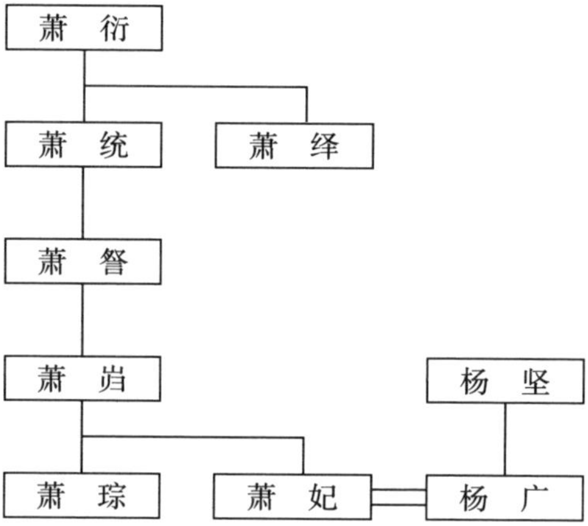

隋文帝篡周，立足未稳，为避免四面树敌，极力笼络梁主，受禅之初，"遣使赐金五百两，银千两，布帛万匹，马五百匹"。开皇四年（584）正月，萧岿朝长安，"上甚敬焉，诏岿位在王公之上。……月余归藩，帝亲饯于浐水之上"[1]。也正是此时，出

① 魏徵：《隋书》卷79《萧岿传》，第1792页。

于政治联姻的目的，决定在梁室待聘女子中为晋王杨广选妃。先定下联姻之事，而后找人。“遍占诸女，诸女皆不吉。岿迎后于舅氏，令使者占之，曰：‘吉。’于是遂策为王妃。”

萧妃，后来成为隋炀帝萧皇后，她虽是后梁明帝萧岿（542—585）之女，但因出生于二月，江南风俗，二月生子者不举，所以由叔父萧岌收养。不久，萧岌和婶婶双双去世，又转到娘舅张轲家，“轲甚贫窭，后躬亲劳苦”。十三四岁出嫁时，她已是一个很懂事的女孩子了。她一副好性格，是在少年时代这样的经历中磨炼出来的。

史称“萧后初归藩邸，有辅佐君子之心”，她“性婉顺，有智识，好学解属文，颇知占候。高祖大善之，帝甚宠敬焉”[①]。隋文帝特别喜欢这个聪慧的儿媳，大约和她从下层生活中带来的朴实气质有关。她和杨广从此在一起和谐地生活了三十五年，休戚与共，至死不渝，是帝王家一对难得的结发夫妻。

萧妃于归，快乐皇子杨广有了一个好妻子，生活充满了阳光。他虽远离父母，但在严师和贤妻的辅佐下，迅速成长为一个顶天立地的男子汉。

---

① 魏徵：《隋书》卷36《后妃·炀帝萧皇后传》，第1111页。

三 平陈大业：近三百年分裂终归一统

开皇六年（586）闰八月，十八岁的晋王杨广应召入朝。十月，被任命为雍州牧、内史令。雍州即京兆郡，因而入主国都长安行政，并理朝政近两年。

此间，隋文帝曾“幸晋王第”。《隋书·炀帝纪上》说：“既而高祖幸上所居第，见乐器弦多断绝，又有尘埃，若不用者，以为不好声妓，善之。”这大概是开皇七年（587）四月间的事。在萧妃最初的影响下，杨广若有此表现，并非不合情理。《隋书·炀帝纪上》又谓：“上尤自矫饰，当时称为仁孝。”这后半句无疑是那时包括所有婢仆在内，人们对杨广一般看法的实录；前半句，斥之为故意做作的“矫饰”，就是史家未必允当的揣度了。我们应当给予严父、尊师的约束，特别是尚未泯灭从下层民间带来简朴作风的萧妃的影响以充分的估计。况且要说初涉人事的杨广，已抱有某种政治目的而处处矫饰，能骗过老成的父母，也是不大符合才十八虚岁的男孩的心理水准的。

开皇八年（588）十月，置淮南行台省于寿春（治今安徽寿县），以晋王杨广为尚书令[①]。同月部署了八路伐陈的兵力，晋王被任命为隋军统帅。既然皇帝不亲征，太子作为国本留居京师不宜远出，次子杨广、将成年的亲王便自然是统帅的当然人选。这次意义重大的统一战争，给了他第一次在历史舞台上建功立业、崭露头角的宝贵机会。

平陈一役，隋廷蓄谋已久。隋朝继承北周时，已与陈国隔江对峙。隋文帝开皇元年（581）二月在任命晋王杨广为并州总管后，三月即又任命贺若弼为吴州总管、韩擒虎为庐州总管，分别在江北的广陵（治今江苏扬州）、庐州（治今安徽合肥），从东北、西北两个方向虎视建康（今江苏南京）的陈政权，准备实现其“并吞江南之志”。

当年九月指派尚书左仆射高颎节度诸军攻陈。旋因二年（582）正月陈宣帝去世，陈遣使请和，归还去年攻占的江北胡

①《隋书》卷3《炀帝纪上》称：“六年，转淮南道行台尚书令。”疑误。从《隋书·高祖纪》和《资治通鉴》。

墅（今江苏六合西南）。隋文帝“矜其丧祸，仍诏班师”[①]。表面上豁达大度，“礼不伐丧”，实际是隋廷改变了两面出击的战略，要全力对付来自北方的主要威胁——突厥。此后表面上两国使臣交聘往来，但灭陈的既定方针不变。

开皇五年（585）萧岿朝隋后返江陵时，隋文帝亲热地拉着他的手说：“梁主久滞荆楚，未复旧都，故乡之念，良轸怀抱。朕当振旅长江，相送旋反耳。”[②] 道出灭陈夙志。这时经过开皇三、四年成功的军事反击和离间分化，突厥诸部已陆续降附称臣，隋室又可以腾出手来面对南方了。

开皇七年（587）八月，隋文帝将萧妃的长兄梁主萧琮（585—587年在位）君臣两百人召到长安，九月废梁国。此后，平灭陈国之事便又提到日程上来。

开皇八年（588）三月，隋文帝下诏伐陈，斥责陈后主陈叔宝：“据手掌之地，恣溪壑之险，劫夺闾阎，资产俱竭，驱蹙内外，劳役弗已。征责女子，擅造宫室，日增月益。止足无期，帷薄嫔嫱，有逾万数。宝衣玉食，穷奢极侈，淫声乐饮，俾昼作夜。斩直言之客，灭无罪之家，剖人之肝，分人之血。……自古昏乱，罕或能比。”决心“应机诛殄”，“永清吴、越”。[③] 这

① 魏徵：《隋书》卷2《高祖纪下》，第29页。

② 魏徵：《隋书》卷79《萧岿传》，第1792页。

③ 魏徵：《隋书》卷2《高祖纪下》，第30—31页。

个“一入后庭，数旬不出”[①]，“荒于酒色，不恤政事”[②]的昏君在位，给了隋军灭陈、完成统一的绝好机会。

十月，杨广受命任淮南行台尚书令。他和秦王杨俊、清河公杨素并为行军元帅，但九十总管、五十一万八千大军“皆受晋王节度”。十一月饯行、誓师后，在“东接沧海，西拒巴蜀，旌旗舟楫，横亘数千里”[③]的长江沿线出击。杨广这时向陈尚书令江总发出《遗陈尚书江总文》。这篇他署名的文件，论述了中国治乱纷争终归一统的历史大势，交代了“唯废伪主”、百官归命可以“身保荣贵”的政策。这篇收入《文苑英华》的檄文略曰：

寡人忝膺朝寄，董律专征，跋涉山川，今次江际。公等文儒自立，器用适时，冠盖二世，齿德兼重。孔老殊教，名墨异家，金匮朱韬，银编玉策，莫不腾于舌杪，散在笔端。遂古成败之机，近代安危之迹，照同悬镜，明若观火，无待指南，自应神悟……自穹昊生民，树之司牧。羲轩以降，书契可记。咸一姓承五行，四海无两帝。汉道云季，

① 魏徵：《隋书》卷23《五行志下》，第657页。

② 李延寿：《南史》卷10《陈本纪》，中华书局，1975年，第306页。

③ 魏徵：《隋书》卷2《高祖纪下》，第31页。

三方鼎立，时惟版荡，世匪休明，当涂起而蜀亡，典午兴而吴灭。永嘉丧乱，紫宸旷主，刘石符姚之俦，伪夏僭燕之丑，妄尘大宝，事乖图箓。魏室乘时，兆基朔野，经始嵩洛，未暇江湖。有周受命，敌非齐氏，务在兼并，不遑外略。蕞尔吴越，自相君长，窃拟王者之仪，妄谈天子之气，偷安假息，绵历世祀。我大隋之肇开宝祚，光有神州，皇帝感曜魄之灵，应太微之座。千年启圣，万代一时，深仁至德，宁济群品。越海穷河，东渐西被，旄头之属，历代之羁，作我臣民，匍匐服裳。唯彼江表，独隔皇风，夫物极则反，否终斯泰。郭璞有云：年经三百，天下大同。兹实玄运已定于前，圣主膺期而出，欲以区区之陈国，违上天之冥数，其不可存者一也。大必苞小，天地之常规；明能通暗，日月之常理。论道德，以唐陶而征有苗；语众寡，举海内而当群小……彼之兵士，不过十万，首尾分布，所在危急……此不可存者二也。丰侯好酒，实丧厥邦；梁伯役民，溃其宗社。彼之伪主，覆车是袭，日夜沉湎，曾无节度，缮造宫室，莫知穷已。竭四民之产，荒纵其心；敛百姓之哀，以为己乐。宝衣玉食，填积后宫；短褐粗馆，不充编户。一介之善，蔑尔无闻；五子之歌，宛然悉备。虽欲勿丧，其可得乎？此不可存者三也。伪主忌能护短，酷法淫刑，骨鲠之臣，尽见疏斥，谏诤之士，皆被屠害，遐迩结舌，衣冠解体……此不可存者四也。……吊民伐罪，已有别诏，唯废伪主之身，自余士庶，普从肆眚……刘叔纳谯周之计而获存，孙皓用薛莹之词而致福。此二子者，终有良臣之誉，皆无陷君之讥。何则？所耻者小，所存者大。若宪章往彦，聿遵前轨，则伪主享封侯之业，祖祢延血食之期，江东士民，实受其赐，公等身保荣贵，名垂竹帛，岂不美欤！若胶柱不移，守迷莫变，率其蚁众，敢拒王师，军有常刑，悔无及矣。祸成俄顷，宜早图之。……杨广白。[①]

这篇洋洋千言的劝降书交来使捎去后，未见江总有何反应。这时陈廷君臣深深迷信着长江天堑和金陵王气，对大军压境还满不在乎。陈叔宝说："王气在此，齐兵三度来，周兵再度至，无不摧没。虏今来者必自败。"[②]都官尚书孔范附和说："长江天堑，古来限隔，虏军岂能飞度？"[③]后主同他的文人狎客们依旧"奏伎纵酒，作诗不辍"[④]。

① 李昉等编：《文苑英华》卷645，中华书局，1966年，第3317—3318页。

② 李延寿：《南史》卷10《陈本纪下》，第308页。

③ 李延寿：《南史》卷77《孔范传》，第1941页。

④ 李延寿：《南史》卷10《陈本纪下》，第308页。

平陈前，隋文帝使高颎问方略于李德林，以授晋王。实际隋军在长江全线发动攻势的战略，是根据崔仲方的建议制定的。战役首先由杨素和杨俊在中游打响，消灭或牵制住上方的陈军，使之不能声援下游陈军。接着在开皇九年（589）正月一日，趁陈军沉浸在元日酒宴之机，隋军在长江下游发起总攻。贺若弼自广陵渡江攻占京口（今江苏镇江），韩擒虎自横江（今安徽和县东南）渡江袭取采石（在今安徽当涂境），迅速向建康合围。渡江后一周，贺若弼就进据建康东门外的钟山，韩擒虎也进到西南城郊白鹭洲附近的新林。

总攻开始时，杨广亲率大军屯建康正北方向的六合镇桃叶山（在今江苏六合东南瓜埠）。陈廷遣南豫州刺史樊猛与左卫将军蒋元逊，将青龙舰八十艘巡弋于白下以御六合兵，防守今南京城北金川门下筑有白下城的滨江要地。贺若弼、韩擒虎两军渡江时，杨广也派行军总管宇文述率三万兵由桃叶山渡江，夺取了石头山（在今江苏南京江宁西北）。而后遣总管杜彦与韩擒虎合军，步骑二万屯于新林。杨广并将合围建康城的消息报告皇帝。隋文帝闻讯大喜，宴赐群臣以示庆祝。

正月二十日，举棋不定的陈后主忽然仓促决定出击，十余万陈军在城东排出二十里长蛇阵与隋军决战。隋军大胜，当天占领建康，俘获了陈叔宝。当时他藏身在景阳井中，开始隋军怎么喊他他也不应，待井上扬言要落石，下面才惊叫起来，军士放下绳去，往上拽时感到特别沉重，原来陈叔宝将自己与宠妃张丽华、孔贵嫔捆在一起，一道上来了。隋文帝听到这故事时，惊奇不已。

两天后，晋王入据台城，将陈后主关押在东宫，斩施文庆、沈客卿、阳慧朗、徐析、史暨慧等“五佞”于石阙下，以谢三吴。又“使高颎与元帅府记室裴矩收图籍，封府库，资财一无

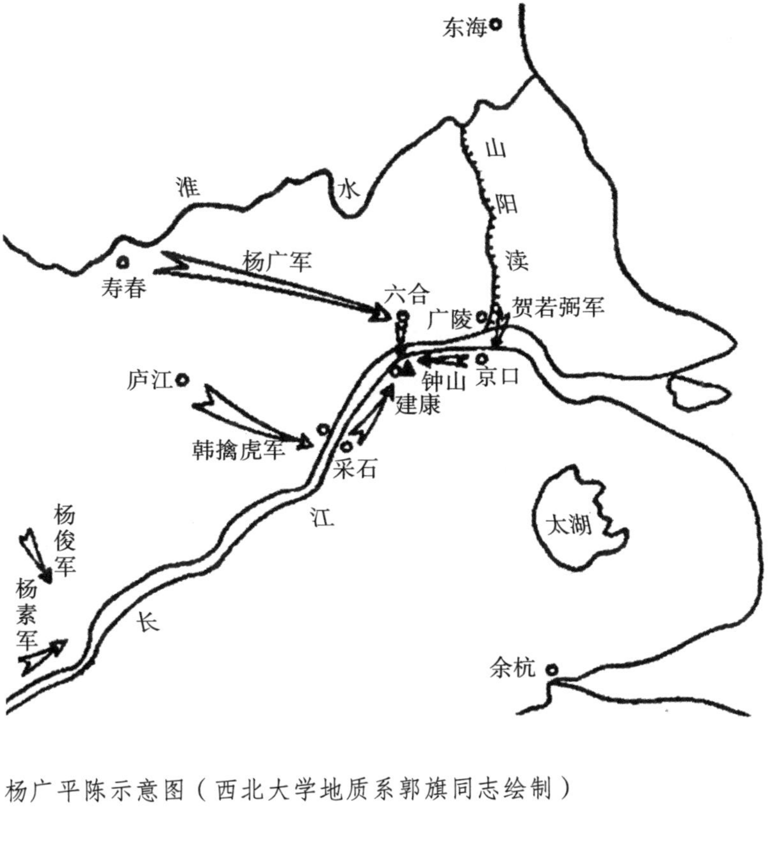

杨广平陈示意图（西北大学地质系郭旗同志绘制）

所取，天下皆称广，以为贤”[①]。

此役隋军纪律严明。贺若弼渡江后，“军令严肃，秋毫不犯，有军士于民间沽酒者，弼立斩之”[②]。战后杨广又立即处置一些将领的违纪行为，首当其冲的，却是这位名将。因决战时，贺若弼不等统一号令，便擅自以本部八千兵出击，攻陈军十万兵的长蛇阵。初战失利，死两百七十二人，虽后来击孔范部得手，转败为胜，但先期决战，违军令，杨广将他收以属吏，关押待审。隋文帝驿传诏令杨广：“平定江表，弼与韩擒虎之力也。”[③]非但不加罪，还赐物万段，褒美其功。

还有一个王颁，是被陈高祖袭杀的王僧辩之子，私自夜发陈高祖陵，焚骨取灰，投水而饮之，报了杀父之仇。事后自缚，向杨广请罪。杨广报告了皇帝，心境极好的隋文帝命赦而不问。

建康平后，晋王命陈叔宝手书招上江诸将，派降将樊毅持书去找守江夏（治今湖北武汉武昌区）的陈水军都督周罗睺，派陈荆州刺史陈慧纪之子陈正业去公安找其父。当时陈慧纪率将士三万、楼船千余艘，正准备入援建康。杨广招降此二人的计划成功，上江皆平。

---

① 司马光：《资治通鉴》卷177《隋纪一》，开皇九年正月条，中华书局，1956年，第5510页。

② 魏徵：《隋书》卷52《贺若弼传》，第1344页。

③ 司马光：《资治通鉴》卷177《隋纪一》，第5510—5511页。

岭南一时还在高凉郡（治安宁，今广东阳江西）太夫人冼氏等控制下，晋王又命陈叔宝致书夫人，谕以国亡，使之归隋。岭南诸州亦定。

于是陈国皆平，共得州三十，郡一百，县四百。自西晋末以来分裂近三百年的南方，终于又与北方归为一统。

三月，杨广班师回朝，留王韶镇石头城，委以后事。至此大功告成。晋王在给智𫖮和尚的一封信中谈及自己："近年奉诏专征，吊民伐罪，江东混一，海内乂宁，塔安其堵，市不易业。

石头城古城墙

斯亦智者备所明见。”[①] 事情果能若尔，他便完全无愧于天下称贤的美誉。

关于杨广平陈之事，人们有一点争议。

有说平陈一事，完全是隋文帝的决策，高颎执行的功劳。确实，从一开始隋文帝便交给高颎统筹，伐陈时名义上杨广任统帅，实际上左仆射高颎为晋王元帅长史，右仆射王韶为司马，“军中事皆取决焉”[②]，军务是他俩主持的。事后隋文帝还说过：“晋王以幼稚出藩，遂能克平吴、越，绥静江湖，子相之力也。”[③] 但从上文大量引述可知，晋王广也并非完全不视事，一些重大事务，还是他经手处理的，正因为如此才和高颎等发生一些冲突。大业五年（609）处决薛道衡（平陈时任行台尚书吏部郎）时，做了皇帝的杨广犹有余怒地回忆平陈事，说：“我少时与此人相随行役，轻我童稚，共高颎、贺若弼等外擅威权，自知罪当诬罔。及我即位，怀不自安……”[④] 这话反映出杨广自小就养成了以自我为中心的性格，也暗示出这位元帅在用权上同

---

① 灌顶：《国清百录》卷 2《王答蒋州事》，《大正新修大藏经》第 46 册，第 804 页。

② 司马光：《资治通鉴》卷 176，第 5498 页。《隋书》卷 41《高颎传》并称：“三军谘禀，皆取断于颎。”

③ 魏徵：《隋书》卷 62《王韶传》，第 1474 页。

④ 魏徵：《隋书》卷 67《裴蕴传》，第 1576 页。

他的辅臣有过矛盾。

据《隋书·高颎传》和《资治通鉴》记载，攻下建康后，杨广曾派任自己记室的高颎之子高德弘飞马进城去找高颎，告诉他，自己“欲纳陈主宠姬张丽华”，命他留人。高颎说：“昔太公蒙面以斩妲己，今岂可留丽华！”没理睬儿子传的话，斩张丽华于青溪。高德弘回去报告此事，杨广变了脸，发誓：“我必有以报高公矣！”由是恨颎。史家认为由此种下后来炀帝杀高颎的根由，致使在历史上非常辉煌的平陈大业留下了一片阴影。

但《陈书》和《南史》的记载与《隋书》《资治通鉴》不同，《陈书》记为：“晋王广命斩贵妃，榜于青溪中桥。”①《南史》也记作：“晋王广命斩之于青溪中桥。”②后来《通志》承袭此说。《陈书》的著者姚思廉（557—637），《南史》著者李延寿的父亲李大师（570—628）（李延寿继承了父亲的草稿旧本），他们和魏徵（580—643）是同时代人，贞观年间同在史馆，接触史料的机会是一样的，但关于张丽华之死的记载如此相悖，令人疑惑。我们还可以注意到，同是《隋书》，高宗永徽元年（650）成书的五代史志部分，关于张丽华之死的记载就和

① 姚思廉：《陈书》卷7《张贵妃传》，中华书局，1972年，第131页。
② 李延寿：《南史》卷12《张贵妃传》，第348页。

贞观十年（636）成书的，由魏徵、颜师古等人撰写的纪、传部分的记法就有不同。李淳风执笔的《五行志》记为："隋师执张贵妃而戮之。"[①] 他大概发现了同于贞观十年（636）成书的《陈书》和《隋书》关于张贵妃之死是晋王广或高颎诛杀的差舛，便回避了下令人的名字，含糊其词为"隋师"。多年后，李延寿于显庆四年（659）完成的《南史》又恢复了《陈书》的记法，明确是晋王广命斩张丽华的。他这样处理，应是审核史料之后作出的抉择。

于理，高颎在俘获陈后主、张贵妃、孔贵嫔之后，并不能私自对他们作出人事方面的处置，"五佞"也是过了两天杨广入城后主持斩决的。高颎非要逆杨广之意，故意越权（高颎只被授予节度三军的兵权）杀后宫妃子，事诚可疑，不能不令人想到，魏徵和后来在《陈书》《隋书》《南史》三部书中偏偏择抄魏徵观点的司马光，是不是别有用心。篡改那位"发长七尺，鬒黑如漆，其光可鉴"，"飘若神仙"[②] 的美女张丽华之死的真相，来编造杨广的桃色新闻，是很容易取得宣传效应的。

---

① 魏徵：《隋书》卷 23《五行志下》，第 657 页。

② 李延寿：《南史》卷 12《张贵妃传》，第 348 页。

四 平定江南之乱

开皇九年（589）四月，满心喜悦的隋文帝亲自前往骊山迎接凯旋的隋军将士。生来就“美姿仪”的年轻统帅晋王杨广，金甲骏马，八面威风，押着他的俘虏——亡陈的国君陈叔宝及其王侯将相、后宫姬妾，接受皇帝检阅。隋文帝拜杨广为太尉，赐辂车、乘马、衮冕之服、玄圭、白璧，让他享受了极大的荣耀。平陈的将士们也都论功厚赏，全军上下都沉浸在胜利的喜悦中。

分裂了近三百年的南方，没能因平陈一役的成功，便消除长期的对立情绪。大大小小的豪强和残余的江南士族势力，在陈亡后一年，又发动分裂割据的暴乱。

隋政权在平陈后，向南方各州县重新

委派地方长官，准备同北方一样，在南方检责户籍，建立国家对农民的直接控制。苏威建议的百家置里长，五百家置乡正，使治民间辞讼的制度，虽遭李德林反对，还是下制推行了。苏威奉敕巡抚江南，他复作《五教》，即五常之教：父义、母慈、兄友、弟恭、子孝等五种应常行不悖的礼仪规范的教义。规定人无长幼，都要诵读，每岁责罚民间五常不逊之家。这遭到抵制，引起所谓的士民嗟怨。[①]这些旨在加强思想政治统一的措施，虽有扰民之处，主要危及南方士族豪强的权益。一些唯恐天下不乱的家伙，散布要把南人迁徙入关的流言，叛乱终被煽动起来。

开皇十年（590）十一月，"陈之故境，大抵皆反"[②]。大股的有众数万，小者数千，几乎遍及旧陈全境，而以东南地区士族势力最强，声势最大。其中婺州（治今浙江金华）汪文进、会稽（治今浙江绍兴）高智慧、苏州（在今江苏）沈玄懀，皆自称天子，署置百官。乐安（今浙江仙居）蔡道人、蒋山（今南京钟山）李稜、饶州（治今江西鄱阳）吴世华、

① 参《北史》卷63《苏威传》、《隋书》卷66《郎茂传》、《资治通鉴》卷177开皇十年十一月。

② 司马光：《资治通鉴》卷177开皇十年十一月，第5530页。

永嘉（在今浙江温州）沈孝彻，泉州（在今福建）王国庆、杭州（在今浙江）杨宝英、交州（治今越南河内）李春等，皆自称大都督。起兵叛乱的还有苏州顾子元、京口（今江苏镇江）朱莫问、晋陵（治今江苏常州）顾世兴、无锡（在今江苏）叶略、南沙陆孟孙、黟歙（两地在今安徽）沈雪、番禺（今广东广州）王仲宣、临贺（今广西贺州东南）虞子茂、京口笮子游、和州（治今安徽和县）薛子建、彭山（应在今江西）李陁。

从姓氏地望看，这些人多数是士族豪强和少数民族酋帅，他们攻陷州县，逮住隋廷派来的州官县令，或抽其肠，或脔其肉食之，野蛮地发泄对统一政权的仇恨。杨广在给智顗和尚的信中，说到当时情况："亡殷顽民，不惭怀土；有苗恃险，敢恣螳螂。横使寺塔焚烧，如比屋流散，钟梵辍响，鸡犬不闻。"[①]江南地区又陷于水深火热中。

开皇九年（589）正月平陈，二月便撤销了淮南行台省。杨广复拜并州总管，他的三弟秦王杨俊任扬州总管四十四州诸军事，接替他镇守广陵。开皇十年（590）十一月江南乱起，杨俊

① 灌顶：《国清百录》卷2《王答蒋州事》，《大正新修大藏经》第46册，第804—805页。

收拾不了，于是又命杨广为扬州总管，已就任内史令（宰相职）的杨素为行军总管，带兵平叛。杨广配合杨素的军事行动，展开政治攻势。他们的合作，使叛乱迅速平息。

杨素这一仗打得干净利索。他从京口起，一路攻打晋陵、无锡、苏州、松江、会稽，从余姚由海路攻温州、婺州、乐安，再从温州、天台、临海至会稽。应召入朝述职后又请命驰还，最后再取海路攻泉州，捕高智慧，降王国庆，大获全胜，前后未逾一冬。

杨素有一套独特的掌握军队的带兵办法。每临阵，必要斩一批有过失的军士，少则十几人，多则百余人。与敌对阵，凡不能克敌制胜者也都杀。使将士“股栗”，不敢退缩，上阵都怀必死之心，勇猛异常。另一方面，杨素对部下又“微功必录”，他们容易得到提拔，有这点好处，贪图功名的军将们又愿意跟从他作战。即使是士卒，建军功得勋官后，可以请受勋田，改善家境。杨素恩威并用，“驭戎严整”，战斗力大大超过南方叛军的乌合之众。比如有名的“敦煌戍卒”史万岁，时任总管，在婺州杨素分兵二千，让他单独行动。史万岁率军逾岭越海，横扫浙江，攻陷溪洞不可胜数。“前后七百余战，转斗千余里，寂无声问者十旬。”[1] 人们都以为全军覆没了。史万岁

① 魏徵：《隋书》卷53《史万岁传》，第1354页。

因水陆阻绝，信使不通，把写好的信封在竹筒内，随水漂出，拾者报告杨素，才知他们下落。从这个故事可知杨素所部战斗力之一斑。

杨广的政治攻势也很奏效，吴郡（治今江苏苏州）士人陆知命出了很大力。《隋书·陆知命传》载："会高智慧等作乱于江左，晋王广镇江都，以其三吴之望，召令讽谕反者。知命说下贼十七城，得其渠帅陈正绪、萧思行等三百余人。"这是一个很大的成功。

此外，《隋书·郭衍传》还记："十年，从晋王广出镇扬州。遇江表构逆，命衍为总管，领精锐万人先屯京口。于贵洲南，与贼战，败之，生擒魁帅，大获舟楫粮储，以充军实。乃讨东阳（即婺州）、永嘉（即温州）、宣城、黟、歙诸洞，尽平之。"由此可知，杨广所部亦采取了军事行动，承担了今安徽方向的平叛任务，也有可观的战绩。岭南方向的平叛，则由慕容三藏和奉诏巡抚岭南的杨广旧部裴矩，在冼夫人合作下成功。

江南之乱的迅速平定，维护了统一，打击了南方士族豪酋势力，为在南方推行隋朝政令和发展南方经济，创造了必要条件。历史表明这是南方特别是东南地区经济新的起步和将赶上北方的关键阶段，具有改变国土经济布局的深远影响。杨广在平陈之后，又作为平叛的主持人之一，功不可没。

这次平叛是杨广早期政治生活中又一件大事，给他本人印象很深，他屡屡在书信文章中提及。除前引《与释智𫖮书》外，在他的《宝台经藏愿文》中也说道："至尊拯溺百王，混一四海。平陈之日，道俗无亏。而东南愚民，余熸相煽。爰受庙略，重清海滨。役不劳师，以时宁复。"[①] 其中"爰受庙略，重清海滨"一句，明白无误地表示着，他受到皇帝的委派。这些材料是杨广参与平叛的证明。

人们多半都忽略了杨广在平叛中的建树，似乎那是杨素一人的功劳。杨广的这一历史功绩，又差不多被史家们有意无意地抹杀了。

魏徵在《隋书·高祖纪》中叙述此事变时，只是说"诏上柱国、内史令、越国公杨素讨平之"。同书《炀帝纪》中，也只记载："俄而江南高智慧等相聚作乱，徙上为扬州总管，镇江都，每岁一朝。"完全不提杨广平叛的行动。如果说魏徵主编的《隋书》中，还在《郭衍传》《陆知命传》中保存了一些杨广参与平叛的材料，那么在司马光的《资治通鉴》中，这一类材料完全不见了。而且不仅仅是失载，司马光在杨素班师之后录了一句"以并州总管晋王广为扬州总管，镇江都"。显然是要给人

① 道宣：《广弘明集》卷22，《大正新修大藏经》第52册，第257页。

一个事平后才派杨广去扬州上任的印象。他在叙事次序上稍做手脚，就将杨广平叛的功绩抹得一干二净，比魏徵的做法更加彻底。这如果不是一个偶然的疏失，那么就是他对抱有成见的杨广有意地贬抑了。

五 受戒佛门，弘扬儒学：杨广的文化战略

开皇十年（590），晋王杨广第二次出镇扬州，到开皇二十年（600）为皇太子时去职，在扬州任上整整十年。

这次镇扬州，他被赋予很大权力，头衔是“使持节、上柱国、太尉公、扬州总管诸军事、扬州刺史”。正像智𫖮和尚说的：“至尊以晋王殿下有文武奇才，故遍加委任，江南诸州，事无大小，皆由决判。”[①]但他是两度带兵南下的征服者，要被南方人民接受，必须改善自己的形象。汲取苏威用惩罚的办法强制推行《五教》和政令，激起南方普遍反抗的教训，改而求诸宗教和儒学。这时期里，他十分引人注目地对

① 灌顶：《国清百录》卷4《智者遗书与临海镇将解拔国述放生池》，《大正新修大藏经》第46册，第822页。

佛教和儒学表现出极大的热心，目的是利用宗教和儒学沟通南北僧俗隔阂已久的心声，消弭南方人民的反隋感情。在平陈、平叛后继续镇守扬州的晋王，将这视为自己头等的政治使命。这是他和南方佛教首领智顗等一批和尚，及以柳䛒为首的一批文人学士亲密交往的大背景。阿瑟·赖特博士很有见地地称之为隋朝的一种“文化战略”。杨广是这一战略的灵魂。

首先说佛教。

佛教传入我国东南沿海地区为时甚早，佛教初传的一些史料出自这一带。如汉光武帝之子楚王刘英（？—71），晚年“尚浮屠之仁祠”①，当时他的封国在苏北临淮处。王公贵人中这位最先好尚礼佛的楚王，是明帝的异母弟。明帝就是最早派蔡愔等人西行求法的中原皇帝，于永平十年（67）迎回中天竺僧人摄摩腾和竺法兰到洛阳，建白马寺译经，此举被认为是“汉地沙门之始”②。这与刘英学为浮屠几乎是同时的事。我国佛教史上再一个较早的事例，是东汉末黄巾起义兴起时，笮融在广陵（治今江苏扬州）、下邳（治今江苏睢宁西北）、彭城（治今江苏徐州）“大起浮屠寺”，浴佛时，“就食及观者，且万余人”③。近年

---

① 范晔：《后汉书》卷72《楚王英传》，中华书局，2000年，第1428页。

② 释慧皎：《高僧传》卷1《摄摩腾传》，《大正新修大藏经》第50册，第2059页。

③ 范晔：《后汉书》卷73《陶谦传》，第2368页。

学术界有人主张江苏连云港孔望山摩崖造像中有我国最早的东汉桓灵时期的佛教石刻。于是产生了佛教是从西北丝路还是从东南沿海首先传入我国中原地区的学术问题。

东汉以后六朝时期，东南一带佛教盛行不衰。梁武帝萧衍（464—549）四次舍身同泰寺，群臣一再以一亿万钱为他赎身。“南朝四百八十寺，多少楼台烟雨中”，一派香烟缭绕的景象。

白马寺为佛教传入中国内地后兴建的第一座寺院。传东汉永平十年（67）蔡愔、秦景二人去西域求取佛经，用白马驮经迎回洛阳。次年（68）建寺，以白马命名。图为寺内大雄殿

整个南方社会上上下下弥漫着浓烈的宗教气氛。隋军平陈以来连年作战，寺庙遭兵火毁损严重，成为人们心灵上的创伤，全看新的统治者如何治疗平复了。

隋文帝杨坚出生在冯翊（今陕西大荔）的般若寺中，且由一位女尼抚养大。独孤皇后更是笃信佛教。家庭佞佛的传统，从小就影响了杨广的信仰，他接受佛教不奇怪，但在平叛之后的开皇十一年（591），杨广亲受菩萨戒，甘心做一名菩萨弟子，事情就有点出格了。

在《王受菩萨戒疏》中，他自称："弟子基承积善，生在皇家，庭训早趋，贻教夙渐，福理攸钟，妙机须悟。"回顾了家庭的影响。在这篇疏文中，他还说道："以此胜福，奉资至尊皇后。"[①] 后来他还不时让和尚度人出家，为皇后祈福，用意都是讨取母后的欢心。然而有点做作的受戒的举动，总是令人费思量。像是模仿南朝遗民记忆犹新的梁武帝萧老儿，又像是在超前实践"放下屠刀，立地成佛"的教义。总之是想借此树立一个让南方人比较熟悉、比较容易接受的形象吧。

菩萨戒，在佛教戒律中和普通的五戒、十戒、具足戒有别，属大乘戒。晋王杨广这次受戒，仪式空前隆重。十一月二十三日在扬州大听寺设千僧斋，专门从天台山请来智𫖮作他的戒师。

① 灌顶：《国清百录》卷2，《大正新修大藏经》第46册，第803页。

智顗禅师（538—597），“童真出家……年将耳顺”，一向“先物后己，谦挹盛风，名称普闻，众所知识”[①]，尤精《法华经》，能一段段一字字将经文宣讲明白，创立了中国佛教最重要的宗派之一——天台宗，当时已是南方著名的宗教领袖。

杨广特别想借重这位高僧的名望，扩大自己的影响。佛教典籍中现在还留存着晋王和智顗往来的几十封书信。智顗为这位表示愿“生生世世长为大师弟子”[②]的亲王说了许多好话。盛赞“晋王殿下，道贯今古。允文允武，二南未足比其功；多材多艺，两献无以齐其德。茂绩振于山西，英声驰于江左。管淮海之地，化吴会之民。……当今太平之世，路不拾遗”[③]。竭诚拥戴杨广为“总持菩萨”，还给杨广送去“菩萨天冠”，为他的统治添上一道宗教的灵光。

智顗当然也有自己的目的，和这位王爷交往，可以不时得到许多布施，有一次晋王就从江州（治寻阳，今江西九江）正

---

① 灌顶：《国清百录》卷2《王受菩萨戒疏》，《大正新修大藏经》第46册，第803页。

② 灌顶：《国清百录》卷3《王遣使入天台建功德愿文》，《大正新修大藏经》第46册，第811页。

③ 灌顶：《国清百录》卷4《智者遗书与临海镇将解拔国述放生池》，《大正新修大藏经》第46册，第822页。

仓拨给东林寺“法衣六件，盐一百斛，米一百斛”[①]。更要紧的是，不久前北朝周武帝灭佛的余悸，和平陈以来战乱的破坏，使僧侣们急于要在最高统治层中找保护伞。智𫖮曾一再致书杨广，径请他做匡山（庐山）东林、峰顶两寺和天台、玉泉、十住三寺的檀越，即施主。东林寺是东晋慧远大师（334—416）创建的净土宗第一祖庭，“德布遐方，声高霄汉”，“然山下伽蓝，偏近驿道，行人归去，颇成混杂”，求助杨广出面，“庶借影响”，免受骚扰，“众得安心”。[②]开皇十年（590）平叛战役中，寺院也遭到破坏，可是官府还“撝剔伽蓝”，拆庙盖房。智𫖮上书，转去蒋州（治石头城，在今江苏南京）奉诚寺慧文律师的告急信，恳

智𫖮像

① 灌顶：《国清百录》卷2《王遣使往匡山参书》，《大正新修大藏经》第46册，第805页。

② 灌顶：《国清百录》卷2《述匡山寺书》，《大正新修大藏经》第46册，第805页。

求："若谓寺多洲〔州〕少，国或不听，方便善权，仰由安立。若须营造，治葺城隍，江南竹木之乡，采伐弥易。仰希弘绍，提拔将沉。"[①]请杨广挽救故寺。杨广也承认："虚廊檐宇，会当倒压，所以移来，还充寺馆。其外椽版，权借筑城。若空寺步廊，有完全者，亦贷为府廨。"府廨，即办公室。杨广承认官府是拆迁了一些将坍塌的庙宇的建材，用于构筑蒋州城和官衙楼馆。不过杨广处理此案时并不光凭条子、讲面子，考虑到财政的实际困难，表示："须一二年间，民力展息，即于上江结筏，以新酬故。"[②]没有答应当时就解决，回信还要智𫖮多作解释，安抚远近僧众。

杨广和智𫖮相互照应，彼此谅解。智𫖮圆寂后，杨广遣使吊唁，并设周忌，真诚地哀悼。开皇十八年（598），即为智𫖮常驻的天台山修天台寺。大业元年（605），改名国清寺，取意"寺若立，国土即清"[③]。迄今，隋炀帝创建的这座名寺，仍与山东灵岩寺、湖北玉泉寺、江苏栖霞寺并称为我国古代四大丛林，因是我国佛教天台宗的发源地，被日本佛教天台宗奉为祖庭。

---

① 灌顶：《国清百录》卷2《述蒋州僧书》，《大正新修大藏经》第46册，第804页。

② 灌顶：《国清百录》卷2《王答蒋州事》，第805页。

③ 灌顶：《国清百录》卷4《国清寺众谢启》，《大正新修大藏经》第46册，第816页。

国清寺始建于隋开皇十八年（598），为隋唐四大丛林之一，中国佛教天台宗的发源地。现存建筑为清雍正十二年（1734）重修

至今一株隋梅生意盎然，主干神奇地枯而复生，表现出顽强的生命力。

再说儒学。

“儒者，所以助人君明教化者也。”① 按当时的说法，儒教有“笃父子，正君臣，尚忠节，重仁义，贵廉让，贱贪鄙，开政化

① 魏徵：《隋书》卷 34《经籍志三》，第 999 页。

之本源，凿生民之耳目”[①] 的功效。隋炀帝深通此道，他雅好儒士，读书撰述，整理图书，一反隋文帝的做法，大力办学，在文化建设上多有建树。

他在扬州总管任上时，大量网罗才学之士，现在知名的王府学士和扬州博士便有柳䛒、诸葛颍、虞世南、王胄、王眘、朱玚、庾自直、潘徽、虞绰等人，其中柳䛒来自梁国，诸葛颍来自北齐，其余虞世南等都来自陈国，全是声誉颇高的文人，杨广闻名礼聘来的。还有一个薛道衡（540—609），平陈时为淮南道行台尚书吏部郎，兼掌文翰。高颎对他的才学和筹略大为称赞。平陈后在吏部侍郎任上坐事除名，配防岭表。杨广求才心切，让人转告他，从扬州路走，届时上奏留他在王府。可是薛道衡不愿意，用汉王谅之计，出江陵道而去。杨广对此心里很不痛快，“然爱其才，犹颇见礼”[②]。

晋王杨广身边的这批文人学士以柳䛒为首，“王以师友处之，每有文什，必令其润色，然后示人。……初，王属文，为庾信体，及见䛒已后，文体遂变”[③]。无疑是受到了辞藻淫丽的南方艳体文学的影响。但当时隋文帝“每念斫雕为朴，发号施

① 魏徵：《隋书》卷 75《儒林传序》，第 1705 页。

② 魏徵：《隋书》卷 57《薛道衡传》，第 1407 页。

③ 魏徵：《隋书》卷 58《柳䛒传》，第 1423 页。

令，咸去浮华”，强制转变文风的复古运动，对杨广也有影响。因此，“炀帝初习艺文，有非轻侧之论”。[①]后来“发言降诏，辞义可观”[②]。人们高度评价他的《与越公书》《建东都诏》《冬至受朝诗》及《拟饮马长城窟》，认为这些文章“并存雅体，归于典制。虽意在骄淫，而词无浮荡，故当时缀文之士，遂得依而取正焉”[③]。魏徵在这里总算给了一点“君子不以人废言”的评论。现代文学史家更有论及：“隋炀帝的《江都宫乐歌》，形式上比庾信的《乌夜啼》更接近唐代的七律。”[④]我们录此二诗，请体味唐诗之前诗坛的演变轨迹。

乌夜啼

庾信

促柱繁弦非《子夜》，歌声舞态异《前溪》。
御史府中何处宿？洛阳城头那得栖？
弹琴蜀郡卓家女，织锦秦川窦氏妻。
讵不自惊长泪落，到头啼乌恒夜啼。

---

① 魏徵：《隋书》卷76《文学传》，第1730页。

② 司马光：《资治通鉴》卷181大业六年正月，第5649页。

③ 魏徵：《隋书》卷76《文学传》，第1730页。

④ 游国恩、王起、萧涤非等主编：《中国文学史》第2册，人民文学出版社，2002年，第21页。《选诗拾遗》云：“据此诗，隋时七言律体已具，不始于唐也。”

江都宫乐歌

炀帝

扬州旧处可淹留，台榭高明复好游。
风亭芳树迎早夏，长皋麦陇送余秋。
渌潭桂楫浮青雀，果下金鞍跃紫骝。
绿觞素蚁流霞饮，长袖清歌乐戏州。

史称："帝好读书著述，自为扬州总管，置王府学士至百人，常令修撰，以至为帝，前后近二十载，修撰未尝暂停；自经术、文章、兵、农、地理、医、卜、释、道乃至蒱博、鹰狗，皆为新书，无不精洽，共成三十一部，万七千余卷。"[①]这是一个很了不起的成绩。当时印刷术在难产中，自秦代以来，图书数遭厄难，北周图书，方盈万卷，平齐所得，才加五千。隋文帝按牛弘建议下诏，"献书一卷，赍缣一匹"[②]。隋军平陈，"既破丹阳，晋王广令矩与高颎收陈图籍"[③]，保护下一批图书。于是"经籍渐备"，整理成三万余卷。比较隋初的一万五千余卷御书单本，和隋文帝后来整理好、藏于宫中及秘书监的那三万

① 司马光：《资治通鉴》卷182大业十一年，第5694页。
② 魏徵：《隋书》卷49《牛弘传》，第1300页。
③ 魏徵：《隋书》卷67《裴矩传》，第1577页。

余卷，隋炀帝这又组织撰写的一万七千余卷新书，是分量很大的成果。他在位时又命担任了秘书监的柳𧦬整理西京嘉则殿藏书，“得正御本三万七千余卷，纳于东都修文殿。又写五十副本，简为三品，分置西京、东都宫省官府，其正书皆装翦华净，宝轴锦褾”①，实在是我国文化史上的一件盛事。

隋开皇四年（584）董钦造鎏金阿弥陀佛铜像

为读这些书，隋炀帝又“于观文殿前为书室十四间，窗户床褥厨幔，咸极珍丽。每三间开方户，垂锦幔，上有二飞仙，户外地中施机发。帝幸书室，有宫人执香炉，前行践机，则飞仙下，收幔而上，户扉及厨扉皆自启。帝出，则垂闭复故”②。这应是世界上最早的机器

① 司马光：《资治通鉴》卷182大业十一年，第5694页。

② 司马光：《资治通鉴》卷182大业十一年，第5694—5695页。

人装置之一了，可惜现在还没有人能将它复原。后来这“观文殿宝厨新书八千许卷，将载还京师。……于河值风覆没，一卷无遗”[①]，真是可惜。

隋炀帝著有文集五十五卷，卷帙浩繁，为隋代之冠。《全隋文》中存四卷，《全隋诗》中存诗四五十首。那些夹带脂粉轻薄气味的梁陈宫体诗，无法叫人恭维，但另一些气势磅礴的政论和不乏高古清俊诗意的佳作，总是要让人对这位有很高文化素养的皇帝刮目相看。

仁寿年中（601—604）杨广为太子，东宫学士仍是柳䛒一班旧人，出入卧内，亲热无比。炀帝即位，柳䛒拜秘书监，“帝退朝之后，便命入阁，言宴讽读，终日而罢。帝每与嫔后对酒，时逢兴会，辄遣命之至，与同榻共席，恩若友朋”[②]。炀帝一直喜欢读书，喜欢在读书人的圈子里生活。夜里留他们在宫里不方便，他感到懊丧：“帝犹恨不能夜召，于是命匠刻木偶人，施机关，能坐起拜伏，以像于䛒。帝每在月下对酒，辄令宫人置之于座，与相酬酢，而为欢笑。”[③] 又玩起机器人的把戏。

不过一年光景，柳䛒病死。隋炀帝的文学侍从班子改组，

---

① 李昉：《太平广记》卷 280《炀帝》，中华书局，1961 年，第 2229 页。

② 魏徵：《隋书》卷 58《柳䛒传》，第 1423 页。

③ 魏徵：《隋书》卷 58《柳䛒传》，第 1423—1424 页。

双面暴君

隋炀帝的生平、时代及真相

胡戟 著

岳麓書社 · 长沙

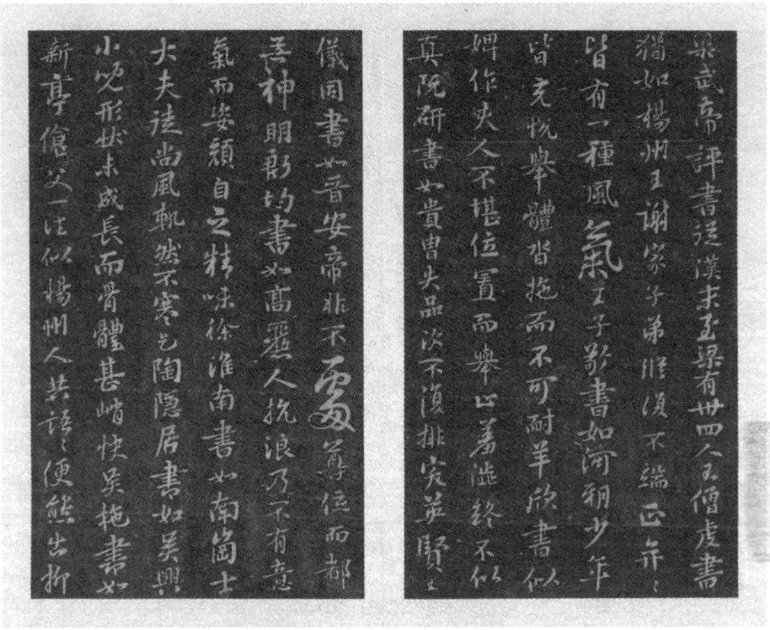

隋代智果《评书帖》（局部）

“（虞绰）与虞世南、庾自直、蔡允恭等四人常居禁中，以文翰待诏，恩盼隆洽”[①]。这时候庾自直为隋炀帝改文章，“帝有篇章，必先示自直，令其诋诃。自直所难，帝辄改之，或至于再三，俟其称善，然后方出”[②]。大家编撰的书稿，则往往由虞绰负责删削，隋炀帝看了总是称赞改得好。这些材料使我们相信隋炀帝好读书撰述是实，诗文也多出自他本人之手，不像后来的一些

① 魏徵：《隋书》卷 76《虞绰传》，第 1739 页。

② 魏徵：《隋书》卷 76《庾自直传》，第 1742 页。

无聊皇帝和慈禧等人，署名御笔的几个字都要别人代劳。

除了本人身体力行潜心于儒学文化，隋炀帝还大力兴学办教育，这在后面我们用专门篇章谈。

佛教和儒学的发展，在历史上是一个复杂的社会现象，是不可以用一句话简单地否定的。诚然我们看到了佛教和儒学传播产生的许多消极影响，但是它们又代表了一个时代的文化、心理和世界观，甚至曾经作为学术和中外文化交流的载体发挥作用。我国乃至人类历史上多少科学发现和文明进步，是在神学和儒学外衣的掩护下得以实现的。因此，对隋炀帝弘扬佛教、发展儒学的所作所为当如何评价，恐怕还必须经过具体细致的分析研究。现在我们至少可以说，他借助佛儒作为沟通南北人心的联络渠道，稳定南人情绪，巩固统一局面，是成功的，起到了“故陈之境内，给复十年”[①] 的经济政策和优待陈叔宝君臣、销毁兵器等军政措施所不及的作用。在开皇十年（590）平叛后，得力于坐镇扬州的晋王上述思想文化领域中的工作，南方的形势终于稳定下来了。

对于杨广个人来说，也借此赢得了一批僧俗群众，在东南地区扎下了政治根基。特别是那批追随他的文人学士，名义上是以读书修撰为名聚拢起来，而中国的儒生一向是有议政传统

① 司马光：《资治通鉴》卷177开皇九年，第5517页。

的，他们和晋王在一起，也研究政治，窥测形势，筹划着未来的宏图大业，这是雄心勃勃的晋王积聚政治实力的方便形式。在中国，养士和招引学士之风由来已久，杨广置王府学士至百人的规模和他的成功，直接启示了他之后的李世民、李泰、武则天。他们也召秦府学士、魏王府学士、北门学士，成为各自在政治上起步的垫脚石。杨广开启的这一代风气，在历史舞台上导演了一幕幕百舸争流式的活剧。在优胜劣败的角逐中，一代代风流人物轮番主政，并力在中华五千年历史上留下隋唐辉煌的篇章。

六 北击突厥：在北方草原的试炼

杨广早年为藩王时，便有“南平吴会，北却匈奴”[①]的声誉，后者是指开皇二十年（600）为行军元帅击破突厥之事。

长期以来，突厥是我国北边的威慑力量。木杆可汗在位时（553—572），突厥发展强大，终于击灭柔然，还“西破挹怛（在今阿富汗北部），东走契丹（在今东北西辽河流域），北方戎狄悉归之，抗衡中夏”。佗钵可汗统治时（572—581），“控弦数十万，中国惮之，周、齐争结姻好，倾府藏以事之”。佗钵可汗因此得意地说：“我在南两儿（指北周、北齐政权）常孝顺，何患贫也！”[②]

① 魏徵：《隋书》卷4《炀帝纪下》，第95页。

② 魏徵：《隋书》卷84《突厥传》，第1865页。

突厥可汗世系表

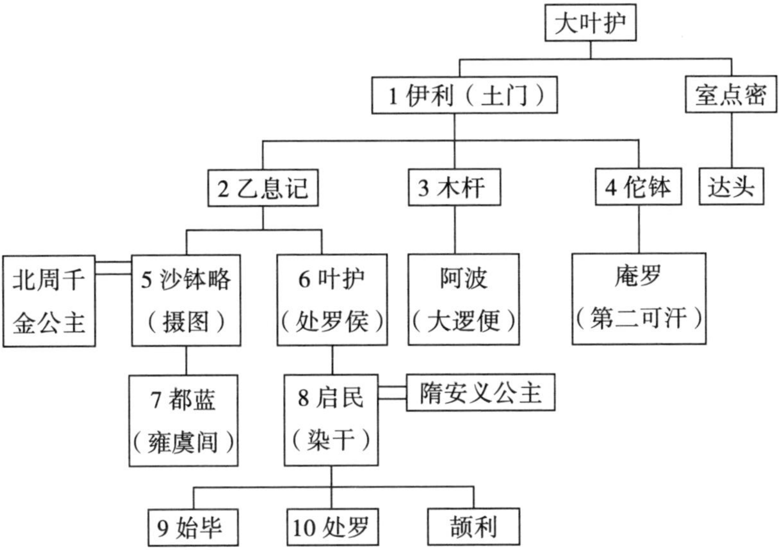

杨坚在北周末矫诏执政时，便赶忙送赵王宇文招女千金公主于突厥，嫁摄图（沙钵略可汗），仍“竭生民之力，供其来往，倾府库之财，弃于沙漠”[①]，以结好突厥；一面又“缘边修保鄣，峻长城，以备之，仍命重将出镇幽、并”[②]。当年晋王杨广就是在这样的背景下，由王韶、李彻辅导，出任并州总管。翌年（582）正月，主要为对付突厥而设立的河北道行台，由晋王任行台尚书令，仍镇并州。

① 魏徵：《隋书》卷 84《突厥传》，第 1866 页。

② 魏徵：《隋书》卷 84《突厥传》，第 1865 页。

那位嫁过去的北周千金公主，“自伤宗祀绝火，每怀复隋之志，日夜言之于沙钵略”。开皇二年（582）五月，沙钵略可汗（581—587年在位）倾其部众四十万兵大举攻隋。从幽州（治今北京城西南）到临洮（治今甘肃岷县），隋守军全线溃败，突厥兵掠夺武威、天水、安定（治今甘肃泾川北）、金城（治今甘肃兰州西北）、上郡（治今陕西榆林东南）、弘化（治今甘肃庆阳）、延安，六畜咸尽。一时军情紧急，皇太子杨勇也屯兵咸阳以备突厥。

隋文帝震怒，下诏严治关塞。开皇三年（583）四月，遣卫王杨爽等八元帅出长城，大举反击得胜。更兼天灾饥疫和长孙晟行离间计奏效，开皇五年（585），突厥分裂，形成以沙钵略、突利为首的东突厥集团，和以达头、阿波为首的西突厥集团。此间杨广在并州，曾“请因其衅而乘之”，隋文帝不许。反而下诏杨广发兵接济沙钵略，给以衣食和车服鼓吹，准许沙钵略率部度漠南，寄居白道川内。沙钵略从面临西突厥达头可汗和契丹夹击的危险中解脱出来，对隋文帝感恩戴德，立约以碛为界，“永为藩附”。他的妻子千金公主这时也一反故态，自请改姓杨氏，给隋文帝当女儿，改封为大义公主。至此形势改观，北边大定，隋室才腾出手来，废梁平陈，完成统一。

开皇七年（587）沙钵略可汗去世之后，其弟处罗侯继位，是为叶护可汗。叶护可汗在西征中阵亡，在位仅一年，沙钵略可汗之子雍虞闾继位，即都蓝可汗。隋室扶植处罗侯之子突利可汗染干，妻以宗女安义公主，拜为启民可汗，将他所部安置在黄河以南，“在夏（治岩绿，今陕西靖边白城子）、胜（治榆林，今内蒙古准格尔旗北十二连城）二州之间发徒掘堑数百里，东西拒河，尽为启民畜牧之地”。启民可汗表示愿“千万世长与大隋典羊马”[①]。被有意冷落的突厥大可汗都蓝遂绝朝贡。反复无常又煽动扰边的大义公主，被裴矩设计杀掉。

开皇十九年（599），都蓝可汗被其部下杀死，达头可汗乘机东返漠北，自立为步迦可汗，突厥大乱。隋文帝命染干派人往漠北招慰突厥，“果尽来附，达头恐怖，又大集兵”[②]，寇边犯塞，企图阻止突厥部众南下降附隋朝，于是有晋王杨广北伐突厥之举。

开皇二十年（600），隋文帝命杨广为灵朔道行军元帅，杨素为长史，于仲文将前军，长孙晟为秦川行军总管，取晋王广节度出讨。四月己未（一日），进至大河上，“祃祭轩辕黄帝，以太牢制币，陈甲兵，行三献之礼”[③]。三天后壬戌（四日），突厥犯塞，晋王出灵州（治今宁夏灵武西南），破敌得胜。

---

① 魏徵：《隋书》卷 84《突厥传》，第 1873 页。

② 魏徵：《隋书》卷 51《长孙晟传》，第 1334 页。

③ 魏徵：《隋书》卷 8《礼仪志三》，第 162 页。

此役经过在《隋书》中，唯《长孙晟传》记载稍详：

> 达头与王相抗，晟进策曰："突厥饮泉，易可行毒。"因取诸药毒水上流，达头人畜饮之多死，于是大惊曰："天雨恶水，其亡我乎？"因夜遁。晟追之，斩首千余级，俘百余口，六畜数千头。王大喜，引晟入内，同宴极欢。有突厥达官来降，时亦预坐，说言突厥之内，大畏长孙总管，闻其弓声，谓为霹雳，见其走马，称为闪电。王笑曰："将军震怒，威行域外，遂与雷霆为比，一何壮哉！"师旋，授上开府仪同三司，复遣还大利城，安抚新附。

分明是音容笑貌俱有实录，可是《隋书·炀帝纪》记杨广此役，却是"出灵武，无虏而还"。其实，除《长孙晟传》外，同书中还有多处记载，全都是肯定有战功的，如《高祖纪下》："突厥犯塞，以晋王广为行军元帅，击破之。"《于仲文传》："突厥犯塞，晋王为元帅，以仲文将前军，大破贼而还。"《突厥传》："晋王广出灵州，达头遁逃而去。"《铁勒传》："开皇末，晋王广北征，纳启民，大破步迦可汗，铁勒于是分散。"不知为什么，《炀帝纪》中偏偏要把这一切化为乌有，把这一仗写成什么也没发生的徒劳往返。既然"无虏而还"，那么同一篇本纪文后《史臣曰》又讲"北却匈奴"，该作何解释？《隋书》关于炀帝事迹的笔法混乱，这种不是疏忽的疏忽，真是耐人寻味。

据《隋书·史万岁传》，开皇二十年（600）北伐突厥一役，还有汉王杨谅率史万岁、裴矩、张定和、李药王、杨义臣等参加，他们出马邑道，一说定襄道，“逐北入碛数百里”，斩敌数千，也获胜而归。

突厥武士

仁寿元年（601）、二年（602），隋军接连出塞击突厥达头等部，此时杨广已为太子，军队由杨素统率，取得大胜，“自是突厥远遁，碛南无复虏庭”[①]。在北方为患数十年的突厥，从此安分了十几年。启民可汗所部，“或南入长城，或住白道，人民羊马，遍满山谷”[②]。在民族相安的气氛中繁荣发展，河套南北、大青山一带欣欣向荣，在历史上进入一个新的开发时期。

① 魏徵：《隋书》卷 48《杨素传》第 1286 页。
② 魏徵：《隋书》卷 84《突厥传》第 1873 页。

二十年间，对突厥的和战，杨广时有介入。事情的重要性不在使他获得“北却匈奴”的令誉，而在于体验了用军事与外交的种种手段安边的成功经验。大业中，他三次北巡，亲莅突厥牙帐，屡修长城、道路，十分注意突厥问题，不敢有稍许的怠忽，这是基于对历史上突厥问题的严重性和他所经历和平局面来之不易的真切认识。

七 夺宗之谋

自隋朝建立到开皇末年的二十年间，晋王杨广由一个快乐的少年皇子，成长为一位颇有阅历的青年王爷，在他到了风度翩翩的而立之年时，已有灿烂可观的文治武功可以夸耀。这时他不再安分于宗法制度给他安排的将来称臣于长兄的卑屈地位，进而觊觎皇权。向来认为，母后独孤氏在帮助次子杨广实现夺取其长子杨勇太子位的计划中，起了关键作用。关于这场夺宗之谋，我们且先从他俩的这位著名母亲讲起。

隋文帝独孤皇后，传称是河南洛阳人，是后来改的籍贯。独孤氏本是匈奴族屠各之裔。其父独孤信（503—557）是云中（今内蒙古托克托东北古城镇）人，曾祖独孤俟尼"以良家子自云中镇武川，因家焉"[①]。独孤信和宇文泰在武川为乡里，"少相友善"。后来都卷入六镇与河北起兵事件，辗转赴长安，同为西魏府兵的八柱国大将军。独孤信官至大司马，是关陇集团中一个典型的军事贵族之家。后因与赵贵同谋诛执政宇文护，事败自尽。但他的长女为周明敬皇后，第四女为唐元贞皇后（追尊为元皇帝的李渊父亲李昞的妻子），第七女即隋文帝独孤皇后，史称："周、隋及皇家（唐）三代皆为外戚，自古以来，未之有也。"[②] 史家所谓后性妒忌，"高祖甚宠惮之"[③]，本质上是对其家族的敬畏。独孤家族的支持，对隋室来说是至关重要的。

独孤皇后干政很深，皇帝上朝她也形影相随："上每临朝，后辄与上方辇而进，至阁乃止。使宦官伺上，政有所失，随则匡谏，多所弘益。候上退朝而同反燕寝，相顾欣然。"[④]

独孤皇后对隋文帝的私生活也管束极严："高祖与后相得，誓无异生之子。"[⑤] 隋文帝五个儿子，全是独孤皇后所生，他曾因

① 李延寿：《北史》卷 61《独孤信传》，中华书局，1974 年，第 2167 页。

② 李延寿：《北史》卷 61《独孤信传》，第 2170 页。

③ 魏徵：《隋书》卷 36《独孤皇后传》，第 1108 页。

④ 魏徵：《隋书》卷 36《独孤皇后传》，第 1108 页。

⑤ 魏徵：《隋书》卷 36《独孤皇后传》，第 1108 页。

此自诩:“前世皇王,溺于嬖幸,废立之所由生。朕傍无姬侍,五子同母,可谓真兄弟也。岂若前代多诸内宠,孽子忿诤,为亡国之道邪!”[①]不想还是祸起萧墙,骨肉相煎,这父子六人竟无一得终其天年。独孤后煞费苦心处处提防,在私生活上不给隋文帝丝毫自由的政策,并不能在他们的帝王之家维系至亲骨肉间的脉脉温情。最终导致悲剧性结局的原因,不能不说独孤后有相当的责任。她对次子杨广的偏爱,影响了夫君,使儿子们心理上失去平衡,从储位之争开始,演出了一幕幕骨肉相残的宫廷惨剧。

杨广争宠,乖巧地在母亲身上下功夫。他“美姿仪,少敏慧”[②],从小为父母钟爱。长大后,“敬接朝臣,礼极卑屈,声名籍甚,冠于诸王”[③]。太子勇也“颇好学,解属词赋,性宽仁和厚”,但是“率意任情,无矫饰之行”,大大咧咧,被处处投父母所好的兄弟钻了空子。对比之下,他俩给父母留下好恶迥然不同的印象。

独孤后最恨姬妾生孕,杨勇却多内宠,最受宠爱的云昭训和后宫其他姬妾为他生了十个儿子,气得独孤后直骂猪儿狗崽,

① 魏徵:《隋书》卷45《房陵王勇传》,第1230页。

② 魏徵:《隋书》卷3《炀帝纪上》,第59页。

③ 魏徵:《隋书》卷45《房陵王勇传》,第1231页。

“有如许豚犬”[1]，而自己亲自选定的太子妃元氏，却被拒于夫妻生活之外，开皇十一年（591）又暴亡，被怀疑是毒死的，“后弥不平”[2]。杨广却“唯共萧妃居处”[3]，他学父母“后庭有子皆不育”[4]。杨广一生仅三个儿子，独孤后生前见到的长子昭、次子暕，都是萧妃所生，“后由是数称广贤”[5]。

隋文帝夫妻比较节俭，“乘舆御物，故弊者随宜补用；自非享宴，所食不过一肉；后宫皆服浣濯之衣”[6]。这里是说，他们平时的衣着也不讲究，因为豪华的涂料印染或手绘的礼服是不能洗涤的。独孤后拒收价值八百万一箧的明珠，和因不事涂抹化妆，宫中竟找不出一两胡粉等故事，当时都传为美谈。杨勇却“文饰蜀铠”，隋文帝很不高兴地训诫他：“自古帝王未有好奢侈而能久长者。汝为储后，当以俭约为先，乃能奉承宗庙。”[7]而“晋王来朝，车马侍从，皆为俭素”，人们早就传说，杨广“躬

① 司马光:《资治通鉴》卷179开皇二十年，第5575页。
② 魏徵:《隋书》卷45《房陵王勇传》，第1231页。
③ 魏徵:《隋书》卷45《房陵王勇传》，第1231页。
④ 司马光:《资治通鉴》卷179开皇二十年，第5574页。
⑤ 司马光:《资治通鉴》卷179开皇二十年，第5574页。
⑥ 司马光:《资治通鉴》卷180仁寿四年，第5602页。
⑦ 司马光:《资治通鉴》卷179开皇二十年，第5573页。

履节俭，有主上之风”[1]。杨坚夫妇偶尔出访，在次子杨广家里看到的，是老丑的佣人，素缣屏帐，乐器的弦也是断的，还满是尘埃，皇帝以为杨广不好声色，对他赞不绝口，“由是爱之特异诸子”。

有一年冬至日，杨勇穿上太子法服，在东宫设乐，受百官朝贺，引起隋文帝猜疑，下诏禁止此类僭越行动，“自此恩宠始衰”。杨广在入朝后将还镇扬州时入宫告辞，向母后泣诉：“不知何罪，失爱东宫，恒蓄盛怒，欲加屠陷。每恐谗谮生于投杼，鸩毒遇于杯勺，是用勤忧积念，惧履危亡。”[2]激发母亲无限伤感，“自是后决意欲废勇立广矣”[3]。

受《隋书》的观点“废太子立晋王广，皆后之谋也”[4]的影响，历来认为促使隋文帝废立太子的都是上面这些故事，杨勇奢侈失宠，杨广矫情夺嫡成功，独孤皇后是决定性的人物。实际上，这是隋文帝本人的重大抉择，由于对长子杨勇失去了信任和耐心，他转而选择了在各方面都有出色表现的次子杨广为自己的储君。因为，杨广正如《剑桥中国隋唐史》的作者指出

---

① 魏徵：《隋书》卷 48《杨素传附杨约传》，第 1293 页。
② 魏徵：《隋书》卷 45《房陵王勇传》，第 1231 页。
③ 司马光：《资治通鉴》卷 179 开皇二十年，第 5575 页。
④ 魏徵：《隋书》卷 36《独孤皇后传》，第 1109 页。

的："他很有才能，很适合巩固他父亲开创的伟业。"[①]

隋文帝对杨勇本无恶感，自己建隋称帝之初，毫不犹豫地立了世子杨勇为皇太子。"上使太子勇参决军国政事，时有损益，上皆纳之。"[②]当时准备按检逃户和徙民实边两事，就是采纳杨勇的意见而放弃的。后来他"文饰蜀铠"和令东宫妇人"服兵帜"[③]等一些事，也还说不上多么奢侈荒唐。他的失宠，主要是隋文帝疑心太子不肖，有篡权行迹，"畏其加害，如防大敌"[④]。为此把强健者全部调离，削弱了东宫宿卫。实际似是过虑，证据并不足。杨坚临终前又想恢复杨勇的太子位，就说明当年废他并无实据，要不然议废时李纲也不会冒死为杨勇辩护。

更主要的原因是，当太子杨勇越来越让皇帝失望的时候，晋王杨广却如一颗明星在政坛上冉冉升起，随到之处，建功立业，饮誉朝野。隋文帝是一位有心于国事的"近代之良主"[⑤]，他自己开创的新国家，已经宏图初展的开皇之治，要成为万代基业，必须把权力移交给一个最有能力的儿子。于是他抛弃了

---

① [英] 崔瑞德：《剑桥中国隋唐史》，中国社会科学出版社，1990 年，第 147 页。

② 司马光：《资治通鉴》卷 179 开皇二十年，第 5573 页。

③ 魏徵：《隋书》卷 22《五行志上》，第 630 页。

④ 魏徵：《隋书》卷 45《房陵王勇传》，第 1234 页。

⑤ 魏徵：《隋书》卷 2《高祖纪下》，第 54 页。

嫡长子继承的陋规，毅然决定行太子废立的大事。依杨广当时的表现来说，隋文帝做这样的决定，是完全正确的。《隋书》说他："听哲妇之言，惑邪臣之说，溺宠废嫡，托付失所。"[①] 并非确论。决定是他本人理智地做出的，当然也是在独孤后推动下做出的，其间杨素一党也起了相当的作用。

再说事变的具体进程，其中体现了杨素一党——上引《隋书》中所说"邪臣"的作用。

最早在扬州为杨广策划夺宗计的是寿州（治今安徽寿县）刺史宇文述和扬州总管司马张衡。宇文述也是来自武川的军事贵族，平陈时任行军总管，在杨广身边率三万军从六合渡江作战。他认为，废立问题上"能移主上者，唯杨素耳"[②]，而杨素遇事，只找他弟弟内史令杨约商量。

宇文述表示愿赴京师见杨约共图废立。宇文述带着杨广的大量金宝入关，用赌博佯输的办法把金宝都给了杨约，然后向杨约说明这是晋王所赐和晋王的用意，于是联络好了杨约。杨素一向与太子不和，为长保荣禄，与晋王一拍即合。独孤后也给杨素送钱，让他活动废立太子之事。杨广还通过段达收买东

① 魏徵：《隋书》卷2《高祖纪下》，第55页。

② 李延寿：《北史》卷79《宇文述传》，第2650页。

宫幸臣姬威，让他给杨素提供太子行动的情报。太子知道自己处境岌岌可危，占候也是“皇太子废退之象”，便“于后园之内作庶人村，屋宇卑陋，太子时于中寝息，布衣草褥，冀以当之”[①]。但大局已定，无可挽回了。

开皇二十年（600）九月廷议时，杨素发难，姬威作证，隋文帝表态：“此儿不堪承嗣久矣。……我虽德惭尧、舜，终不以万姓付不肖子也……今欲废之，以安天下。”[②]左卫大将军元旻试图劝阻，被下狱。杨勇及其诸子和党羽都被禁锢，“杨素舞文巧诋，锻炼以成其狱”[③]。自一年前杨勇的儿女亲家高颎被罢官，孤立无援的太子，败局便已定了。

十月的一天，隋文帝戎服陈兵，御武德殿，宣诏废杨勇及其子、女为王、公主者。杨勇最初心惊胆战，知不杀他，泣下流襟，舞蹈而去。在场的许多官员沉默地看着，为他难过。

十一月，杨广被立为皇太子。

废太子仍囚于东宫，交给新太子管束。杨勇回过味来，感到自己委屈，一心申冤上诉，被杨广阻遏，只好爬到树上大叫，希望隔墙的宫中听到，报告皇帝接见他。可是杨素挡驾，说杨

① 魏徵：《隋书》卷45《房陵王勇传》，第1232页。

② 魏徵：《隋书》卷45《房陵王勇传》，第1234页。

③ 司马光：《资治通鉴》卷179开皇二十年，第5580页。

勇“情志昏乱”，已精神失常。皇帝信了这话，不再理会。杨勇因而未能得到再与父皇见面的机会，杨广的夺宗之谋获得了彻底的成功。隋文帝也毫不怀疑，这是自己意志的胜利。

正像唐太宗也是以次子秦王的身份夺宗，取代长兄太子建成，进而掌握皇权的经历一样，他们原来是否有正统的身份，钻营太子位采取什么手段等，都不是我们臧否历史人物的着眼点。坦白地说，如果他们确实比他们做了太子的兄长更有治国才能，那么他们不甘在窝窝囊囊的皇兄治下窝窝囊囊地虚度人生，奋起夺过权力来做一番事业的话，尽管是对不起哥哥，却未必是历史的不幸。既然没有民主制度安排他们走别的路，那么阴谋和政变作为专制政治的伴生物，就是一种历史的出路。我们又何必拘泥于迂腐的正统观念，不看历史运动的实质内容，而仅就夺权的形式做肤浅的批评呢？

倒是《隋书·郭衍传》中的一条材料值得重视。郭衍（？—611）是父辈从太原入关加入关陇集团的军事贵族。开皇十年（590）从晋王出镇扬州，任总管，带兵平叛有功，成为杨广心腹。宇文述把夺宗之谋告诉了他，郭衍大喜，说：“若所谋事果，自可为皇太子。如其不谐，亦须据淮海，复梁、陈之旧。副君酒客，其如我何？”晋王把他召去，“阴共计议”，后来“大修甲仗，阴养士卒”[1]，确有动作。

这条材料说明，杨广在酝酿夺宗时，还做了事败就武力割据南方的准备。这是他谋夺太子位事件背后隐藏着的未成为现实的一个分裂国家的计划。昨天他是实现统一的英雄，明天他又可能成为进行分裂的罪魁，翻手为云，覆手为雨，杨广已深谙玩弄权术的诀窍。作为一个政治家，他是完全成熟了。

① 魏徵：《隋书》卷61《郭衍传》，第1470页。

八　仁寿宫之变

开皇二十年（600）十一月，杨广被立为太子。他请降章服，宫官不称臣，做出和原太子杨勇完全不同的谦卑姿态。十二月，隋文帝批准了他的请求，对他更加信任。又过了不到两年，仁寿二年（602）八月，独孤皇后看到她最宠爱的次子阿麽当上皇太子，心满意足，放心地离开了人世。

这时王韶、李彻、李雄一班晋王府旧臣也俱已先后去世。杨广不失时机地将帮他谋夺太子位的一伙亲信拉进东宫任职。张衡为左庶子，杨约为右庶子，宇文述为左卫率，原督晋王府军事的参军段达为太子左卫副率，郭衍为左监门率，左仆射杨素留任朝中。后来在仁寿宫事变中将杨广推上皇帝位的，仍是这个当年帮他夺宗谋太子位的班底。只是杨素因为作威作福，引起隋文帝疑忌而疏远，仁寿二年（602）下敕，以“宰辅不可躬亲细务”为名，让他只须三五天去一次尚书省，评论大事，不再通判省事，“外示优崇，实夺之权也”[①]。杨约也远出为伊州（治今新疆哈密）刺史。这一变故反而促使杨素全力支持杨广取代杨坚，在仁寿宫事变中表现最为积极。

仁寿四年（604）七月丁未（十三日），隋文帝死于仁寿宫。乙卯（二十一日），太子杨广在仁寿宫即皇帝位。随即派杨约入长安，矫隋文帝诏，赐废太子杨勇死，将他缢杀。隋炀帝弑父屠兄占据皇位的说法流行很广，在人们心目中几是定论。实际“弑父”一案，史料多歧异，还需推敲。

这一年的正月甲子（二十七日），隋文帝前往仁寿宫。行前，一个术士身份的预言家章仇太翼警告说：“但恐是行銮舆不反。”[②]章仇太翼一再谏阻，是考虑隋文帝的健康，还是暗喻将生变故，已无法确定。此人虽目盲，但耳聪心明，好像有一点特异功能，“以手摸书而知其字”[③]。前后所言都是政事，是个对政

① 魏徵：《隋书》卷48《杨素传》，第1288页。

② 魏徵：《隋书》卷78《卢太翼传》，第1769页。

③ 魏徵：《隋书》卷78《卢太翼传》，第1769页。

治形势心里有数的术士。他对隋文帝说的话，可算是一种政治讯号，隋文帝似乎还很麻木，气恼地将他投入长安狱中，说回来时杀他。果然这次隋文帝一去不返了。

四月，隋文帝在仁寿宫得病，七月甲辰（十日）病危，“卧于仁寿宫，与百僚辞诀，并握手歔欷”[①]。从容地与臣下告别，临终还没忘记交代太子释放章仇太翼：“章仇翼，非常人也，前后言事，未尝不中。吾来日道当不反，今果至此，尔宜释之。”[②]丁未（十三日），隋文帝死在仁寿宫大宝殿，还留有遗诏，其中专门说了许多杨广的好话：“今恶子孙已为百姓黜屏，好子孙足堪负荷大业……皇太子广，地居上嗣，仁孝著闻，以其行业，堪成朕志。但令内外群官，同心戮力，以此共治天下，朕虽瞑目，何所复恨。”[③]

上述《隋书》和《北史》的《隋纪》，所载隋文帝去世情况并无异常，也知道他的病因与耽于女色、房事过度有关，对此他自己有话交代：“使皇后在，吾不及此。”[④]独孤皇后去世后，他与宣华夫人陈氏、容华夫人蔡氏等宠姬在一起，任情纵欲，

① 魏徵：《隋书》卷2《高祖纪下》，第52页。

② 魏徵：《隋书》卷78《卢太翼传》，第1769页。

③ 魏徵：《隋书》卷2《高祖纪下》，第53页。

④ 魏徵：《隋书》卷36《独孤皇后传》，第1109页。

毫无节制。到底是六十多岁的人了，不到两年，就折腾垮了。当然上述材料中，遗诏的内容可作别论，因为遗诏每每是当事人弄虚作假的玩物，不一定能表达逝者的真实心声。

然而同是《隋书》,《杨素传》却又有这样的材料：

> 及上不豫，素与兵部尚书柳述、黄门侍郎元岩等入阁侍疾。时皇太子入居大宝殿，虑上有不讳，须豫防拟，乃手自为书，封出问素。素录出事状以报太子。宫人误送上所，上览而大恚。所宠陈贵人，又言太子无礼。上遂发怒，欲召庶人勇。太子谋之于素，素矫诏追东宫兵士帖上台宿卫，门禁出入，并取宇文述、郭衍节度，又令张衡侍疾。上以此日崩，由是颇有异论。

《北史·杨素传》所载与此完全相同。《资治通鉴》录用了这段史料，在“令右庶子张衡入寝殿侍疾”之后，加了一句“尽遣后宫出就别室”，补充了张衡下手的条件。再想到《隋书·张衡传》说张衡“临死大言曰：‘我为人作何物事而望久活！’监刑者塞耳，促令杀之”的情景，正史上已拐弯抹角地暗示了隋炀帝有弑父的劣迹。

野史笔记的叙述便直言不讳了。赵毅的《大业略记》说：

高祖在仁寿宫，病甚，追帝侍疾，而高祖美人尤嬖幸者，唯陈、蔡二人而已。帝乃召蔡于别室，既还，面伤而发乱，高祖问之，蔡泣曰："皇太子为非礼。"高祖大怒，啮指出血，召兵部尚书柳述、黄门侍郎元岩等令发诏追庶人勇，即令废立。帝事迫，召左仆射杨素、左庶子张衡进毒药。帝简骁健官奴三十人皆服妇人之服，衣下置仗，立于门巷之间，以为之卫。素等既入，而高祖暴崩。①

马总的《通历》说：

上有疾，于仁寿殿与百僚辞诀，并握手歔欷。是时唯太子及陈宣华夫人侍疾，太子无礼，宣华诉之。帝怒曰："死狗，那可付后事！"遽令召勇，杨素秘不宣，乃屏左右，令张衡入拉帝，血溅屏风，冤痛之声闻于外，崩。②

《通历》详述了杨素令张衡入室拉杀隋文帝的情况，只有《大业略记》明说指使者是隋炀帝，他召杨素、张衡进的毒药。

① 司马光：《资治通鉴》卷180《考异》，第5603页。

② 司马光：《资治通鉴》卷180《考异》，第5603—5604页。

隋代骑马女陶俑

现在看来，基本的情况是隋文帝对杨广的信任一直维持到自己病危时。正月前往仁寿宫后，翌日便下诏“赏赐支度，事无巨细，并付皇太子”[①]。发病后又召他入居大宝殿，同自己住在一起。最后因杨广同杨素商量后事——恐怕还包括继位问题——信件的误传，犯了晚年深信佛道鬼神的皇帝的大忌，隋文帝盛怒之下想再更换太子，但来不及了。事发时，杨素一伙赶紧控制了宫廷的警卫和下诏的职能部门，已经病入膏肓的隋文帝随即死于张衡之手。

尽管可以一般地讲杨广参与了仁寿宫之变这场宫廷阴谋，

① 司马光：《资治通鉴》卷180仁寿四年，第5601页。

但要说他父亲隋文帝是他指使杀害的，也就是确认他犯有弑父的直接罪责，材料只有《大业略记》提供的一条孤证，并不充分。而且就这条材料之中，别的书所说杨广调戏的宣华夫人陈氏，也改作蔡美人了，人名和身份——应是贵人或径称容华夫人——都不对，手段也有进毒和拉杀的区别，因此其史料价值颇可怀疑。

推敲起来，仁寿宫之变的全部情节中，有无杨广调戏父皇侍妾之事，也有疑问。旧史都把太子无礼，宣华夫人反抗，因此被激怒的隋文帝决心换太子，当作引发事变的直接原因。可是陈氏同太子的关系早就非同一般。她应是陈宣帝（528—582）晚年出生的女儿，此时不过二十多岁。她“性聪慧，姿貌无双”[①]，隋文帝虽然最宠她，但她未必愿专注感情于这个六十多岁的“喜怒不常，过于杀戮”[②]的老皇帝。青年英俊的太子同她早有来往，“晋王广之在藩也，阴有夺宗之计，规为内助，每致礼焉。进金蛇、金驼等物，以取媚于陈氏。皇太子废立之际，颇有力焉”[③]。事变之后，杨广立即派人给她送去同心结，她接

① 魏徵：《隋书》卷36《宣华夫人陈氏传》，第1110页。

② 魏徵：《隋书》卷2《高祖纪下》，第54页。

③ 魏徵：《隋书》卷36《宣华夫人陈氏传》，第1110页。

受时虽然面有难色，还是羞羞答答地拜谢了使者。“其夜，太子烝焉。”在父亲和丈夫未寒的尸骨旁，他们结成新欢。隋炀帝即位后也没冷落她。她去世时，“帝深悼之，为制《神伤赋》”。从前前后后两人的关系看，当时在仁寿宫中发生太子施暴而陈氏激烈反抗之事，不大可能。况且受当时许多少数民族儿子合法地而且是有义务要继娶父妾习俗的影响，太子与父皇妃嫔之间发生些苟且之事，如李治（唐高宗）在东宫时与唐太宗才人武则天有暧昧关系那样，不是什么了不得的事。所以，即使杨广有猥亵行为，陈氏也犯不着撕破脸皮跟他闹翻，为守住对那个行将就木的老皇帝的忠贞，而得罪这个已经跟自己关系很深的今后的靠山。当然，光凭理性的逻辑去推测历史是危险的，因为具体的历史过程，更多是由偶发的感性的因素推动的。特别是女性的历史，紧急忙乱中她们更容易丧失理智犯糊涂。所以，我们对仁寿宫中有没有发生陈夫人反抗太子调戏一事，只存疑而不遽下结论为好。

在初步研究弑父的问题真相之后，我们想再讨论一下杨坚、杨广父子的关系。

杨广早年有“仁孝”或“大孝爱”的声誉，对一个涉世未深的孩子来说，那不一定是矫饰伪装。但按传统的标准衡量，杨广不是一个笃行孝道的人，连最疼爱他的母亲独孤皇后死时，他也是“对上及宫人哀恸绝气，若不胜丧者；其处私室，饮食言笑如平常。又，每朝令进二溢米，而私令取肥肉脯鲊，置竹筒中，以蜡闭口，衣襆裹而纳之”[①]。连葬礼期间忌荤食言笑的规矩都不曾遵守。所以为了一个皇帝位置，他即便做大不孝的事，也不足为怪。

可是称帝以后，他又不时给已故父皇以种种高度评价，表示深切怀念。即位后，“既营建洛邑，帝无心京师，乃于东都固本里北，起天经宫，以游高祖衣冠，四时致祭”[②]。“夫孝者，天之经，地之义，人之行。自天子达于庶人，虽尊卑有差，及乎行孝，其义一也。先王因之以治国家，化天下，故能不严而顺，不肃而成。斯实生灵之至德，王者之要道。”[③]天经宫起名即取此义，将亡父的衣冠带往东都祭奠，表示炀帝的孝顺和以孝道求治化的决心，开创了一个深深影响唐代政治的传统。

“四时致祭”和“孟春祀感帝，孟冬祀神州，改以高祖文帝配”[④]似还嫌不够，大业元年（605）下诏议“月祭”：“高祖文皇帝，功侔造物，道济生灵，享荐宜殊，乐舞须别。今若月祭时飨，既与诸祖共庭，至于舞功，独于一室，交违礼意，未合人

① 司马光：《资治通鉴》卷179文帝仁寿二年，第5592页。

② 魏徵：《隋书》卷7《礼仪志二》，第139页。

③ 魏徵：《隋书》卷32《经籍志一》，第934—935页。

④ 王钦若：《册府元龟》卷33《帝王部·崇祭祀二》，凤凰出版社，2006年，第339页。

情，其详议以闻。”[1]

大业三年（607）六月，再次下诏为隋文帝单独建庙，诏书盛赞其功业：

> 高祖文皇帝受天明命，奄有区夏，拯群飞（《册府元龟》作“黎”）于四海，革凋敝于百王，恤狱缓刑，生灵皆遂其性，轻徭薄赋，比屋各安其业。恢夷宇宙，混一车书。东渐西被，无思不服。南征北怨，俱荷来苏。驾毳乘风，历代所弗至，辫发左衽，声教所罕及。莫不厥角关塞，顿颡阙庭。译靡绝时，书无虚月。韬戈偃武，天下晏如……高祖文皇帝宜别建庙宇，以彰巍巍之德，仍遵月祭，用表蒸蒸之怀。[2]

赞语用词无以复加了。

大业九年（613）闰九月，隋炀帝从辽东回来，路过博陵（治今河北定州），不胜伤感地对侍臣说：“朕昔从先朝周旋于此，年甫八岁，日月不居，倏经三纪，追惟平昔，不可复希！”他“言未卒，流涕呜咽，侍卫者皆泣下沾襟”。十月下诏，改博

① 王钦若：《册府元龟》卷569《掌礼部·作乐五》，第6535页。

② 魏徵：《隋书》卷3《炀帝纪上》，第69页。

隋文帝泰陵

陵为高阳郡，“召高祖时故吏，皆量材授职”。[①]

从上面这些材料可以透视到，隋炀帝内心仍保留着对开创隋王朝的父皇的敬爱之心。诚然他要祭起孝的旗帜来维护自己的声誉，但故意的做作和发自内心的真情，有时是可以区分开的。因此，对仁寿宫之变可否进一步作这样的判识：事出仓促

① 魏徵：《隋书》卷4《炀帝纪下》，第85页。

时，张衡擅自或在杨素指使下戕害了病危中的隋文帝，当时还是太子的隋炀帝默认了，但他对此始终不能保持心理上的平静。后来时过境迁，内疚与怨恨与日俱增的隋炀帝，到底没让杨素和张衡善终，同时还用立庙祭飨等种种仪式，来追念亡父，借以忏悔自己当年不慎的言行。

九 并州之乱

隋文帝去世，隋炀帝即位，仁寿宫中发生的这场变故，立即激起汉王杨谅在并州的反叛。

杨广五兄弟，长兄废太子勇，自己行二。三弟秦王俊（571—600），平陈之役为上流节度，前后镇洛州、秦州（治今甘肃天水）、扬州、并州，“颇有令问”[1]。但性奢侈好内，妃崔氏妒恨，于瓜中进毒，杨俊食后得病，征还京师，被追究靡费官物、盛治宫室而免官，开皇二十年（600）病故。四弟蜀王秀（？—618），镇益州（治今四川成都）。废杨勇而立杨广为太子，他

① 魏徵：《隋书》卷45《秦孝王俊传》，第1239页。

意甚不平。杨广“恐秀终为后变，阴令杨素求其罪而谮之。……太子阴作偶人，书上及汉王姓字，缚手钉心，令人埋之华山下，令杨素发之。又作檄文……‘指期问罪’。置秀集中，因以闻奏”[①]。杨秀被废为庶人，幽内侍省，禁锢终身，后在扬州被宇文化及杀害。杨广的四个兄弟在他即位时只有小弟弟杨谅是自由人。

杨谅，生卒年不详，历任雍州牧、并州总管，“自山以东，至于沧海，南拒黄河，五十二州尽隶焉”[②]。开皇十八年（598）为行军元帅，统兵征辽，很得父皇宠爱。

太子勇废后，杨谅“居常怏怏，阴有异图”。借口防备突厥，在太原招佣亡命，缮治器械，与梁陈旧将王颊、萧摩诃谋乱。蜀王秀废后，杨谅更加不安。隋文帝死，杨广秘不发丧，以隋文帝玺书征之。以前隋文帝与杨谅有密约，召他回京的玺书，敕字旁别加一点为暗记，杨谅见无，情知有变，于是发兵以诛杨素为名反，从谅反者凡十九州，为他所辖州数的三分之一。

并州总管司马皇甫诞极力劝阻，说：“窃料大王兵资，无敌京师者。加以君臣位定，逆顺势殊，士马虽精，难以取胜。愿

① 魏徵：《隋书》卷45《庶人秀传》，第1242页。

② 魏徵：《隋书》卷45《庶人谅传》，第1244页。

王奉诏入朝，守臣子之节，必有松、乔之寿，累代之荣。如更迁延，陷身叛逆，一挂刑书，为布衣黔首不可得也。”[1] 杨谅怒而囚之。当时并州民间有谣言：“一张纸，两张纸，客量小儿作天子。”杨谅喜滋滋地说：“我幼时字阿客，‘量’与‘谅’同音，吾于皇家最小。”[2] 以为应在自己身上，发动了叛乱。

王頍为杨谅分析，有两种策略：“王所部将吏家属，尽在关西，若用此等，即宜长驱深入，直据京都，所谓疾雷不及掩耳。若但欲割据旧齐之地，宜任东人。”[3] 杨谅犹豫，后来采用总管府兵曹裴文安的建议，分兵南出太谷（在今山西）取河阳（在今河南孟州）；东南出滏口（在今河北邯郸市西南石鼓山）取黎阳仓（故址在今河南浚县东）；东出井陉（关在今河北井陉北）略燕、赵；北自岚州（治今山西岚县北）攻雁门（治今山西代县）。精锐主力攻京师。仁寿四年（604）八月拉开战幕。

隋炀帝派右武卫将军丘和往河东，镇守入关要道蒲津（渡口在今山西永济西蒲州）。杨谅选精兵数百骑，着妇人装，戴幂䍦蔽身，诈称是杨谅宫人还长安，混入蒲州。丘和逾城逃长安。

裴文安率大军将到蒲州城时，杨谅忽然改变由蒲津渡河攻

---

① 魏徵：《隋书》卷 71《皇甫诞传》，第 1641 页。

② 王钦若：《册府元龟》卷 893《总录部·谣言》，第 10384 页。

③ 魏徵：《隋书》卷 45《庶人谅传》，第 1245 页。

入关中的主意，命断河桥，守蒲州，改取固守旧齐之地的战略。裴文安被莫名其妙地召回太原，叹息道：“兵机诡速，本欲出其不意。王既不行，文安又退，使彼计成，大事去矣。”[①] 杨谅不理，只是另派茹茹天保去蒲州，烧河桥，又派王聃为蒲州刺史，带数万人守蒲津。裴文安和薛粹等人往晋州（治今山西临汾）、绛州（治今山西新绛）等地为官。

杨谅放弃主攻方向的攻势后，立即陷入被动。一时太原四面战事激烈，他部署往各方向作战的部队无不溃败，官军则连战告捷。北方李景率数千官军坚守雁门月余，最后在朔州（治今山西朔州）刺史杨义臣救援下，大破乔钟葵三万劲勇；东方李子雄率幽州（治今北京西南）步骑三万，与相州刺史长孙晟配合，在恒州石邑县抱犊山（在今河北石家庄鹿泉区）击败刘建，为井陉戍将张祥解围；南方史祥屯军河阴（属河南洛阳，北对河阳），大败自太行下河内（今河南沁阳）的余公理，而后史祥又东进黎阳。杨谅派往此方向的綦良，屡攻相州（今河南安阳）、慈州（今河北磁县）等地不克，此时史祥军来，不战而溃，被杀万余人。隋炀帝称赞史祥“英才大略”，赋诗：“伯奭朝寄重，夏侯亲遇深。贵耳唯闻古，贱目讵知今！早摽劲草质，久有背淮心。扫逆黎山外，振旅河之阴。功已书王府，留情太

① 魏徵：《隋书》卷45《庶人谅传》，第1246页。

仆箴。”[①]

隋军主攻部队由杨素亲率往蒲州，夜收商贾船数百艘，悄悄渡河，天明袭击北军，汉王所署蒲州刺史王聃以城降。炀帝任命杨素为并州道行军总管，率数万军溯汾水进讨，向并州发起总攻。大军经过晋、绛、吕（治今山西霍州）三州时，杨素各留兵两千牵制，大部队没有停留，全速北进。杨谅用赵子开率兵十余万“策（《资治通鉴》作“栅”）绝径路，屯据高壁（在今山西灵石南），布阵五十里”[②]。那一带谷道狭窄幽深，北军用重兵纵深设防，以为万无一失。杨素围而不攻，自引奇兵自高壁东南的霍山（在今山西霍州东）冒险潜入崖谷，军卒多不敢进，争留谷口守营，贻误出发时间。杨素将争着守营的三百人全部斩首，于是再无一敢留。杨素引军驰进，出北军之北，直指其营，鸣鼓纵火，北军大乱，自相蹂践，杀伤数万。杨谅所署的介州（治今山西汾阳）刺史梁修罗屯介休，吓得弃城逃走。赵子开这一败，引起杨谅恐慌。他亲自带兵十万拒守蒿泽，马上又不顾王頍劝阻，雨中退守距并州三十里的清源（今山西清徐）。这时王府主簿豆卢毓放出狱中的皇甫诞，谋闭城拒谅。杨谅赶紧回头，攻入晋阳城，豆卢毓、皇甫诞和同谋的长孙行

① 魏徵：《隋书》卷 63《史祥传》，第 1496 页。

② 魏徵：《隋书》卷 48《杨素传》，第 1289 页。

布等遇害。这时杨素打过来，在清源大败汉王军，生擒萧摩诃。杨谅被围困在晋阳，穷蹙投降，余党皆平。杨谅免死被幽禁，终年不详。

杨谅起兵后，取胜的唯一希望是集中兵力突袭关中，趁隋文帝暴死，杨勇被害，局势动荡之机，侥幸一搏。但是他先是自不量力，四面出击，继而首鼠两端，在主攻方向上犹豫，中途放弃进兵关中的计划。他想划河为界，割据北齐旧地，可是所部将吏，家属尽在关西，这批人和“东人”根基不同，内部分裂活动不已。一开始岚州司马陶模、澶水丞慕容遐、繁畤（在今山西繁峙东）令敬钊等拒不相从。后来杨谅妃兄豆卢毓和皇甫诞在晋阳城中发难，参与的有开府仪同三司宿勤武、宇文永昌，仪同三司成端、长孙恺，车骑将军元世雅，原武令皇甫文颢，王府库真长孙行布。在杨素军已迫近时，杨谅险些丢失了晋阳城据点老巢。杨谅内部的这场讧变，消耗了杨谅作最后抗争的时间和力量，他的数十万众，“月余而败”[①]。

杨广有皇帝身份，顺逆之间处在代表国家正统的优越地位，加上四面八方可以调动的优势兵力，和名将杨素的得力指挥，翻覆之间就平定了汉王气势汹汹的叛乱，把国家的统一局面和自己的皇帝权位一齐维护下来。

① 魏徵：《隋书》卷 23《五行志下》，第 656 页。

对于新皇帝个人来说，反叛与平叛无异是他对群臣作一次忠诚考验的机会。中国的帝制政治，向来是一朝天子一朝臣，特别是第二代君主总是面临一个对跟随开国君主打天下的元勋功臣们的处置问题，功臣元勋们往往居功傲慢，不大把新君放在眼里，他们又是有经验的造反能手，构成对新君统治的潜在威胁。隋炀帝能否培植起自己的亲信，来取代老一代的官僚，顺利完成权力过渡，成为他的统治能否巩固的关键。在短短的平叛战争中，炀帝不但清除了杨谅、王頍、萧摩诃、裴文安等一批搞分裂的反对派，还涌现了杨素以下另一批抵抗杨谅、积极平叛的将领，其中元寿、李景、上官政、史祥、长孙晟、杨义臣、张须陁、董纯、吐万绪、王仁恭、王辩、崔仲方、陶模等，一直是忠实地追随隋炀帝的重要将领。平叛的成功，意味隋王朝最高层权力过渡迅速完成，新皇帝的权威借镇压反叛者的威慑力量，被全社会无可争议地接受了。

十 能臣之死：权力中枢的人才危机

隋炀帝对官僚班子的筛选调整，未能在平汉王谅一个事变中全部完成，特别是文职衙门中，还盘踞着一批不大买他账的开国功臣，因此清洗还要继续进行。大业初年政坛上的风云变幻，最醒目的事件，是代表一代风流的杨素的去世和高颎被杀。

杨素是个容貌雄伟如尊神的文武全才。领兵出征，“战无不胜，称为名将”，起草诏书，“下笔立成，词义兼美”[①]。自开皇九年（589）平陈之后入朝，在相位十七年，长期为隋文帝倚重，隋文帝曾下诏褒奖他：“志度恢弘，机鉴明远，怀佐时之略，包经国之才。……非唯廊庙之器，实是社

① 魏徵：《隋书》卷48《杨素传》，第1281页。

稷之臣。”[1] 但中国古代君臣之间，罕有真正的信任，杨素这样的能臣，更不免被猜忌，就在下上述诏令的仁寿二年（602），隋文帝就通知他不要再管尚书省的杂事，削夺了他的实权。

杨广为晋王时，曾“卑躬以交素”[2]，就是靠他帮助自己夺取太子位和皇帝位，在那两场宫廷斗争和平定汉王谅的叛乱中，杨素是个举足轻重的人物。平杨谅后，炀帝亲笔下诏书给他，盛赞：“昔周勃、霍光，何以加也！……‘疾风知劲草，世乱有诚臣。’公得之矣。”任命他为有隋一代一直缺而不置的端揆之官尚书令，使杨素成为隋唐三百余年中仅有的几个荣登此位的名人之一（另外著名的是唐代的李世民和郭子仪）。但炀帝只是表面上尊崇备至，实际上“外示殊礼，内

杨素像

① 魏徵：《隋书》卷 48《杨素传》，第 1287 页。

② 魏徵：《隋书》卷 48《杨素传》，第 1286 页。

情甚薄”，实不敢对这位并不忠于父皇的权相寄予信任。隋炀帝在皇位上坐稳以后，功高震主的杨素变成一个多余的人。大业二年（606）杨素得病，隋炀帝派名医诊视，赐以上药，私下问医生病情，唯恐杨素不死。杨素有所察觉，不肯服用皇帝赐给的药物，无心治病，对他弟弟杨约说：“我岂须更活耶？”[①] 这话和另一位参与仁寿宫事变的张衡大业八年（612）临死前的话，“我为人作何物事，而望久活！”[②] 如出一辙。政治家们行事是很少讲良心的，在临终前虽然说不上良心发现，但往往会自我进行末日审判，产生深深的自疚感，在愧对人生的意识支配下，反而不惧怕死神的拥抱。

关于杨素之死，还有一说，将他与先一日去世的隋炀帝长子元德太子杨昭之死联系起来。

> 初，太子之遘疾也，时与杨素同在侍宴，帝既深忌于素，并起二卮同至，传酒者不悟是药酒，错进太子，既饮三日而毒发，下血二斗余。宫人闻素平常，始知毒酒误饮太子，秘不敢言。太子知之，叹曰：“岂意代杨素死乎？命

---

① 以上引文见《隋书》卷 48《杨素传》，第 1290—1292 页。

② 魏徵：《隋书》卷 56《张衡传》，第 1393 页。

也！”数日而薨。后素亦竟以毒毙。[①]

《资治通鉴考异》认为：“按他书皆无此说，盖时人见太子与素相继薨，妄有此论耳。”

无论如何，杨素的死使隋炀帝松了一口气。一时兴师动众，葬送甚盛，还下诏为他立碑，“所以垂名迹于不朽，树风声于没世”，称赞他：“茂绩元勋，劬劳王室，竭尽诚节，协赞朕躬。故以道迈三杰，功参十乱。”[②]人们料想不到，隋炀帝在这样做官样文章的同时，背后又发恨地说：“使素不死，夷其九族。”[③]对于隋炀帝来说，在仁寿宫事变中，杨素既是功臣，又是罪臣。现在他特别需要将自己打扮成一个孝子，鼓吹“天下者，先皇之天下也”[④]，好在世上做人做皇帝的时候，是不容仁寿宫事变的主谋杨素再轻松地活着了。中国素称礼仪之邦，人间确有真情在，但到了统治者那里，这更多地是说在嘴上，写在纸上，装装门面的东西。

---

① 引文见《大业杂记》，引自司马光：《资治通鉴》卷180《考异》，第5625页。

② 魏徵：《隋书》卷48《杨素传》，第1292页。

③ 佚名：《炀帝海山记》，载《历代小史》卷6，哈佛大学燕京图书馆藏本。

④ 魏徵：《隋书》卷48《杨素传》，第1289页。

高颎比杨素资格更老，早在杨坚谋篡北周时，高颎就表示不辞灭族，以死相随，从此成为杨坚的心腹谋臣。平尉迟迥，平陈，总揽朝政，制定国策，对隋朝的建立和繁荣有不世之功。开皇元年（581）隋朝建立之日起便做了宰相，一任十九年。隋文帝称他是“天降良辅”[①]，让他的儿子高表仁娶了太子杨勇的女儿，结成亲家。不想这层过分亲密的关系带来了麻烦。他涉嫌反对废杨勇立杨广，注定了他失势的前景。他涉足隋文帝和独孤皇后之间的一场龃龉，“陛下岂以一妇人而轻天下”[②]那句话，使独孤后衔恨在心，借高颎爱妾生子和与汉王一起伐辽东无功等事不断挑拨。高颎“以天下为己任”，说话办事每怀至公，不避形迹，隋文帝却认为这是“以身要君，自云第一”，嫌恶他冒犯了自己，终于以

隋代守门按盾武士陶俑

① 魏徵：《隋书》卷41《高颎传》，第1181页。

② 魏徵：《隋书》卷36《独孤皇后传》，第1109页。

泄露禁中事和自比司马懿等莫须有的罪名接连给免官和除名处分。除名是开除公职，取消一切待遇。高颎“欢然无恨色”，表现得非常豁达。因为当年他当宰相时，母亲便告诫过他：“汝富贵已极，但有一斫头耳！”这次罢了官，幸免一时，但他到底还是没有躲过那一刀。

开皇十九年（599）削职之后，高颎在家闲居五年。炀帝即位后又起用他，但只是让他做管管礼乐、卜祝、医药等杂事的太常卿。隋炀帝很喜欢讲排场，音乐舞蹈，动辄就搞上万人规模的表演——后来太常乐工数达三万余人。高颎却反对征集周、齐乐师及天下散乐的诏令，认为会助长“无识之徒弃本逐末”，还是坚持他当年搞输籍定样，把人手拴在土地上种田务农的基本国策。他甚至很不谨慎地说话，诸如“周天元以好乐而亡，殷鉴不遥，安可复尔！”“近来朝廷殊无纲纪”[①]之类，被人告发。隋炀帝给他安了个谤讪朝政的罪名，下诏将他诛杀，儿子们流放边地。

诛杀高颎，人们认为是隋炀帝挟私怨，对高颎不肯给他留下张丽华的报复，上文对此已作辨析。真正的芥蒂恐怕是在高颎与废太子杨勇有儿女亲家的密切关系上，至此高颎还说隋炀帝的闲话，便旧账新账一齐算了。

① 以上引文见《隋书》卷41《高颎传》，第1184页。

《隋书·高颎传》称他“当朝执政将二十年，朝野推服，物无异议。治致升平，颎之力也。论者以为真宰相。及其被诛，天下莫不伤惜，至今称冤不已”。

高颎和杨素，在隋文帝时“专掌朝政”，如一对擎天柱，对开皇治世的出现，作出各自的贡献。隋炀帝不能和他们善处，因材施用，急急忙忙除掉了这两个旷世能臣，显得肚量狭小，缺乏作为大政治家的气魄和襟怀。而后他的宰相班子只有杨达、杨约、杨文思、元寿等几个平庸的官僚和两次免官地位不稳的苏威。大业后期，宇文述、裴矩、裴蕴、虞世基等四人地位稍低，以参与朝政或参掌朝政名义行宰相职权，与苏威合称“五贵”[①]。“善于供奉”的宇文述最受宠遇，“势倾朝廷”[②]。裴蕴、虞世基辈也是些“善候伺人主微意”[③]，“唯诺取容”[④]的贪官污吏，权力中枢出现了某种空白和深刻的人才危机。隋朝的政治几乎是靠炀帝个人的才智在支撑，虽然他还能够一呼百诺，有不少建树，但失误也接踵而来。这是造成后来全面的社会危机的政治根源。

① 魏徵：《隋书》卷41《苏威传》，第1188页。
② 魏徵：《隋书》卷61《宇文述传》，第1465页。
③ 魏徵：《隋书》卷67《裴蕴传》，第1575页。
④ 魏徵：《隋书》卷67《虞世基传》，第1573页。

十一 臣民的见面礼：

赋役制度改革

隋炀帝在权力之争中一步步取得成功，牢牢地建立了自己的专制统治以后，他就按自己的理想，以令人瞠目结舌的气势大肆铺陈国事，那规模，那效率，都创下了中国历史上空前绝后的纪录，让人们看到了专制主义的中央集权，能在东方社会创造出怎样的奇迹。

仅就他当政的十四年间三巡塞北、一巡河西、三下扬州、三征辽东的十次征巡，和亲自规划决策的东都、长城、运河、驰道四大工程来说，他也是古代国务活动的创纪录者。下面的一些篇章中，我们将集中叙述隋炀帝在位期间不知疲倦地为国事奔忙的情况。

新皇帝登基，大凡都要做出一点行仁

政的姿态，比如大赦啦，赐酺啦，蠲免当年租税等，隋炀帝则不同凡响，用一项赋役制度的改革，作为给臣民的见面礼。

“炀帝即位，是时户口益多，府库盈溢，乃除妇人及奴婢部曲之课。男子以二十二成丁。”[①]《资治通鉴》将此诏系于仁寿四年（604）十月，是按《隋书·食货志》列在营建东都之前的次序排比的。这一诏书作为隋炀帝即位之初，平定杨谅后处理国事的第一个决定，其用意深长，耐人寻味。

中国自古就有课敛及于妇人的制度，自北魏行均田制以来，妇人和奴婢亦是受田和课税的对象。

北魏太和九年（485）均田诏书规定：“诸男夫十五以上，受露田四十亩，妇人二十亩，奴婢依良……所授之田率倍之，三易之田再倍之。”还给桑麻田、宅田。如麻田，“妇人五亩，奴婢依良”。还特别规定：“寡妇守志者，虽免课，亦授妇田。”[②]

北齐河清三年（564）令，“男子十八以上，六十五已下为丁”，“一夫受露田八十亩，妇四十亩，奴婢依良人”。还有桑麻田。租调按“床”征，“奴婢各准良人之半”。

西魏宇文泰为相时定田令：“有室者，田百四十亩，丁者田

① 魏徵：《隋书》卷24《食货志》，第686页。

② 魏收：《魏书》卷110《食货志》，中华书局，2013年，第2854页。

百亩。”租调“有室者，岁不过绢一匹，绵八两，粟五斛；丁者半之”。服役年龄为十八至五十九岁，纳赋至六十四岁。

隋文帝开皇元年（581）新令，受田规定同北齐，“丁男一床，租粟三石”，调征绢、绵或布、麻，“单丁及仆隶各半之”，“节妇并免课役”。新令规定十八以上为丁，六十为老。开皇三年（583），“初令军人以二十一成丁”。[①]

由上述规定可知，北朝以来，妇人成年后，单独或与丈夫一起，有受田四十亩的份额，嫁妇并纳半数的租调。奴婢受田依良，而租调减半，视同单丁。成丁的年龄则由十五、十八提高到二十一岁。那么炀帝废除妇人及奴婢、部曲之课，和提高成丁年龄到二十二岁的用意何在？

解开这个谜，需要将它和土地制度的变化联系起来分析。一个单丁变成有室者以后，他就要按床加倍缴纳租调。名义上，嫁妇过来，她也可以得到一份相当丈夫数额之半的受田，实际上在土地普遍不足的情况下，她很难受田，况且土地还受之事，也不是那么容易随着嫁过去、娶过来就办的，结果农民经常是，一旦娶妇，课赋立刻加上去，妇人受田却往往落空，北齐时“籍多无妻”[②]就是对这种不合理现象的自发抗议，妇人分不

① 以上引文见《隋书》卷24《食货志》，第677—681页。

② 魏徵：《隋书》卷24《食货志》，第676页。

到地，索性不上户口，逃避税赋。

因为土地问题受资源和分配制度的制约，并不好解决。均田令自颁行以来，一直被狭乡受田不足的难题困扰。北齐天保八年（557），“议徙冀、定、瀛无田之人，谓之乐迁，于幽州范阳宽乡以处之。百姓惊扰”。入隋，“时天下户口岁增，京辅及三河，地少而人众，衣食不给。议者咸欲徙就宽乡”。北齐那种“京城四面，诸坊之外三十里内为公田”[①] 的政策，周、隋政权也有所借鉴，以利关陇集团军事贵族的发展，因而加剧了土地问题的紧张情势。苏威在隋初曾建议，以“户口滋多，民田不赡，欲减功臣之地以给民”，遭到军事贵族既得利益集团的激烈反对。王谊奏称：“百官者，历世勋贤，方蒙爵土。一旦削之，未见其可。如臣所虑，正恐朝臣功德不建，何患人田有不足？”[②] 苏威的建议被搁置了。那场将京辅及三河地少的农民徙就宽乡的议论，隋文帝先是“命诸州考使议之”，继而“又令尚书，以其事策问四方贡士”，结果“竟无长算”。对“狭乡，每丁才至二十亩”[③] 地的严重情况，大家一筹莫展。

这一棘手的、隋文帝也不敢碰的土地问题，隋炀帝一上台

① 魏徵：《隋书》卷 24《食货志》，第 677 页。
② 魏徵：《隋书》卷 40《王谊传》，第 1169 页。
③ 魏徵：《隋书》卷 24《食货志》，第 682 页。

就用变通的办法做了。他一面建新都于洛阳，疏散对关中的压力，一面作出了如上关于课税的规定。但是如今保存下来的这一材料可能已不完整，正如汪篯先生指出的："大致在炀帝初年改变课调制度的同时，田令也有重大的变革。这就是说，在'除妇人及奴、婢、部曲之课'的同时，也废除了他们受田的制度。唐的田令当即本源于此。"[①]

妇人和奴婢、部曲不再受田，可大大减少总的应受田数，

隋代彩绘坐姿伎乐女俑

① 汪篯：《史籍上的隋唐田亩数是应受田数》，载《汪篯隋唐史论稿》，中国社会科学出版社，1981年，第52页。

减少均田制账面上的水分，对本来就受田不足的农户来说，没有实际的经济损失，而大量存在的奴婢、部曲不再受田，是对他们的主人、地主官僚们特权的限制，这就不无补于缓和土地占有不均的矛盾了。至少在法律上，他们不能再以自己拥有的数以百千计的僮仆奴婢，去和均田农民争夺土地。

免除妇人课一点，虽然为人妻室的妇人先前被征课的那份还是并入丈夫名下，按床缴纳了，未嫁娘那一份总归是免了，农户多少有些实惠。奴婢、部曲免课会减少国家岁入，但拥有众多奴婢部曲的多数是有特权的不课户，本来就免了课征的。

男子成丁的年龄，由北魏规定的十五岁，到北齐、北周、隋初的十八岁，开皇三年（583）的二十一岁（军人），这时男子全改为二十二岁成丁，而十八岁受田的制度不变，此间有四年免租调徭役的课征，恰是一个成家立业的新农户全力发展的机会，对于一个将终生如牛负重缓慢运转的自然经济细胞来说，起步时这一段喘息时间真是太宝贵了。

隋炀帝这一套新规定，还有不可忽视的社会史方面的意义。从这时起，以往妇女受田纳课的制度为之一变，农妇基本上丧失了作为独立的经济法人和国家打交道的资格，在国家的经济立法中，她们被视为丁男的附庸，除非她们做了寡妇还独立支撑门面。这样一来，妇女的社会地位和经济地位大大下降了，以男子为核心的家庭模式变得不可动摇。自从原始母权制寿终正寝的那场“女性的具有世界历史意义的失败”[1]之后，隋炀帝这次又有意无意地给了她们一击。

胡三省曾为《资治通鉴》的这一条作注：“隋因周、齐之制，妇人及奴婢、部曲课役各随给田为差；军人以二十一成丁。至是，以户口益多，府库盈溢，故有是诏。是后兵役繁兴，盗贼群起，而是诏为具文矣。”他说的并不错。但是没有更细致考察均田时代前后田令条文变化的社会内容和后果，便急急忙忙做这种徒为具文的注释，似无益于对大业经济底蕴的探讨和对中国社会变化的认识。

① 马克思、恩格斯：《马克思恩格斯选集》第4卷，人民出版社，2012年，第66页。

十二 营建洛阳城：一个建筑史上的奇迹

隋炀帝即位伊始，又发出营建洛阳的诏令，固然是“并州移户复在河南”[①]的缘故。当时“谅所部吏民坐谅死徙者二十余万家”[②]，很多迁到洛阳附近。对这些“籍没流移”[③]的晋阳逆党，要严加控制。这一点与周公建成周以监殷商遗民十分相似。而使隋炀帝作出这营建东京决策的，是更为远大的历史眼光。

洛阳是我国有名的九朝古都。且不说夏墟汤都，自周成王七年（前1036），“以为此天下之中也，诸侯四方纳贡职，道里均

① 魏徵：《隋书》卷3《炀帝纪上》，第61页。

② 司马光：《资治通鉴》卷180大业三年，第5613页。

③ 魏徵：《隋书》卷66《房彦谦传》，第1563页。

矣”[①]，周公建洛邑迄今，已有三千余年。古代中国都城史上有一件很有趣的事：洛阳总是充当长安的候补国都角色。镐京的西周不行了，东迁洛阳为东周；西汉在长安不行了，移到洛阳为东汉；隋唐王朝不等灭亡，便早早地以洛阳为东京或东都。而当长安不能再作为国都时，洛阳也默默消沉了。它最后一段作为隋、唐东都，和后梁、后唐都城的三百余年辉煌历史，是从隋炀帝营建洛阳开始的。

自北魏由代北迁洛，以永宁寺为表征，位于白马寺东、洛水之北的汉魏故城，建设规模宏伟，但在尔朱荣之乱和东、西魏争战中，被战火兵燹破坏，“洛阳内外官寺民居，存者什二三”[②]，“城阙为墟”[③]。于是京师迁邺（在今河北临漳西南邺镇）。但时人认为，“河洛之地世称朝市。上则于天，阴阳所会；下纪于地，职贡路均”[④]。北周静帝大象元年（579）起修建洛阳宫，常役四万人，将北齐邺城石经迁至洛阳，并往洛阳大规模移民，已有意恢复东京旧都，但他一年以后便死了。史称：“及营洛阳宫，虽未成毕，其规摹壮丽，逾于汉、魏

① 司马光：《资治通鉴》卷 11 高帝五年，第 361 页。

② 司马光：《资治通鉴》卷 158 大同四年，第 4893 页。

③ 李延寿：《北史》卷 10《周本纪下》，第 375 页。

④ 令狐德棻：《周书》卷 7《宣帝纪》，中华书局，2011 年，第 117 页。

隋唐洛阳城遗址古迹（左）
隋唐时期洛阳城古建筑用砖(右)

远矣。”[①]

入隋，继承西魏、北周，仍旧定都长安。因汉长安城凋敝残破，“水皆咸卤”[②]，便在旧城东南新建大兴城，即隋唐长安城。但这时建都关中与新国家的经济政治形势已不很适应。平陈以后，重新统一的国家幅员广大，关东地区经济实力正在超过素称天府的关中，东南地区经济在全国的重要性迅速上升，进一步向海洋发展已成为国人朦胧的目标。被山带河、四塞为固的关中长安，虽有防御上的优势，却远在西北一隅，生态环境也开始恶化。秦汉以来，关中农业倚为命脉的郑国渠、白渠等水利设施，因河床下切等原因，灌溉面积骤减十之八九。开皇三年（583），“京师仓廪尚虚”，诏于蒲、陕、伊、洛等十三州募

① 李延寿：《北史》卷10《周本纪下》，第380页。

② 魏徵：《隋书》卷78《庾季才传》，第1766页。

运米丁，“漕关东及汾、晋之粟，以给京师”。[1] 开皇五年（585）后，“关中连年大旱”，“发广通（仓在华州华阴县东北渭水南岸广通渠口，今因渭水南移，在陕西大荔县境）之粟三百余万石，以拯关中。又发故城中周代旧粟，贱粜与人。买牛驴六千余头，分给尤贫者，令往关东就食”。开皇十二年（592），户部刚报告“库藏皆满”的喜讯，十四年（594），又“关中大旱，人饥。上幸洛阳，因令百姓就食”。发使调查均田，“其狭乡，每丁才至二十亩，老小又少焉”。[2] 仅为应受田额的五分之一，京师和畿辅地区地少人众情况最严重。更兼漕运艰阻，供应中央官员和大量军队，日感困难。土地资源日益枯竭的黄土高原上的长安，已不是作为新国家都城的最佳选择。

隋炀帝营建东京洛阳的诏书，显示他对国家发展变化的这一大趋势是有认识的，诏书还表述了他将用变通的办法来治理国家的哲学思想：

> 乾道变化，阴阳所以消息，沿创不同，生灵所以顺叙。若使天意不变，施化何以成四时，人事不易，为政何以厘万姓！《易》不云乎：“通其变，使民不倦”；“变则通，通

① 魏徵：《隋书》卷24《食货志》，第683页。

② 以上引文见《隋书》卷24《食货志》，第682—685页。

则久。”“有德则可久，有功则可大。”朕又闻之，安安而能迁，民用丕变。是故姬邑两周，如武王之意，殷人五徙，成汤后之业。若不因人顺天，功业见乎变，爱人治国者可不谓欤！

然洛邑自古之都，王畿之内，天地之所合，阴阳之所和。控以三河，固以四塞，水陆通，贡赋等。故汉祖曰：“吾行天下多矣，唯见洛阳。”自古皇王，何尝不留意，所不都者盖有由焉。或以九州未一，或以困其府库，作洛之制所以未暇也。我有隋之始，便欲创兹怀、洛，日复一日，越暨于今。念兹在兹，兴言感哽！

朕肃膺宝历，纂临万邦，遵而不失，心奉先志。今者汉王谅悖逆，毒被山东，遂使州县或沦非所。此由关河悬远，兵不赴急，加以并州移户复在河南。周迁殷人，意在于此。况复南服遐远，东夏殷大，因机顺动，今也其时。群司百辟，佥谐厥议。但成周墟塉，弗堪葺宇。今可于伊、洛营建东京，便即设官分职，以为民极也。

夫宫室之制本以便生，上栋下宇，足避风露，高台广厦，岂曰适形。故《传》云：“俭，德之共；侈，恶之大。”宣尼有云：“与其不逊也，宁俭。”岂谓瑶台琼室方为宫殿者乎，土阶采椽而非帝王者乎？是知非天下以奉一人，乃一人以主天下也。民惟国本，本固邦宁，百姓足，孰与不足！今所营构，务从节俭，无令雕墙峻宇复起于当今，欲使卑宫菲食将贻于后世。有司明为条格，称朕意焉。[①]

除了这道营建东京诏，大业元年（605）三月戊申，他又下诏说明，为政刑得失、考课虚实等事，“关河重阻，无由自达。朕故建立东京，躬亲存问”[②]。有关材料还见于《隋书·食货志》《元和郡县志》和《大业杂记》等书。

《元和郡县志》记：“初，炀帝尝登邙山，观伊阙，顾曰：‘此非龙门邪？自古何因不建都于此？’仆射苏威对曰：‘自古非不知，以俟陛下。’帝大悦，遂议都焉。”[③]《隋书·食货志》记：“初造东都，穷诸巨丽。帝昔居藩翰，亲平江左，兼以梁、陈曲折，以就规摹。”[④]可见于伊、洛之间营建东京的决策，是他实地考察地理形势后作出的。又根据他本人在江南的经验，参与了从城市防御到绿化和交通设施的规划。

《大业杂记》则说：“大业元年，敕有司于洛阳故王城东营建东京……时有术人章仇太翼表奏云：‘陛下是木命人，雍州是

① 魏徵：《隋书》卷 3《炀帝纪上》，第 60—62 页。

② 魏徵：《隋书》卷 3《炀帝纪上》，第 63 页。

③ 李吉甫：《元和郡县图志》卷 5《河南道一》，中华书局，1983 年，第 130 页。

④ 魏徵：《隋书》卷 24《食货志》，第 672 页。

破木之冲，不可久住。开皇之初，有童谣云："修治洛阳还晋家。"陛下曾封晋王，此其验也。'帝览表，怆然有迁都之意。"[①]这就把一件建都的大事解释成一个术士的把戏了。虽然这位章仇太翼不是一个等闲之辈，他总是以术士的语言来议论大政，但是用他这席话来解释隋炀帝迁洛的动机，就太浅薄了。可是《资治通鉴》偏偏弃置上述包括两个诏令在内的所有材料，唯用章仇太翼的话当作隋炀帝建东京的决策依据。

对此，高敏先生作过长篇辨析，指出：隋炀帝"即位之初，其所以决定迁都洛阳，是出于对洛阳在当时的军事、政治和经济地位上的重要性的充分认识，决不是单纯出于荒淫逸乐，更不是什么迷信谶纬。可是，司马光在《资治通鉴》里记载炀帝迁都洛阳的原因时，只字不提上述理由，却只说：'章仇太翼……'显然把炀帝之迷信谶纬之说作为其迁都洛阳的主要动因，从而贬低了炀帝的政治眼光与才能。……司马光既舍《隋书·炀帝纪》所载迁都诏令，又不取《元和郡县志》所云，却偏偏相信了杜宝的《大业杂记》这类野史，而且还未在其《考异》中作出为什么要取《大业杂记》而舍《隋书》及《元和郡县志》的原因，使人（不能）不怀疑他是通过史料的取舍而寓

① 杜宝撰，辛德勇辑校：《大业杂记辑校》，三秦出版社，2006年，第2页。

贬斥炀帝之意。……司马光确有取舍史料失当之嫌”。[1]

隋炀帝时洛阳的重建，是一场非常漂亮的速决战。作为登基后的第一大工程，他以极大的决心付诸实施。

仁寿四年（604）十月，才料理完隋文帝的丧事，隋炀帝便于十一月乙未（三日）去洛阳，次日“发丁男数十万掘堑，自龙门东接长平、汲郡，抵临清关，度河，至浚仪、襄城，达于上洛，以置关防”[2]。先在洛阳外围掘了一道长近千公里的 U 形长堑，自今山西河津龙门起，向东经高平西北的长平关，到河南汲县，从新乡东北的临清关渡黄河，至开封折向西，经临汝到陕西商县。用意是使长堑与长安周围的关山大河合拢，拱卫两京。掘长堑以阻滞人马通过，是和长城起类似作用的军事设施，当时在边防和内地都有使用。城与堑结合而成的城墙外加挖护城河，便是传统的城防工事模式。这里隋炀帝把壕堑设计得很长是想扩大洛阳外围防御圈，但这道长堑似乎只在隋炀帝的心理上增加了一点安全感，除了设置关卡，未见在军事上发挥过什么作用。

十八天后的癸丑（二十一日），隋炀帝在洛阳发布了著名的

---

① 高敏：《关于隋炀帝迁都洛阳的原因》，载中国社会科学院历史研究所魏晋南北朝隋唐史研究室编《魏晋隋唐史论集》第 2 辑，中国社会科学出版社，1983 年，第 256—257 页。

② 魏徵：《隋书》卷 3《炀帝纪上》，第 60 页。

营建东京诏。

又四个月后，大业元年（605）三月丁未（十七日）下诏，命尚书令杨素、纳言杨达两位宰相和主管工程的将作大匠宇文恺营建东京，指定了权力很大的工作班子。杨达是武则天的外祖父，大约也因建东都的关系，他和太原的木材商武士彟有了联系，后来把女儿嫁给他，生下武则天。

宇文恺将隋炀帝在邙山上观伊阙龙门时讲的话，作为设计的主导思想，“都城前直伊阙，后据邙山，左瀍右涧，洛水贯其中，以象河汉”①。新都位于今洛阳市区和南郊一带，在汉魏洛阳城西十八里，西傍东周王城，内包明清洛阳城，“周回五十二里”，考古勘测四面墙合计周长两万七千五百一十六米②，折一里五百二十九点一五米，一尺二十九点四厘米，与我们按五尺为步，三百六十步为里推测的隋唐大里五百三十一米、大尺二十九点五厘米之制略合。③

隋代洛阳城包括宫城、皇城、外郭城、含嘉仓城和若干小

---

① 欧阳修：《新唐书》卷38《地理志》注，中华书局，2013年，第982页。

② 陈久恒：《隋唐东都城址的勘查和发掘》，《考古》1961年第3期。陈久恒：《“隋唐东都城址的勘查和发掘”续记》，《考古》1978年第6期。

③ 参胡戟：《唐代度量衡与亩里制度》，《西北大学学报（哲学社会科学版）》1980年第4期。

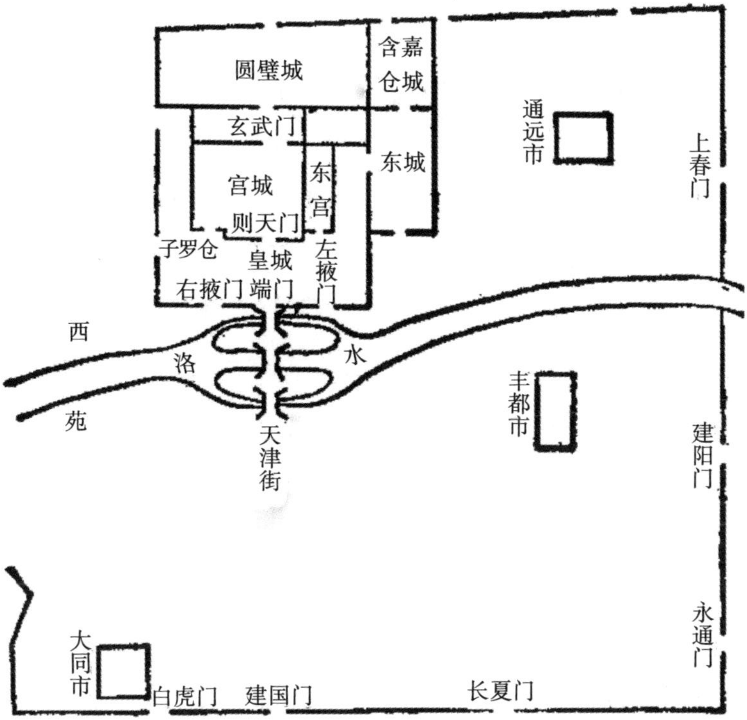

隋代洛阳城示意图（西北大学地质系郭旗同志绘制）

夹城。

宫城在都城西北隅，今定鼎路两侧，为皇帝视事的朝堂和寝宫所在，有乾阳、大业、文成、武安、修文、仪鸾、观文、含凉等殿。

乾阳殿为正殿，入唐重修为含元殿。“殿基高九尺，从地至鸱尾高二百七十尺，十三间二十九架。三陛重轩，文棍镂槛，栾栌百重，粢拱千构，云楣绣柱，华榱碧珰，穷轩甍之壮丽。其柱大二十四围，倚井垂莲，仰之者眩曜。南轩垂以珠丝网络，下不至地七尺，以防飞鸟。四面周以轩廊，坐宿卫兵。殿廷左右各有大井，井面阔二十尺。庭东南、西南各有重楼，一悬钟，一悬鼓，刻漏即在楼下，随刻漏则鸣钟鼓。"[①] 乾阳殿是举行大典和会见重要外国使臣的地方，所以建筑最为壮观，设施一应齐全。常朝在大业、文成、武安三殿，位于乾阳殿西。安福门内北院是隋炀帝御寝所在，"雕饰最华"[②]。"殿庭并种枇杷、海棠、石榴、青梧桐及诸名药奇卉。"[③] 宫城正门为则天门，重要诏命常在这里发布。门有双重观，左右连阙。李世民认为太奢，武德四年（621）命人焚毁。唐高宗时重修，神龙元年（705）避武后尊号，改名应天门。今定鼎路南段周公庙和《洛阳日报》社之间，地下尚保存有门基石。正北门为玄武门，作为形势要地，与长安宫城的格局是一样的。神龙元年（705）的五王政变，就是从这里斩关而入，推翻武则天的。

皇城在宫城南，从东、南、西三面环绕宫城，是百官衙署和禁军卫府驻地。出则天门，过宽八十步的横街，两边就是皇

① 杜宝撰，辛德勇辑校：《大业杂记辑校》，第 7 页。

② 徐松：《唐两京城坊考》卷 5《东京 · 宫城》，中华书局，1985 年，第 134 页。

③ 杜宝撰，辛德勇辑校：《大业杂记辑校》，第 8 页。

城的东、西朝堂。则天门南去五百步为端门，是皇城正门。其中右掖门，遗址在今中医院和洛阳市实验中学大门之间，其东左掖门，已为洛河浸没。右掖门内“子罗仓，仓有盐二十万石。子罗仓西，有粳米六十余窖，窖别受八千石”[①]，遗址在今市委宿舍院内。按石容六十升、粳米容重零点八五公斤每升计，皇城内可贮米二千四百四十八万公斤和盐一千二百万公斤。

皇城和宫城的东边为东城，东城的北门含嘉门北为含嘉仓城，在今洛阳市老城北。《通典》记唐时仓贮粮食中，“含嘉仓，五百八十三万三千四百石”[②]。按粟每石折今八十一斤计，约合二十三点六二五万吨。考古发掘探明，仓城总面积约四十三万平方米，按已探出的二百八十七个仓窖的排列情况推测，总共有窖四百多个，“窖为口大底小如缸形，现存窖口直径最大的为18米，一般为10—16米，最深12米，一般为7—10米”。据此则窖容在一千立方米上下，按石容六十升，每窖可贮粮万石以上，如含嘉仓出土的“东南从南第廿三行从西第五窖”的刻铭砖记该窖含纳“苏州通天二年租糙米白多一万三□□十五石”。因此，四百多窖是可以贮存二十万吨，够数十万人一年食用的。

---

① 杜宝撰，辛德勇辑校：《大业杂记辑校》，第6页。

② 杜佑：《通典》卷12《食货典十二》，中华书局，1988年，第292页。

考古资料还说明了含嘉仓地下粮窖设计了防潮设施："为了防止窖底湿气上升，造成窖内储粮变质，窖底都经过防潮处理。这种防潮设施，首先是在窖底加固夯实，然后进行火烧、烘烤窖底及窖壁，还在窖底铺垫一层红烧土碎块和黑灰拌成的混合物层，再在窖底铺设木板和草，并在木板上铺有苇席，窖壁则是随储粮随垒壁板层层加高至顶部。值得注意的是，在壁板和席之间还竖有一层箔，箔缝内夹有谷糠，说明席是隔离谷子和糠的，更进一步起到了防潮作用。"考古还发现，"含嘉城尚有仓中门和仓东门……东门则可能是漕运逆河而上到新潭后进入含嘉城的门户。而北门则有可能是粮食输出的门户"[①]。

外郭城又叫罗郭城，在城东北隅和城南半部，洛河隔为两半。城内纵横各十街，分成一百一十三个里，为寺观和官民住宅区。三个市，洛河北的瀍河东岸为通远市；洛河南的两个市，东为丰都市，西为大同市，是商业区。正南门叫建国门，位于今洛南赵村西南约一公里的关帝庙西侧，门址宽二十八米，一门三道，中间门道宽八米，两侧门道各宽七米，门堵隔墙各宽三米。建国门南通伊阙，渡天津桥，北对端门。自端门至建国

① 以上引文见张文彬：《洛阳隋唐含嘉仓及其管理制度》，载《晋秦豫访古》，山西人民出版社，1986年，第137—144页。参河南省博物馆、洛阳市博物馆：《洛阳隋唐含嘉仓的发掘》，《文物》1972年第8期。

门这条南北大街，叫天津街或天街，唐叫定鼎门街，街宽一百步，实测一百二十一米，长七里一百三十七步，约四公里，“隋时种樱桃、石榴、榆柳，中为御道，通泉流渠”[①]。隋代洛阳城的四角，东北角在今唐寺门，东南角在城角村，西北角在苗洵东南，西南角在古城村西北。当时“隋炀帝作东都，无外城，仅有短垣而已”[②]。外郭城因工程浩大，隋代没有大动，是武则天天授三年（692）又开工筑成的。

《大业杂记》称，大业“元年夏五月，筑西苑，周二百里，其内造十六院”。其地在城西，今涧西一带。“每院各置一屯……屯内备养刍豢，穿池养鱼，为园种蔬，植瓜果，四时肴膳，水陆之产，靡所不有。”还“造山为海，周十余里，水深数丈，其中有方丈、蓬莱、瀛洲诸山，相去各三百步，山高出水百余尺”。《隋书·食货志》所称“又于皂涧营显仁宫，苑囿连接，北至新安，南及飞山，西至渑池，周围数百里。课天下诸州，各贡草木花果，奇禽异兽于其中”，与西苑为一事。配套工程还有漕渠等，“引谷、洛水，自苑西入，而东注于洛”[③]。有天津、通济、利涉等桥，天津桥“以架洛水，用大缆维舟，皆以

① 韦述撰，辛德勇辑校：《两京新记辑校》，三秦出版社，2006年，第80页。

② 司马光：《资治通鉴》卷205长寿元年，第6478页。

③ 魏徵：《隋书》卷24《食货志》，第686页。

铁锁钩连之”[①]，在隋代是浮桥。

还有“新置兴洛及回洛仓”[②]。兴洛仓即洛口仓，故址在今河南巩义东北洛水入黄河口，周围二十余里，穿窖三千，每窖容粮食八千石。回洛仓故址在今洛阳故城北七里，仓城周围十里，穿窖三百。这两个仓都是大业二年（606）筑，与城中的子罗仓、含嘉仓保证了东都的供应，并是国家最大的粮食储积中心。

配套工程还包括交通设施，当时就“废三崤旧道，令开菱栅道”[③]，《资治通鉴》作二崤道和菱册道，意在改善洛阳与长安之间崤、函山中“峻阜绝涧，车不得方轨”[④]的交通。此后还修过太行直道，以改善洛阳与太原之间的交通。以洛阳为中心修的南北大运河，更将洛阳置于全国南北交通的枢纽位置。并“徙洛州郭内人及天下诸州富商大贾数万家，以实之”[⑤]。大业二年（606）五月，“敕江南诸州科上户分房，入东都住，名为部京户，六千余家”[⑥]。还迁去河北三千余家工艺户到东京。

① 李吉甫：《元和郡县图志》卷5《河南道》，第132页。
② 魏徵：《隋书》卷24《食货志》，第686页。
③ 杜宝撰，辛德勇辑校：《大业杂记辑校》，第2页。
④ 李吉甫：《元和郡县图志》卷5《河南道》，第142页。
⑤ 魏徵：《隋书》卷24《食货志》，第686页。
⑥ 杜宝撰，辛德勇辑校：《大业杂记辑校》，第23页。

综合上述各方面，可见东京洛阳城的建设是规划有序，周密细致的。

大业二年（606）正月，东京，一个“曾雉逾芒，浮桥跨洛，金门象阙，咸竦飞观，颓岩塞川，构成云绮，移岭树以为林薮，包芒山以为苑囿”[①]的东方大都会，陡然矗立起来。仅仅用了一年零两个月的时间，洛阳新城便告建成，其中裴矩“职修府省，九旬而就”[②]，三个月就完成了皇城内全部官府衙门的修建，在都市建筑史上成为奇迹。

洛阳新都气度恢弘，立即成为我国新的政治、经济、文化中心。自河阴之变（528）和侯景焚毁洛阳（538）以来，数十年间饱受战乱纷扰的东夏，终于又有了一个安定大局的重心，新统一的国家，有了一个联结南北东西各方的枢纽，东西方文明古国之间的商业贸易和文化交流，也有了一个足够气派的中心。

大业二年（606）四月庚戌（二十六日），隋炀帝自江都兴冲冲地赶来，“自伊阙，陈法驾，备千乘万骑，入于东京”[③]，亲自主持了一个盛大的入城式。次日又登临皇城的正南门端门，

① 魏徵：《隋书》卷24《食货志》，第672页。

② 魏徵：《隋书》卷67《裴矩传》，第1578页。

③ 魏徵：《隋书》卷3《炀帝纪上》，第66页。

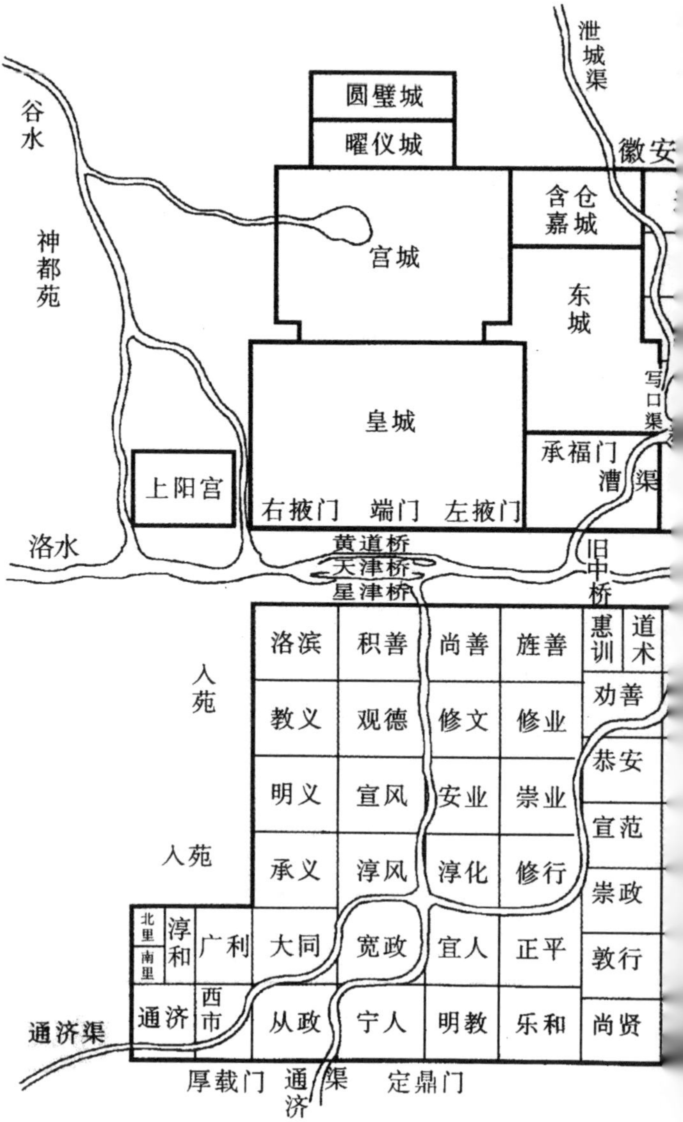

东都外郭城图（据《增订唐两京城坊考》），
唐代洛阳城，延续隋东都的规模

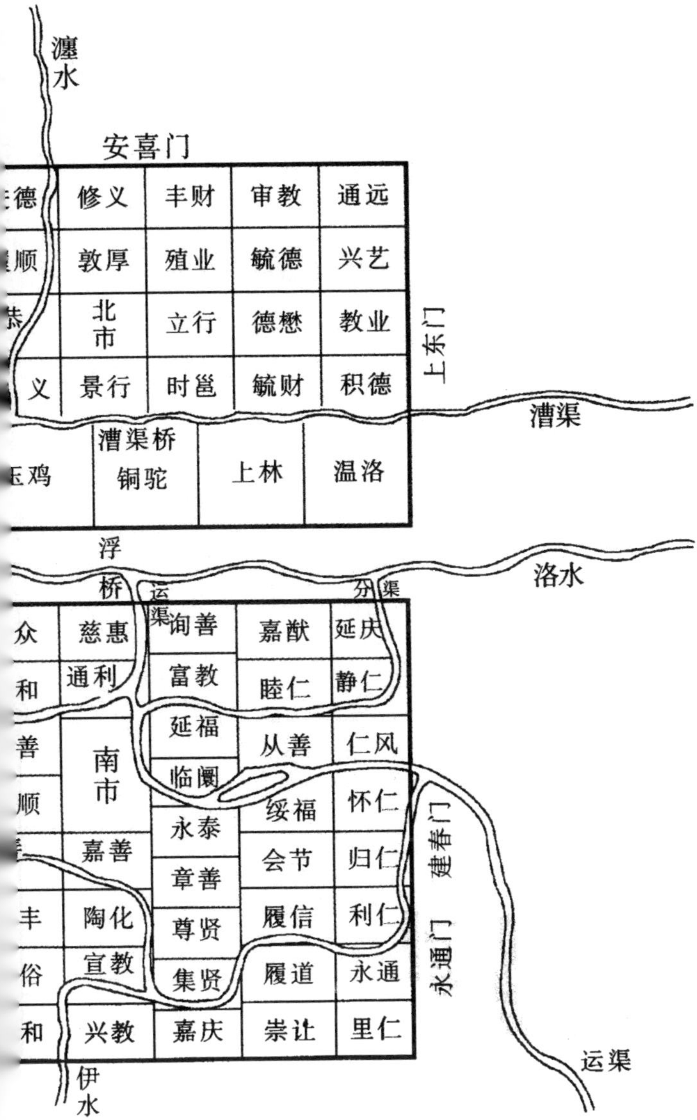

瀍水
安喜门
修义
丰财
审教
通远
敦厚
殖业
毓德
兴艺
北市
立行
德懋
教业
上东门
义
景行
时邕
毓财
积德
漕渠
漕渠桥
铜驼
上林
温洛
浮桥
洛水
运渠
分渠
众
慈惠
询善
嘉猷
延庆
和
通利
富教
睦仁
静仁
善
南市
延福
从善
仁风
顺
临阛
绥福
怀仁
永泰
建春门
嘉善
会节
归仁
章善
丰
陶化
尊贤
履信
利仁
俗
宣教
集贤
履道
永通
永通门
和
兴教
嘉庆
崇让
里仁
运渠
伊水

面向全城居民宣布大赦，免天下今年租税，为新都的建成，留下一个普天同庆的纪念。

隋炀帝营建东京洛阳，是富有历史眼光的开创隋唐盛世的战略性步骤之一。魏徵，尤其是司马光，竟无视重建洛阳的历史原因，有意加以贬抑，实在是辱损了他们自己作为史学大家的声誉。

他们否定此项工程的理由，无非是说为满足隋炀帝个人骄奢淫逸生活的欲望和对百姓过度的役使。洛阳宫和园苑的奢丽，诚然体现了隋炀帝追求享乐的一面，但从建东京诏等大量资料的分析可知，把个人贪图享乐作为新都建设的主要动因，和杜宝在《大业杂记》中用命相谶谣作的解释一样，不是正确的历史观。

需要分析一下役使民工问题。

史称："始建东都，以尚书令杨素为营作大监，每月役丁二百万人。……又命黄门侍郎王弘、上仪同於士澄，往江南诸州采大木，引至东都。所经州县，递送往返，首尾相属，不绝者千里。而东都役使促迫，僵仆而毙者，十四五焉。每月载死丁，东至城皋（治今河南荥阳汜水镇西），北至河阳（治今河南孟州西），车相望于道。"[①]

① 魏徵：《隋书》卷 24《食货志》，第 686 页。

洛阳工程浩繁，需要每月役工二百万人。从豫章（治今江西南昌）一带采大木运往洛阳，两千人曳一柱，大约是计入了沿途修路的人数。因为工程的艰苦和紧急，督役者的凶恶，民工们的伤亡必然不少，但能否有十之四五，即占近半数呢？按每月上工二百万人，若以当时每丁每岁二十日役即十八番计，一年零二个月的工程，总役丁数为四千二百万人次，若死丁占百分之四十到百分之五十，数达一两千万之多，总是令人难以置信的，也根本无法解释，洛阳工程完成后三年，全国户口数如何能达到新的巅峰值——八百九十万户、四千六百万人口，进入东汉以后又一个极盛期。《隋书》和《资治通鉴》留下的这样的史料，很难说有多少认识价值了。

我们还注意到，全部工程还是有轻重缓急，并分步骤进行的。皇城西南著名的上阳宫、西苑最西边的合璧宫（在今河南新安县磁涧镇西南）和宫城内集仙殿等许多宫殿，都是唐代陆续修建的。“自宫城南承福门分洛水，东至偃师入洛”的东都漕渠，是大业二年（606）四月敕令开凿的。洛口仓和回洛仓是大业二年末建筑的。洛阳东城是大业九年（613）建的。外郭城在隋代只修了一圈短垣矮墙。另外，隋炀帝当初如他在诏书中说的，还有“今所营构，务从节俭”的打算。但具体经管人员，例如宇文恺、阎毗、裴蕴、何稠辈，都纷纷“揣帝心在宏侈”[①]，专诱炀帝为奢侈逸乐之事。如高敏先生所指出的，“这些人，对于炀帝走上务尚奢华和淫乱无已的道路，实起了推波助澜的作用”[②]。

隋代重建洛阳城，在当时的社会条件和管理下，人民付出的血汗伤亡代价是沉重的，我们要将这份牺牲和这份业绩的价值有所比较地去认识，才能有适当的结论。在兴建洛阳城等这一类大规模工程中，役使民力不当给人民带来的过分的不必要的痛苦，隋炀帝自不免也有一份罪责，过于严急的工程役期造成的大量死亡，是他不怜惜人命的暴君思想的初步暴露。我们评价隋炀帝营建洛阳，既然决策之功归于他，过也要归于他。作为一个独裁者的专制皇帝，他所有作为的是非功过责任，他本人都是要承当的。

---

① 魏徵：《隋书》卷68《宇文恺传》，第1588页。

② 高敏：《关于隋炀帝迁都洛阳的原因》，载《魏晋隋唐史论集》第2辑，中国社会科学出版社，1983年，第268页。

十三　不朽之作：大运河的开凿

开大运河和营建洛阳，无疑是我国古代国土规划中最宏伟的系统工程，无论从发展新国家的战略需要，抑或从地形环境的实际条件来评估以河、洛交汇处的洛阳为中心修南北大运河的设计，都不能不称为上乘的方案。

在机动车辆特别是火车发明以前的古代世界，靠人力和畜力拽行的陆路交通运输工具，对粮食等大宗笨重物资的长距离运输，实际上是无能为力的，原因是运量小而人畜自身消耗大。相比之下，水运的可行性是陆路运输无法企及的，数万斤粮，一个人用篙头一点，船就走了。欠缺的只是南北向的水道。我国西高东低的地理形势决定了天然河道基本上都呈东西走向，用人工开凿南北向的河运水道，在千百年中成为国人的事业和追求。

《禹贡》时代，人们就探讨了江河之间的南北通道。西边的一条："浮于潜，逾于沔，入于渭，乱于河。"即溯嘉陵江（潜），经汉水（沔）的上游，入渭水，渡黄河。中间的一条："浮于江沱、潜、汉，逾于洛，至于南河。"江沱为今湖北枝江市东一段长江，大凡是自长江中游，溯汉水，翻越伏牛山，入洛河，至黄河（南河）。东边的一条："浮于淮、泗，达于河。"是由淮河入泗水、荷水以通黄河。[①] 相当于上、中游的西边和中间两条道，要翻越秦

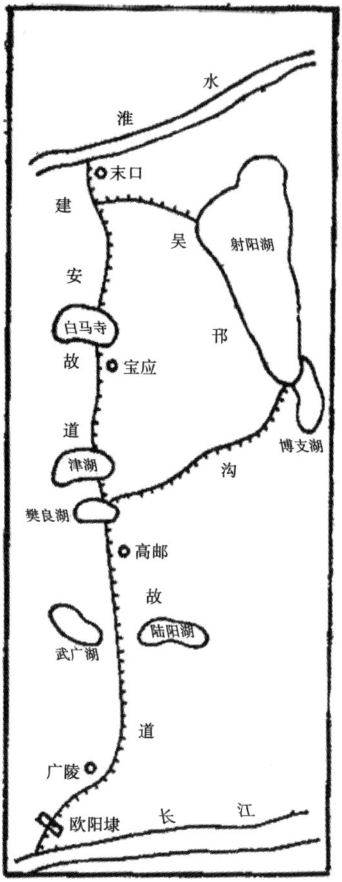

邗沟故道示意图（西北大学地质系郭旗同志绘制）

① 参鞠继武之说，见鞠继武、潘凤英：《京杭运河巡礼》，上海教育出版社，1985年，第3—4页。

岭、大巴山或伏牛山，不可能由水路沟通全程。最方便的是依淮、泗通江、河的东边这条道，这正是隋代开大运河的选择，而早在春秋战国之际，人们已不仅在议论，在酝酿，且局部地开始实施了。最早见于记载的是《左传》鲁哀公九年："吴城邗，沟通江淮。"即公元前486年吴王夫差开凿江淮间的邗沟，而后从公元前360年起魏惠王开联结黄、淮的鸿沟（蒗荡渠）。

邗沟，起自邗城（在今扬州蜀岗）西南，至城东南角（今铁佛寺南），经螺丝湾、黄金坝北上，穿过武广与陆阳两湖之间，北入樊良湖，又东北入博支、射阳两湖（在今江苏宝应东），出湖西北至末口（今江苏淮安北五里的北神堰）。①

魏惠王十年（前360）始凿的鸿沟，大致是引黄河水东入圃田泽（在今河南中牟西），由圃田泽开大沟东至大梁（今河南开封）。公元前340年，魏惠王又由大梁向东南开掘，至陈（今河南淮阳）入颍水通淮。一百多年后楚汉相争时，划鸿沟为界就是这一段。由此可知，早在公元前四世纪中叶，依人工开凿的邗沟、鸿沟，江、淮与黄河之间已可以交通。

西汉时，鸿沟之外，又开汴渠，沟通黄河、泗水，汴渠与

---

① 见载于《汉书·地理志》。《水经注》卷30《淮水》亦称："昔吴将伐齐，北霸中国，自广陵城东南筑邗城，城下掘深沟，谓之韩江，亦曰邗溟沟，自江东北通射阳湖……西北至末口入淮。"

鸿沟同在今河南荥阳北的汴口受河水，自西北流向东南，经今开封、徐州与古泗水汇合，成为汉代漕运的骨干水道。

东汉末调整邗沟旧道，原自樊良湖北至射阳湖间另开数段新渠入淮，称建安故道。经广陵太守陈登这次整修，自广陵雷塘至末口的水道大致取直了。

晋怀帝永嘉六年（312），石勒、石虎攻晋军于淮上名城寿春（今安徽寿县），“会江南运船至，获米布数十艘”[1]，可见此时江淮之间的运河仍通航。

东晋永和年间（345—356），又曾改修邗沟南段，自今仪征境内的欧阳埭引江水，东行至今三汊河、扬子桥北上广陵，为后来仪扬运河前身。

入隋，南北运河的整治和开凿进入了一个新时期。隋文帝开皇四年（584）在关中凿广通渠后三年，便于开皇七年（587）转向江淮间开山阳渎，于今扬州西南七公里的扬子津附近会大江，经由汶河路往北穿过城区，借蜀岗下古邗沟故道东去，在湾头折向北上，过江都东和高邮、宝应西，走一段射阳湖，西北至山阳县末口入淮。大体循吴王夫差所开邗沟故道。

隋炀帝在以往历代修凿的基础上，做更大规模的全面整治，

① 房玄龄：《晋书》卷104《石勒载记上》，中华书局，2011年，第2716页。

并开拓成为贯通江浙和黄淮平原的南北大运河。工程分四段进行。

扬州运河畔高旻寺

首先于大业元年（605）三月征发河南、淮北诸郡男女百余万开通济渠，以沟通黄淮。通济渠又名御河，起自洛阳西苑，引谷、洛水横贯洛阳城，东至偃师东南，这一段循东汉阳渠故道，而后入洛达于河。沿黄河下行一段，到汜水（今河南荥阳汜水镇）东北三十五里的板渚（今已在黄河北岸），引河水在荥泽（今河南郑州西北）入汴，过大梁（今河南开封）西南，历陈留、雍丘（今河南杞县）、襄邑（今河南睢县）、宁陵、宋城（今河南商丘西南）、谷熟（今商丘东南），以下利用古蕲水河道，过永城，进入今安徽境，经夏丘（今安徽泗县），至盱眙（今江苏盱眙东北，已没入洪泽湖中）入淮。“河畔筑御道，树

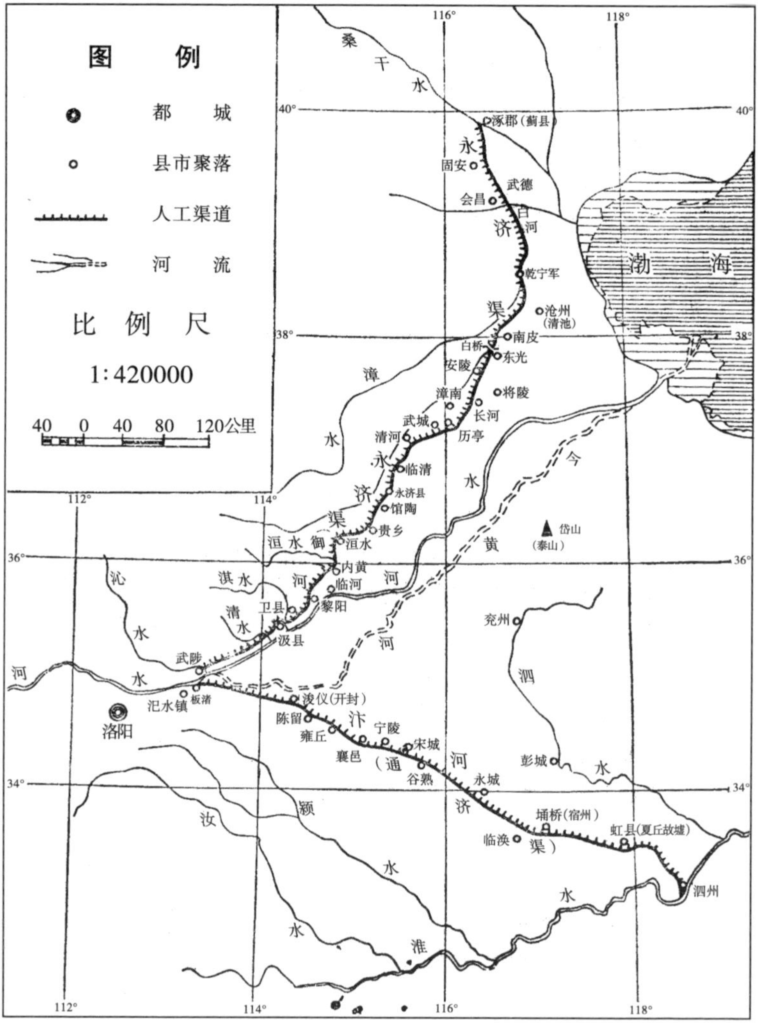

图例
都城
县市聚落
人工渠道
河流
比例尺
1:420000
40 0 40 80 120公里
112°
114°
116°
118°
40°
38°
36°
34°
桑干水
涿郡（蓟县）
永济渠
固安
武德
会昌
白河
乾宁军
沧州（清池）
南皮
白桥
东光
安陵
将陵
漳南
长河
武城
历亭
清河
临清
永济县
馆陶
贵乡
洹水御河
洹水
内黄
临河
黎阳
卫县
汲县
淇水
清水
沁水
漳水
今黄河
岱山（泰山）
渤海
兖州
泗水
彭城
武陟
河水
汜水镇
板渚
洛阳
浚仪（开封）
陈留
雍丘
宁陵
宋城
襄邑
谷熟
汴河（通济渠）
永城
埇桥（宿州）
临涣
虹县（夏丘故墟）
泗州
汝水
颍水
淮水

永济渠与汴河示意图

以柳。”[①]

在开通济渠的同时，又发淮南民十余万开邗沟。仍自淮河南岸的山阳至扬子入江，长三百余里，宽四十步，合今约五十九米，渠旁也筑御道，植柳树护堤。此邗沟与十八年前隋文帝时开的山阳渎的关系尚有争议。一说邗沟即山阳渎，是同一条河又开而广之。[②]一说是邗沟西线，原东线迂远，改由江都、高邮直上山阳，不再绕道射阳湖，再次取直了邗沟道，所以被称为后世运道直径之始。

至此，长安至江都可以直航到达，隋室在沿途置离宫四十余所。通济渠和邗沟自三月辛亥（二十一日）动工，八月壬寅（十五日）隋炀帝即自洛阳西苑显仁宫出发，乘龙舟下江都，巡航视察，全部工程在一百七十一天内完成，进展神速。

大业四年（608）正月，又“诏发河北诸郡男女百余万开永济渠，引沁水南达于河，北通涿郡”[③]，直达今北京市。据《元和郡县图志》和历代学者研究[④]，可以大致判明这隋代大运河北段

① 魏徵：《隋书》卷 24《食货志》，第 686 页。

② 此处内容参见刘文淇《扬州水道记》。

③《隋书》卷 181《炀帝纪上》，第 70 页。《资治通鉴考异》引《杂记》：“三年六月，敕开永济渠，引汾（当作“沁”，下同）水入河，于汾水东北开渠，合渠水至于涿郡二千余里，通龙舟。”纪年与《隋书》有差。

④ 如张昆河《隋运河考》；岑仲勉《黄河变迁史》；马正林《唐宋运河述论》，载《运河访古》；黄盛璋《永济渠考》，载《地理集刊》18 号。

永济渠的走向。

永济渠以通济渠渠首板渚对岸的沁水入黄处附近为渠口，其地在今河南武陟西北，向东北开渠，会清（卫河）、淇二水，过新乡、汲县、卫县（今河南淇县）。《初学记》称："隋炀帝于卫县，因淇水之入河，立淇门以通河，东北行，得禹九河之故道，隋人谓之御河。"[①] 是在卫县淇水上建造了分水入永济渠的淇门。而后又过黎阳（今河南浚县东），从内黄县（在今县西南）北二百步（约三百米）和洹水县（今河北魏县西南）西二里北去，经魏县（今河北大名西）、贵乡（大名东北），过馆陶县西十里，穿永济县，在西郭内渠阔一百七十尺（约五十米），深二丈四尺（约七米）。再经临清（今河北临西）西门外，过清河东南十里、武城（今县西北）、历亭（今山东恩城北）、漳南（今河北故城东北）、长河（今山东德州市东）西十里、东光县西南的白桥、南皮、长芦（今河北沧州），直北过今青县、静海，至独流口折向西北，接桑干水（今永定河），达涿郡蓟城（今北京市西南）。

这一段线路的设计借用了许多天然水道，自渠口至汲县一段用了沁水故道即今孟姜女河，而后引清水下接淇水；汲县与

① 徐坚：《初学记》卷 6《河第三 · 叙事》，京华出版社，2000 年，第 190 页。

馆陶之间利用了洹水下游的白沟；馆陶与长芦间，部分利用汉代屯氏河故道；长芦至独流口利用了清漳水；今京津段在武清附近还利用了永定河、白河故道。但这永济渠二千余里的运河工程终究浩大，也和通济渠一样投入了妇女劳力。史书称这时才因“丁男不供，始以妇人从役”[①]，并不确切。总之，从一开始隋代妇女便为大运河的开凿贡献了自己的血汗。

大业六年（610）又敕修江南河，北起京口（今江苏镇江），东南经曲阿（今江苏丹阳）、晋陵（今江苏常州），绕太湖之东，过无锡、吴县（今江苏苏州），至今浙江嘉兴折向西南，经上塘河直达余杭（今浙江杭州），在今大通桥附近入钱塘江，全程八百余里，河宽十余丈。

江南运河的修凿有和邗沟一样悠久的历史。公元前495年吴王夫差从其国都苏州向西北方向的长江修运河，《越绝书·吴地传》记载：“吴古故水道，出平门（苏州北门），上郭池，入渎，出巢湖（漕湖），上历地，过梅亭，入杨湖（阳湖），出渔浦（利港），入大江，奏广陵。”是经由今无锡东南五里的泰伯渎，过常州，到奔牛，接天然河道荆溪（今旧孟河），从今江阴的西利港入江。秦始皇三十七年（前210），又开修镇江附近运河，凿断丹阳一带的高地，入江口西延至丹徒镇东北的丹徒口，

① 魏徵：《隋书》卷24《食货志》，第687页。

瓜洲古渡

是为丹徒运河。两汉时江南运河又有续修，六朝时，“丹徒水道入通吴、会”[1]，所以隋炀帝修江南河，也有历代开凿的基础。

江南河使京口与在隋唐时已十分富饶的杭嘉湖平原之间交通便捷，而京口又与江都的瓜洲隔江相对，这样可以通过水道把两京与东南财富之地沟通起来。

至此，南北大运河全线完工。隋代大运河南起余杭，北至涿郡，全长约两千公里，迄今为止，犹是世界上最长的人工运河。这样一项伟大的工程，自大业元年（605）起，六七年间断断续续施工，便告全线竣工。虽有历代修凿的基础，但这短短几年中，分段设计施工，一次通航成功，在地形勘测、线路选择、水量节制、水位平衡等方面，都表现了成熟的科学技术水平。这是决策者隋炀帝的

① 萧子显：《南齐书》卷14《州郡志》，中华书局，2013年，第246页。

魄力，监修者皇甫议、阎毗、任洪则和工程技术人员高超的科学管理水平，与建设者包括妇女在内的隋代广大劳动人民伟大创造力相结合创造的奇迹。

这是一个不可等闲视之的奇迹。就说运河与众多东西向的天然河道交叉处的过水行船，便是十分的难题。运河水位是相对稳定的，天然河道却因汛期或枯水期涨落甚大。比如我们在考察运河中得知，在瓜洲运河入江处，汛期长江水可高出运河七八米，而枯水期江水水位又要低于运河数米，若无节制，运

瓜洲船闸

河一开，不是引来大水造成汪洋一片，就是水尽泄入江河，运河变成干沟一道。那么如何调节、平衡水位，保证行船通航呢？现在是修了巨大的瓜洲闸，通过节制闸和船闸的升降启闭，调节控制运河载船的水位，使船得以通行。隋代是怎么解决这一难题的呢？重逾千钧的闸门在没有升降机械的隋代恐怕是难于应用的。

考察沿途，我们耳闻目睹了另外三种河道交叉处行船过渡的办法。一是在浙江上虞，人工开凿的四十里河和余姚江连接，两者水位高差三米许，交汇处建有通明坝，在那里见到两只鸬鹚船通过时，船工临到坝前猛撑一杆，而后跃下船来用力一推，小船顺势跃上坝，进入四十里河而去。旁边还有一固定的绞盘，大一点的船可以推磨式地运转绞盘，将船曳引而上，翻坝过去。二是在浙江萧山见到电动绞车，将船沿斜插入水中的轨道牵引上来。三是安徽泗县枯河头，由于地高水浅，行舟困难，父老称当年隋炀帝路过这里时，用稷子拌了香油铺在干河床上，两岸八百童男童女拉着，龙舟才得以过去。所以当地流传着“隋炀帝，下扬州，稷子拌香油”的民谣。据说1951年治濉时，曾于枯河头南岸挖出稷子数石，证明传说不妄。这故事更使隋代的通航技术像谜一样扑朔迷离，使人难得其解。但无论如何，隋炀帝的龙舟在大业七年（611）的二月乙亥从江都出发，只用五十六天，在四月庚午到达涿郡，运河是解决了河道交叉处的过水行舟问题，全线通航的。

当然，不能说隋代运河的设计便是尽善尽美的了。比如永济渠渠首一段的引沁入卫为全线的重点工程之一，但是“卫小沁大，其势难容”[①]，以致后来沁水暴涨时不断泛滥，大约到隋末唐初时这一段河道就淤塞了，后来唐宋运河就只靠清、淇二水，避开了沁水。好在航线已经开通，局部的调整就比较容易了。

在千余年的漫长岁月中，大运河也历尽沧桑变化，但是依然顽强地存在下来了。在历史上作为一条闪光的纽带，把黄河、长江两大文明摇篮连成一气，曾为祖国南北的物质文化交流日夜奔忙。她千里波涛澎湃激荡，为维系祖国的统一，为推动祖国的发展，贡献过不懈不倦的力量。

迄今到运河沿线走走的人们都不难发现，毗邻运河的村镇屋宇整齐，街市繁荣，发展水平明显地高出离运河稍远，哪怕仅只一二十里的地方。过去一些不紧挨运河的城市，如黎阳（浚县）、清河、武城、长河（德州）、清池（沧州），都陆续移往运河畔，还有更多的城镇在运河两岸兴起，成为工商业和交通运输业的中心，洛阳和扬州因之成为全国性乃至国际性的大都会。特别重要的是，长江三角洲和杭嘉湖地区的发展从此跃

① 顾祖禹：《读史方舆纪要》卷 49《怀庆府》，中华书局，2005 年，第 2297 页。

上一个新的台阶，一直影响到今天国土规划的格局。

运河还是我国国民经济突破僵滞型自然经济模式，向商品经济发展的希望和象征。明清之际资本主义萌芽首先在这里出现，不能不说有运河的背景。在华夏大地五千年的开发史上，大运河是第一项无与伦比的丰功伟业，即使在人类古代文明史上，也恐怕罕有可以与之匹俦的建设工程。大运河是隋代人民永远的骄傲，也是我们中华民族永远的骄傲。对于隋炀帝来说，这运河是他本人的一块辉煌的丰碑，我深信不疑，“当他的名字和大运河连在一起的时候，他便是不朽的了”[①]。

人们似乎无论如何也不能无视运河在历史上发挥的巨大作用，即或在崇尚无为的道学家笔下，大运河的光彩也不能被完全抹杀，他们承认在大业元年（605）开通济渠后，“自是天下利于转输”[②]。但是众多的旧史家仍要处心积虑地贬抑隋炀帝决策开运河的历史功绩，不惜将这项举世无双的工程糟蹋得不成样子。

一种办法是把开运河归结为隋炀帝巡游江都的个人玩乐的目的，即所谓“出于君王游幸之私意”[③]，以动机不纯来否定开运

① 胡戟：《千秋功罪说隋炀》，载《运河访古》，上海人民出版社，1986年，第76页。

② 王钦若：《册府元龟》卷498《邦计部·漕运》，第5659页。

③ 张昆河：《隋运河考》，载《禹贡》七卷一二三合期。

河。现代持此论者大讲所谓“动机与效果统一”的理论作为依据，按此理论，凡是没有为人民谋幸福的动机的历史人物，即使“客观上”他做了利国利民的事情，也是不能被肯定的。不错，隋炀帝的青年时代基本上是在江都度过的，那里是他一生功业起步的地方，美丽的南国水乡风光时时萦回梦中。萧皇后又是南方人，他们夫妻俩有故地重游的愿望也是人之常情。但把这作为隋炀帝开运河和南巡的主要目的，是把历史问题庸俗化了。二十世纪六十年代我寻访扬州时，瘦西湖一位花匠就曾对我说，隋炀帝不是琼花开的时候来扬州的，他对隋炀帝下扬州是为看琼花的说法很不以为然。一点不错，大业元年通济渠竣工后隋炀帝第一次南巡，是八月去，翌年三月走的，琼花阳历五月才开，他并没有赶开花季节。

杨广任淮南道行台尚书令和扬州总管前后十余年，对这块土地的形势要害了如指掌，对江南的发展战略也胸有成竹，必然对夫差、秦皇、曹操、邓艾、桓温、刘裕等都关注过的运河工程十分留意，从以后通济渠、江南河迅速修成的情况推测，他对修运河一事可能规划已久，甚至蓝图在手，因此继位之后，在营建东京的同时便下诏开河，迅即告成。如果不是多年留心，光是为玩，谁能心血来潮玩出这等水平！

贬抑开河的另一种办法，是渲染隋炀帝南巡时的奢华，攻其一点，全盘否定。旧小说家们推波助澜，大事夸张，影响民

琼花

间的视听，很起作用。

隋炀帝下江都确实很有排场，《隋书》的《炀帝纪》《食货志》《何稠传》多有描述。略为：大业元年三月，遣黄门侍郎王弘等往江南采木造龙舟和各色杂船，募水工执青丝缆挽船。又命何稠等营造舆服羽仪，课责天下，百姓求捕，网罟遍野，水陆禽兽殆尽，所役工十万余人，用金银钱物巨亿计。八月，炀帝御龙舟幸江都。龙舟高四十五尺（约十三米），阔五十尺（约十四点七米），长二百尺（约五十九米），四重，上重有正殿、内殿、东西朝堂，周以轩廊；中二重有一百六十房（一说百二十房），皆饰以金玉；下重内侍处之。皇帝龙舟、皇后翔艒舟、妃嫔所乘九艘浮景和贵人、美人、十六夫人所乘三十六艘漾彩的九千余挽船士称殿脚，皆以锦彩为袍。随行文武官，五品以上给楼船，九品以上给黄篾舫，这数千艘官船共用挽船士八万余人，舳舻相接二百余里。翊两岸护卫的十二卫步骑和郭衍、李景率领的前后军，数达二三十万。所经州县并令供顿，五百里内俱来献食，丰办者加官爵，缺乏者谴至死。食用不尽，多弃埋之。

关于隋炀帝这第一次下江都的这类材料，差舛甚多，试分析之。

首先是船队船只的数量。《隋书·炀帝纪》最多，记为“数万艘”;《资治通鉴》记为官舟和兵船各“数千艘”；而《资治通鉴》所据的《大业杂记》分类详记各色舟船数目，合计官舟二千八百四十五艘，兵船二千四百艘，共五千二百四十五艘①，故《大业杂记》称总共“五千余艘”。隋炀帝大业元年三月命王弘往江南造船，八月就在洛阳登舟使用，其间不足半年，能否新造这许多船，并要开到洛阳候用，诚然“不免使人提出疑

① 此为杨文安据台北新兴书局《笔记小说大观·大业杂记》统计，按《历代小史》明刊本《大业杂记》无“艚艓五百艘”，则兵船一千九百艘，共四千七百四十五艘。

中国漕运博物馆仿实景物和塑像《隋炀帝下江南》(上)
隋炀帝乘龙舟南巡图(下)

质”[1]。在这种情况下，杜宝《大业杂记》较少且具体的数字，可信程度应高一些。《资治通鉴》明明用着《大业杂记》的材料，却改成两个含糊的各“数千艘”，《隋书》十倍为“数万艘”，显然有故意夸张之嫌。

再则是龙舟的规模。中华书局标点本《资治通鉴》用作底本的元刊胡刻本作“长二百丈”，郑和下西洋时最大的宝船才长四十四丈，标点本此处依据的元刻本显然有误，校记已注明宋刊十二行本“丈”作“尺”，与《大业杂记》的“长二百尺”同。按开皇官尺即市尺，长二十九点五厘米，龙舟长二百尺合五十九米，阔五十尺合十四点七五米，在渠广四十步也合五十九米宽的邗沟中行驶，用青丝缆在两岸拉纤是可以的。

第三是龙舟的挽船士。《隋书·食货志》记为“募诸水工，谓之殿脚”。《大业杂记》：“以青丝大条绳六条，两岸引进。其引船人并名殿脚，一千八十人，并着杂锦彩装袄子、行缠、鞋袜等，每绳一条百八十人，分为三番，每一番引舟有三百六十人，其人并取江淮以南少壮者为之。”但在署名颜师古撰的《隋遗录》（一名《南部烟花录》）中变成：“每舟择妙丽长白女子千人，执雕板镂金楫，号为殿脚女。”到《隋炀帝艳史》，在小说

① 杨永安：《从〈隋炀帝艳史〉一书中看笔记、小说对杨广形象之歪曲》，载《隋唐五代史管窥杂稿》，先锋出版社，1987年。

家笔下就成了这样一段艳文："一船有十条锦缆，一缆须用十名女子，十缆共用一百名女子，十只大龙舟，共计要选一千女子，方才足用。……古人以羊驾车，亦取美观，莫若再选一千嫩羊，每缆也是十只，就像驾羊车的一般，与美人相伴而行，岂不美哉！"牵龙舟的殿脚由水工、少壮男子变为殿脚女，改由十五六岁的吴越柔媚女子和好毛色的嫩羊曳引，明显是野史小说本于《炀帝开河记》的杜撰衍变而成，无聊地迎合市井凡夫俗子的口味，结果是丑化了隋炀帝南巡之行。

另一种贬抑开大运河的类似办法，是将开永济渠的目的仅仅归之为打辽东。《隋书·阎毗传》称："将兴辽东之役，自洛口开渠，达于涿郡，以通运漕。"无疑，征辽的需要是推动这段运河兴修的动因之一。永济渠开通后，确实也成为转输进攻辽东军需物资的交通干线。但并不能因为有过这一目的用途便将之作为否定开河的口实，因为征辽不是开河的全部目的，更不是运河的主要效用。退一步说，即或当时征辽是隋炀帝做开永济渠决定的直接目的，运河一旦形成，它的社会历史价值就不再囿于当初决策者的规定。对一切历史性行动的评价从来都不应以是否存在某种所谓动机，即当事人的头脑当时想到的或没想到的内容为准绳。

隋唐的河北、山东地区，长期是全国经济最发达的地区，关中一直仰给于来自河北的租粟，情形和安史之乱后依赖东南八道财赋类似。所以开通济渠，将河北地区纳入运河交通体系，有与沟通江南类似的经济目的和政治意义，也是国土规划发展史上影响深远的大事。何况对征辽问题也应作历史的分析，事涉征辽便是错了的逻辑并不能成立，我们将在下文论及。

历来否定开运河的最强有力的论据，是役使民力方面的问题。论者指斥隋炀帝的“不仁”，认为开河为“亡国之虐政”。

隋代开运河，前后役使的人力可以计算分析。

通济渠，发河南诸郡男女百余万，自大业元年（605）三月辛亥下诏，至八月壬寅炀帝下江都时使用，施工期最多为一百七十一天。邗沟，发淮南民十余万，与通济渠同时完工，合计用了约两亿个工。

永济渠，发河北诸郡男女一百余万，自大业四年（608）正月乙巳下诏，最迟在大业七年（611）二月乙亥隋炀帝从江都乘龙舟北上涿郡时全线完工，满打满算三年用工量为十亿个工日，实际工程量即按通济渠的三倍计，不超过六亿个工。

江南河，于大业六年（610）动工，完工日期不确知，广十余丈，比其他段稍窄，按八百里江南河为运河全程的五分之一计，江南河用工相当于上述三段的四分之一，则不超过两亿个工。

合计开运河总用工量约为十亿个工。运河横剖面统一按上宽五十九米（二百尺或四十步），深七米（二丈四尺），坡度一比一计，倒梯形的截面积为三百六十四平方米，大运河总长按两千公里计，则总工程量为七点二八亿土方，尽管因地形高低不平，工程总量应增加一个系数计算，但考虑到每一段都有相当部分利用了天然河道与旧运河故道，总土方量如可计为七亿，投工十亿个是可以完成这些土方和包括两岸的道路、植树等全部工程的。

在那六七个年头里，按全国四千六百万人口，全劳动力占五分之二即一千八百四十万计，总拥有工作日四百亿个计，运河投工十亿个，不过是百分之二点五。粗略计算梁方仲《中国历代户口、田地、田赋统计》中隋大业五年（609）豫、兖、冀、徐、扬等州近六百四十万户中，运河邻近县份户数为近五百万，约占当时全国总户数的一半。如果运河工程全由这些地方承担，从役男女也不过占当地劳力总数的百分之五。或者说，在征发百万人出河工时，当地一千万个劳力中是十丁抽一，其间大业二年、三年开河间歇期，人们还有休整的机会。由此看来，在隋代经过开皇之治已积累了大量社会财富的基础上，在社会具有承受能力的情况下，不失时机地开挖大运河，并一举完成，迅速实现全线通航，实在是一件可以做而且非常值得做的事。《大业杂记》中说：“时天下丰乐，虽此差科，未足为苦。”是很有说服力的史料。

当然，开河徭役不是按户口平均征发的，特别是因为有大量免役特权存在，再加上营建东京等其他大工程同时上马，这就不免引起运河沿线附近局部地方劳动力一时的紧张，“丁男不供，始役妇人”，便是这种劳力不足情况的反映，使隋炀帝未能兑现自己蠲除妇人课役的允诺。再加上工期严急，衙吏穷凶极恶，增加了就役军民的痛苦和死亡。但这种情况又被极度地夸张了。《炀帝开河记》称：“诏发天下丁夫，男年十五以上五十以下者皆至，如有隐匿者，斩三族。……丁夫计三百六十万人。[①]……帝督功甚急。叔谋乃自徐州，晓夕无暇。所役之夫已少一百五十万，下寨之处，死尸满野。”司马温公贬抑开河大约就是依据了这一类材料，三百六十万分之一百五十万为百分之四十一点六，于是有了“役丁死者什四五”[②]之说。且不论隋代汴河（通济渠）是否走徐州这个有争议的问题，也不说《炀帝开河记》以这段运河“乃隋大业五年八月上旬建功”的差错，这里记从役河工的数字，也与《隋书》和《资治通鉴》诸书说的“前后百余万”相差甚远，而且如果数以百万计的河工以十分之四五的比例大量死亡，那么开河期间统计的大业五年又达到峰巅状况的全国人口数字——其中一半是运河沿线地区的人

①《开河记》说“五家出一人，或老或幼，或妇人等，供馈饭食。又令少年骁卒五万人，各执杖督工为吏，如节级队长之类。共五百四十三万余人”，是 890 ÷ 5+5+360=543（万）。

② 司马光：《资治通鉴》卷 180 大业元年三月，第 5619 页。

口数字——是从何而来的呢？洛阳与河北、淮扬的繁荣不也成了没有根基的海市蜃楼吗？旧史上这类离事实甚远的描述性文字比比皆是，是不能看作可靠史料的。

一些史家论及运河，持折中主义立场，一方面不无肯定，一方面又把开河当作亡隋的祸因，貌似全面，羞羞答答总不愿给开河一事充分的评价，如明《觳山笔麈》和近人张昆河的看法就为典型。前者说：“炀帝此举，为其国促数年之祚，而为后世开万世之利，可谓不仁而有功者矣。”后者说：“按理言之，

扬州运河

实皆有利于国家民生，然出于君王游幸之私意，且操之过急，民力疲弊，遂为亡国之虐政矣！”按他们论史的观点，运河岂不是不开为好？对此，隋代人民的回答是最有权威的。他们承担了历史落在他们身上的完成大运河工程的责任，连同隋代的劳动妇女也对此作出了贡献。在开挖大运河的那些年里，他们默默地付出了代价，作出了牺牲，社会仍是安定的，我们没有见到任何关于开河引起社会动乱的直接史料。应当就如《大业杂记》说的那样，勤劳豁达的隋代人民，打心眼里就认为开河工程“未足为苦”。隋末农民战争是在《无向辽东浪死歌》的号角声中发动的，辽东之役才是亡隋的直接原因，历史不能由史家的好恶随心所欲作出解释。

被历代农民战争打击、心理上变得十分脆弱的士大夫阶层，已几乎不能接受任何需要付出代价的国土开拓和建设的大业，失去了在开大运河这样的事情上分辨最简单的是非曲直的能力。他们甚至要无中生有地炮制出麻叔谋那样“啖婴儿”的吃人恶魔冒充开渠大使来丑化运河工程，给人留下恐怖的印象。中国人早该从因循的历史旧观念中脱出，给开运河这项崇高的事业以崇高的评价，让我们民族历史上那最振奋人心的一章，像粼粼的河水一样在青史上永远熠熠放光。

十四　人才的涌现：炀帝的文化遗产

建洛阳，开运河……隋炀帝登基伊始，不仅开展了大规模的工程建设，还兴学办教育，卓有成效地开展了文化建设。大业元年（605）闰七月丙子（十八日），隋炀帝下诏兴办教育，拔擢人才，《隋书·炀帝纪上》载诏书，全文如下：

君民建国，教学为先，移风易俗，必自兹始。而言绝义乖，多历年代，进德修业，其道浸微。汉采坑焚之余，不绝如线，晋承板荡之运，扫地将尽。自时厥后，军国多虞，虽复黉宇时建，示同爱礼，函丈或陈，殆为虚器。遂使纡青拖紫，非以学优，制锦操刀，类多墙面。上陵下替，纲维靡立，雅缺道消，实由于此。

朕纂承洪绪，思弘大训，将欲尊师重道，用阐厥繇，讲信修睦，敦奖名教。方今宇宙平一，文轨攸同，十步之内，必有芳草，四海之中，岂无奇秀！诸在家及见入学者，若有笃志好古，耽悦典坟，学行优敏，堪膺时务，所在采访，具以名闻，即当随其器能，擢以不次。若研精经术，未愿进仕者，可依其艺业深浅，门荫高卑，虽未升朝，并量准给禄。庶夫恂恂善诱，不日成器，济济盈朝，何远之有！其国子等学，亦宜申明旧制，教习生徒，具为课试之法，以尽砥砺之道。

把教育先行作为现实的决策，提到建国大纲的高度看待，这是隋炀帝超越历代封建帝王的又一杰出之处。迄今为止，儒家的古训“建国君民，教学为先”，仍是富有光彩的思想。所有发达的现代国家，无不走过了而且还在坚持走着这条道路。哲人们论道：“下世纪中华民族的前景，就在于目前国家对教育和科研的投资了。”[①] 这些说法和隋炀帝的想法，即使不能说一脉相承，也是不谋而合的。

隋代在建立之初，曾比较重视教育。“于是超擢奇隽，厚赏

① 华裔著名科学家李远哲语，引自 1988 年 1 月 27 日《文摘周报》。

诸儒，京邑达乎四方，皆启黉校。齐、鲁、赵、魏，学者尤多，负笈追师，不远千里，讲诵之声，道路不绝。中州儒雅之盛，自汉、魏以来，一时而已。”[①] 人们还记得平江南后苏威即行五教的故事。但隋文帝本人“素不悦学”[②]，“晚年深信佛道鬼神”[③]，仁寿元年（601）六月下诏简省学校，“太学、四门及州县学并废”[④]，“唯存国子一所，弟子七十二人”[⑤]。在这废天下之学的同一天，隋文帝又“颁舍利于诸州”[⑥]，难怪文帝治下“民间佛书，多于《六经》数十百倍”[⑦]。

比起“素无术学”的隋文帝来说，隋炀帝本人是个文化素养极高的皇帝，倡导了隋代不仅是儒学，而且是科学技术和文学艺术的全面繁荣。

首先是教育。“炀帝即位，复兴教诱”[⑧]，立即“复开庠序，国子郡县之学，盛于开皇之初。征辟儒生，远近毕至，使相与

① 魏徵：《隋书》卷 75《儒林传序》，第 1706 页。
② 魏徵：《隋书》卷 25《刑法志》，第 713 页。
③ 司马光：《资治通鉴》卷 179 开皇二十年，第 5586 页。
④ 魏徵：《隋书》卷 2《高祖纪下》，第 47 页。
⑤ 魏徵：《隋书》卷 75《儒林传序》，第 1707 页。
⑥ 魏徵：《隋书》卷 2《高祖纪下》，第 47 页。
⑦ 司马光：《资治通鉴》卷 175 宣帝太建十三年，第 5449 页。
⑧ 封演：《封氏闻见记》卷 1《儒教》，商务印书馆，1937 年，第 3 页。

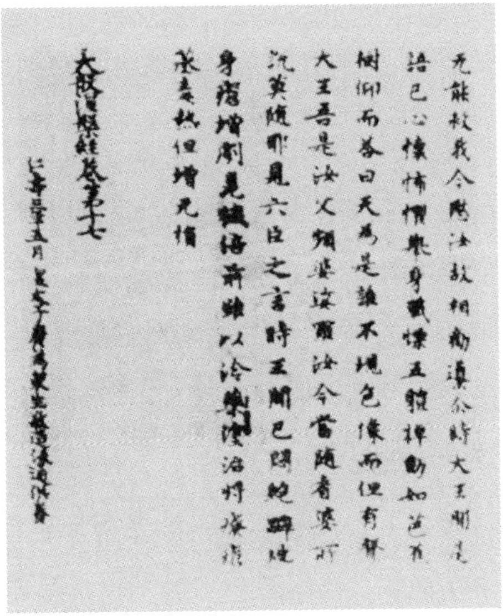
隋炀帝所抄《大般涅槃经》第十七卷末尾

讲论得失于东都之下，纳言定其差次，一以闻奏焉”[①]。拜杨汪为国子祭酒，“帝令百僚就学，与汪讲论，天下通儒硕学多萃焉，论难锋起，皆不能屈。帝令御史书其问答奏之，省而大悦，赐良马一匹”[②]。教学诏里说的“尊师重道”，得到贯彻。萎缩一时的教育事业不仅复兴，而且有拓展，强调官僚的学习，隋炀帝还亲自关注了学术活动。在大业元年正月发布的发八使巡省风俗诏中指出：“既富而教，家给人足……治定功成，率由斯道……若有名行显著，操履修洁，及学业才能，一艺可取，咸宜访采，将身入朝。所在州县，以礼发遣。”[③]大业四年（608）十月，又立孔子后人为

① 魏徵：《隋书》卷75《儒林传序》，第1707页。又同卷《褚辉传》：“炀帝时，征天下儒术之士，悉集内史省，相次讲论。”

② 魏徵：《隋书》卷56《杨汪传》，第1394页。

③ 魏徵：《隋书》卷3《炀帝纪上》，第62—63页。

“绍圣侯”，再次拔高“先师尼父”的地位。

隋炀帝的人才思想，贵在一面重视办学，培养人才，一面罗致人才，使用人才。以东京和长城的设计师宇文恺，赵州桥的建造者李春为代表的一大批设计师、建筑师、能工巧匠大量涌现并在城建、运河、桥梁、道路各项工程中发挥才能，作出了实际的贡献。还有在开皇年间恢复了绿色琉璃生产工艺，隋炀帝时又造戎车、行殿、六合城的何稠，和医学家巢元方，地理学家裴矩，旅行家李昱、杜行满、韦节、裴世清、常骏、王君政等人，为科学技术的发展和走向世界作出了各自的贡献。事实说明，隋炀帝倡导的不仅是坐而论道的宫廷学术，而且有于国计民生有价值的实用科学，并使之开花结果，为隋代的繁荣推波助澜，锦上添花。

至于传统文化领域中，在隋炀帝亲自倡导下，也涌现出一大批知名学者文人。文学家有柳䛒、许善心、诸葛颖、王贞、虞绰、虞世南、庾自直、蔡允恭、王胄、潘徽、杜正藏、祖君彦等，其中多人是当年晋王府学士。

对隋炀帝，史称“其《与越公书》《建东都诏》《冬至受朝诗》及《拟饮马长城窟》，并存雅体，归于典制。虽意在骄淫，而词无浮荡，故当时缀文之士，遂得依而取正焉”[1]。这无异于奉

① 魏徵：《隋书》卷76《文学传序》，第1730页。

炀帝为文章楷模，文坛领袖。史书又称："于时旧儒多已凋亡，二刘拔萃出类，学通南北，博极今古，后生钻仰，莫之能测。所制诸经义疏，搢绅咸师宗之。"[①] 二刘是信都刘焯和河间刘炫。刘焯曾考定洛阳石经，兼通数学和历法。刘炫博学强记，"左画方，右画圆，口诵，目数，耳听，五事同举，无有遗失"[②]，是少见的人才，炀帝时参与修律令，诸郡置学官出自他的建议。

隋代绿琉璃瓶

通儒中最值得注意的是文中子王通（584—617），绛州龙门（今山西河津）人，仁寿三年（603），西游长安谒见隋文帝，奏太平十二策，未为进用，作东征之歌而归，讲学于河汾之间。大业中朝廷多次征召，皆不至，锐意著述，传有《续诗》《续书》《礼论》《乐论》《易赞》《元经》，称王氏六经，拟儒家经典《诗》《书》《礼》《乐》《易》《春秋》等六经。又有其门人子

① 魏徵：《隋书》卷 75《儒林传序》，第 1707 页。

② 魏徵：《隋书》卷 75《刘炫传》，第 1719 页。

弟辑录其言论为《中说》，体例拟《论语》。正因此而被晚唐儒生刘贲责斥为“拟经之罪”。王通的著作今仅存《中说》和《元经》，书中阐述农本思想、民本思想，主张无为而治和因时制宜的辨证论治思想，讲君臣之道、修身之道、吏治，主张佛道儒三教并用，反对征辽。其《中说》体现的大民族观，思想开明，如：

> 董常曰：“《元经》之帝元魏何也？”子曰：“乱离斯瘼，吾谁适归？天地有奉，生民有庇，即吾君也。且居先王之国，受先王之道，予先王之民矣，谓之何哉！”（卷七）
>
> “元魏之有主，其孝文之所为乎？中国之道不坠，孝文之力也。”（卷四）
>
> 或曰：“苻秦逆。”子曰：“晋制命者之罪也，苻秦何逆！……晋制至私之命，故苻秦、王猛不得而事也。其应天顺命、安国济民乎？……晋之罪也，苻秦何逆！三十余年，中国士民东西南北，自远而至，猛之力也。”（卷四）

显然是南北朝民族融合产生的新思想的精华，比起司马光的《资治通鉴》以东晋和宋、齐、梁、陈年号系年，排斥北方少数族入主的中原政权的旧观念，要进化多了。

还值得注意的是，文中子周围聚合的一批文人（我们不妨称之为“河汾学派”）和这一批人对贞观政治的影响。传为杜淹所作的《文中子世家》云：“隋季，文中子之教兴于河汾，雍雍如也。”当年师事王通及往来受业者，数以百千计。皮日休《文中子碑》称：“孟子之门人，有高第弟子公孙丑、万章焉。先生则有薛收、李靖、魏徵、李勣、杜如晦、房玄龄。孟子之门人，郁郁于乱世；先生之门人，赫赫于盛时。……苟唐得而用之，贞观之治，不在于房、杜、褚、魏矣。”[①] 司空图《文中子碑》称：“房、卫数公，皆为其徒，恢文武之道，以济贞观治平之盛。”[②] 刘禹锡《王华卿墓志》叙及墓主人六世祖王通：“当时伟人，咸出其门。”[③] 王通侄子王福畤所录王通季弟东皋子王绩《答陈尚

文中子像

① 皮日休：《皮子文薮》卷 4，上海古籍出版社，1981 年，第 35 页。

② 周绍良编：《全唐文新编》卷 809，吉林文史出版社，2000 年，第 9949 页。

③ 周绍良编：《全唐文新编》卷 609，第 6896 页。

书》亦说："门人传受升堂者，半在庙廊。"[1]

薛收、温彦博、杜淹三人，王绩在《游北山赋》中提及，为王通门人当无疑问。其余在《中说》中提到的杜如晦、温大雅、房玄龄、魏徵、王珪、李靖、李勣、陈叔达、窦威等初唐显贵，除李勣外，俱少年即有才学。或籍贯与王通相近（二温、王珪），或历官在山西（房玄龄、魏徵、李靖、陈叔达），或为亲戚（王珪与王通，杜如晦与杜淹），或有世交（二温之父与薛收父、李纲），后来也互相荐引（温荐房，房荐薛、杜淹，李纲荐王珪），除李勣情况不清外，在隋末都有机会与王通交游论学，杨素、苏威、贺若弼辈亦可能在王通西游长安时相过从。如果可以认为他们是一个河汾学派，王通的思想可在贞观之治中听到回响。吕振羽先生在他的《中国政治思想史》中即曾经指出："王通的政治学说，在隋唐之际，便由其门徒魏徵等人拿到实践中去，充任了唐朝的开国和唐初政治的指导原理。"显然这个学派的形成得益于隋炀帝提倡儒学，官学和私学都兴旺一时的时代气氛和环境，造就的人才对唐代历史的

① 周绍良编：《全唐文新编》卷161，第1880页。

发展影响深远。①

隋炀帝一生也用过不少佞人，成为历来被指斥的一端。他也扼杀过真宰相高颎、一代文宗薛道衡等出众的人才，可终究在思想禁锢、视科学技术为奇技淫巧的偏见泛滥的几千年中，还是有那么多文人学者和科技人才一时脱颖而出，而且建立了光辉的业绩，留下丰富的文化遗产。当他们看到在自己的国家前进的步伐中永远留下自己的印记时，他们会怎样感戴使自己的人生价值升华的隋炀帝啊！“十步之内，必有芳草”，当这句古老的谚语能体现在决策者的治国思想中时，这便是国家的大幸了。我们应当能够看到，从这句话和隋炀帝君臣的成功中，反映出的一些令人欣慰的隋代社会新气象。

① 历来有以为王通“其人妄，其书伪”的一派意见，如晁公武《郡斋读书志》、洪迈《容斋续笔》、王鸣盛《十七史商榷》、梁启超《中国历史研究法》、黄云眉《古今伪书考补证》。可参看尹协理、魏明著《王通论》的辨析。至于河汾学派的衰微，当与王通的早逝和门人在贞观年间陆续受当权的长孙无忌派排斥、压抑有关，因非本书范围，不遑详论。

十五 重新洗牌：官制革新与科举的创设

隋炀帝作为隋朝的第二代皇帝，又是以皇次子身份继位，他面临着与父皇的开国元勋及废太子的宫臣契合的问题。特别是关于隋文帝之死，官场内外颇有异议，使必然在此时要发生的官僚队伍换血更新问题变得更为敏感微妙。历史上众多的政变都爆发在这第二代过渡的瓶颈时期，二世而亡的历史阴影笼罩下的隋炀帝与元老们的斗争，带有天然的严峻性。隋炀帝采用大刀阔斧的手段，奋力淘汰异己力量和功勋耆旧。先是利用汉王谅反叛事件对官场进行了一次大整肃，而后除掉杨素、高颎，包括平陈名将贺若弼和参与夺宗计的张衡。杨玄感反后，隋炀帝在博陵（治今河北定州）故作姿态，“召高祖时故吏，皆量材授职"[1]，随后又族灭了隋王朝第一功臣太师李穆的后人。因此史称："隋室旧臣，始终信任，悔吝不及，唯（牛）弘一人而已。"[2]但炀帝的做法，不全同于一般的一朝天子一朝臣的新陈代谢，他对官场的调整，还做出制度上的变化，振振有词地讲出一番道理，因而有了革新政治的意义。

《隋书·百官志》在序中称："炀帝嗣位，意存稽古，建官分职，率由旧章。"在文中又称："炀帝即位，多所改革。"两说有些抵牾，应是后一种说法比较准确，在大业三年（607）新令颁布前后，隋炀帝一直不断地在官制方面进行改革。[3]

大业二年（606）七月庚申（八日），"制百官不得计考增级，必有德行功能，灼然显著者，擢之"[4]。隋炀帝时尚书省吏部设考功郎，职掌内外官吏每年一度的考课，按优劣定等级，隋文帝开皇十五年规定："文武官以四考受代。"[5]即任期四年，届

① 魏徵：《隋书》卷4《炀帝纪下》，第85页。

② 魏徵：《隋书》卷49《牛弘传》，第1310页。

③ 卢启勋《评杨玄感起兵》（未刊）对此有论述，本节写作中参考了该文。

④ 引文见《隋书》卷3《炀帝纪上》，又见《通典》卷14《选举二》、《册府元龟》卷635《铨选部·考课》、《资治通鉴》卷180大业二年七月。唯《册府元龟》卷629《铨选部·条制》有开皇十五年十二月同样内容的制文，孤证无援，疑是衍文。

⑤ 司马光：《资治通鉴》卷178，第5550页。《册府元龟》卷629作"以两考交代"，疑误。

满自可按考绩升迁。隋炀帝的新规定，取消了熬年头凭资历升官的陋规，要靠才能政绩提级。

大业三年（607）四月新颁律令，进一步确立了五省（主要是尚书省、门下省、内史省三省，加秘书省、殿内省为五省）、六部、九寺的行政体制。官制方面的改革，比较重要的有两条：

一条为："旧都督已上，至上柱国，凡十一等，及八郎、八尉、四十三号将军官，皆罢之。并省朝议大夫。自一品至九品，置光禄、左右光禄……等九大夫，建节、奋武……等八尉，以为散职。"①

都督以上至上柱国等勋官之设，起于周、齐交战之际，本为劝赏战功，许多勋官因此得请受勋田，上升为地主阶级。起初高级勋官社会地位很高，上柱国（从一品）相当于郡王的品阶，柱国（正二品）比尚书令，上大将军（从二品）比尚书左右仆射，大将军（正三品）比纳言、内史和六部尚书、九卿。其渊源显与西魏府兵制初创时的八柱国、十二大将军有关，那曾是关陇军事集团的核心，后设高级勋官，借用那些名称，表示优崇。隋炀帝此刻改易用左右光禄大夫等文散官的称号，是要抹掉他们这种身份上带有的过去的光荣，是一种实际上的降格。这使一些人非常不满。杨玄感起兵时每每重申"我身为上

① 魏徵：《隋书》卷28《百官志下》，第794页。

柱国”；翟让把瓦岗军寨主交椅让给李密后也给自己要了个“上柱国、司徒、东郡公”的衔；李密讨隋炀帝檄文标榜自己是上柱国之子，独步中原，唯与出身背景相同的柱国大将军之孙李渊推让天下，旁若无人；隋末江都宫变弑炀帝，叛乱者推宇文化及为头领，也与其父宇文述是上柱国有关。这些说明高勋在社会上很被重视，很有诱惑力，向来是一些人争夺最高权位时炫耀身份的资本。北周以来到后来的唐朝，几朝皇帝俱出自关陇集团上层的这类贵族世家，所以隋炀帝取消勋官旧称不是一件简单的事情，是有其政治用心和先见之明的，是想消弭社会不安定因素的一种努力。后来唐高宗为澄清“国初勋名与散官名同，年月既久，渐相错乱”的情况，申明“武德初光禄大夫比今日上柱国，左光禄大夫比柱国……”[①]，由咸亨五年（674）下的这一诏书可知，隋炀帝当年的这项改革是实施了的。

大业三年四月涉及官制的另一条改革是取消中低级爵位：“开皇中，置国王、郡王、国公、郡公、县公、侯、伯、子、男为九等者，至是唯留王、公、侯三等，余并废之。”[②] 封爵不同于其他官位，是可以世袭的，是整个官僚体系中最特权化，因而也最腐败的一个角落，九等爵取消了六等，使有封爵的世袭官

① 刘昫：《旧唐书》卷42《职官志一》，中华书局，2013年，第1808页。
② 魏徵：《隋书》卷28《百官志下》，第801—802页。

僚人数大为减少，保留的高级爵位除非皇家子弟是很难受赐的。即如郭衍，平尉迟迥有功，超授上柱国，封武山郡公，后曾密劝杨坚篡周，又与宇文述同领东宫兵宿卫，参与谋害隋文帝，助炀帝登基，这时也以“新令行，衍封爵从例除”[①]。可见这消除一批旧封爵的新令是相当严格地实行了，这就压缩了贵族集团，使一批原来的达官贵族子弟丧失了世袭爵位的特权。

大业五年（609）二月：“制魏、周官不得为荫。”[②] 同是出自关陇集团的西魏、北周、隋和后来的唐政权，对前朝官僚大多留用，如隋初明令“前代品爵，皆依旧不降”[③]。百官往往“历世勋贤”[④]，虽政权更迭而门第不衰。唯隋炀帝这项改制又杜绝了一大批前朝官员子弟以门荫入仕之途。

大业六年（610）二月诏：“自今已后，唯有功勋乃得赐封，仍令子孙承袭。”[⑤] 进一步甄别封爵，没有功勋的贵族，不能再得赐封，爵位封户由按出身门第封赐，逐渐演变为酬勋的制度。

大业八年（612）九月诏又力矫以官职赏功的积弊。诏令指出：“自三方未一，四海交争，不遑文教，唯尚武功。设官分

---

① 魏徵：《隋书》卷 61《郭衍传》，第 1470 页。
② 魏徵：《隋书》卷 3《炀帝纪上》，第 72 页。
③ 司马光：《资治通鉴》卷 175 开皇元年三月，第 5440 页。
④ 魏徵：《隋书》卷 40《王谊传》，第 1169 页。
⑤ 魏徵：《隋书》卷 3《炀帝纪上》，第 75 页。

隋代彩绘执盾武士俑

职，罕以才授，班朝治人，乃由勋叙，莫非拔足行阵，出自勇夫。教学之道，既所不习，政事之方，故亦无取。是非暗于在己，威福专于下吏，贪冒货贿，不知纪极，蠹政害民，实由于此。自今已后，诸授勋官者，并不得回授文武职事……若吏部辄拟用者，御史即宜纠弹。”[①] 这个诏书很有见地地重申“功臣不参于吏职”的古训，要剥夺历来占据高位蠹政害民的勋官勇夫受任职官的权利。亲民官的素质直接关系到国家治理的好坏，勋官是征战的功臣，不一定是治国的循吏，用亲民的职事官赏功而不是用荣誉和勋赏酬奖军功，是造成历代弊政的一大根源，诏书对此失误作了很好的批判总结。

在实际施政中，隋炀帝也曾注意到机构的精简和吏治的改善。大业元年（605）正月发八使巡省风俗的诏书中明令：“其有蠹政害人，不便于时者，使还之日，具录奏闻。”三月下诏表示对“牧宰任称朝委，苟为侥幸以求考课，虚立殿最，不存

① 魏徵：《隋书》卷4《炀帝纪下》，第83页。

治实”情况的忧虑，宣布：“其民下有知州县官人政治苛刻，侵害百姓，背公徇私，不便于民者，宜听诣朝堂封奏。”大业二年（606）正月，隋廷“遣十使并省州县”[①]。从《隋书·百官志》可知，朝廷衙署和官员，也有不少罢省合并裁减。地方上“旧有兵处，则刺史带诸军事以统之，至是别置都尉、副都尉。都尉正四品，领兵，与郡不相知”。这又是要将行政与兵权分开，防范地方割据势力的滋长。

隋炀帝用始终受他信重的牛弘为吏部尚书，用高孝基（高构）为吏部侍郎典选，“号为称职”，“所举杜如晦、房玄龄等，后皆自致公辅，论者称构有知人之鉴”[②]。大业六、七年前，他俩主持吏部，对改善吏治起了积极的作用。当时有一个柳俭，蜀王杨秀得罪时受牵连免职，“及还乡里，乘敝车羸马，妻子衣食不赡”，是位两袖清风的州官。炀帝即位后又起用他，“于时以功臣任职，牧州领郡者，并带戎资，唯俭起自良吏。帝嘉其绩用，特授朝散大夫，拜弘化太守，赐物一百段而遣之。俭清节逾励。大业五年入朝，郡国毕集，帝谓纳言苏威、吏部尚书牛弘曰：‘其中清名天下第一者为谁？’威等以俭对。帝又问其次，威以涿郡丞郭绚、颍川郡丞敬肃等二人对。帝赐俭帛

① 以上引文见《隋书》卷3《炀帝纪上》。

② 魏徵：《隋书》卷66《高构传》，第1557页。

二百匹，绚、肃各一百匹。令天下朝集使送至郡邸，以旌异焉”[①]。成为当时美谈。

房玄龄像

隋炀帝创设进士制，更是在我国官制史上，由举选制转为主要由开科考试拔选人才的科举制的影响深远的改革。

中国自进入帝制社会，代替原先亲贵合一的“世卿”制度的，是察举、征辟和九品中正等“举选”制度，重在门第和言行的考察，由于被世家大族操纵，实际形成“上品无寒门，下品无世族”的门阀制度。帝制中后期，科举制度取代上述举选制度，让士子参加比较平等竞争的考试，以此选拔人才补充官僚队伍，这个重大的转折变化发端在隋代。

随着士族门阀制度的腐朽没落，蜕化为按门第品评人物的九品中正选官制度，终于在隋文帝时被废除。更早些，在陈和北齐、北周并立时代，选官已有“秀才”“明经”等名目出现。入隋，考试制逐渐兴盛，中试的秀才有刘焯、王贞、杜正玄、杜

① 魏徵：《隋书》卷73《柳俭传》，第1683—1684页。

孔颖达像

正藏、杜正伦、侯白、崔颐、窦威、许敬宗、高士廉等十余人。而科举制的确立，通常以“炀帝始建进士科”[①]为标志，大业年间考取进士的有房玄龄、杨纂等人，孔颖达则考取了明经科。“炀帝自负才学，每骄天下之士。尝谓侍臣曰：‘天下当谓朕承借余绪而有四海耶？设令朕与士大夫高选，亦当为天子矣。’”[②]这话和在殿柱自题“乡贡进士李某”[③]的唐宣宗一样，表现出内心对进士考试和铨选制度的热衷。

“炀帝始置进士之科，当时犹试策而已。”[④]进士科以考时务策为主，就是有关国事对策的问答，这就要求举子对国情形势有观察和对策的能力，类似一种纸面上的演说竞选，是比较讲求实际的人才选拔制度，而且对考生的出身门第并不加限制，可以怀

① 杜佑：《通典》卷14《选举二》，中华书局，1988年，第343页。

② 魏徵：《隋书》卷22《五行志上》，第625页。

③ 王谠撰、周勋初校证：《唐语林校证》卷4《企羡》，中华书局，1987年，第370页。

④ 刘昫：《旧唐书》卷119《杨绾传》，第3430页。

牒自列于州县报名参加考试，这是对门阀制度的突破和否定。

迄今为止，世界上一些国家仍保留着严格的文官考试制度，要求报考从政的人员有精深的法律知识和广博的社会行政知识，的确选拔出素养很高的人才，经过从政实践，成为优秀的文官。考试不失为选官的一种有效办法。

我国创设科举制度的初衷，和这样的文官考试制度有些类似，但是事与愿违，“炀帝嗣兴，又变前法，置进士等科。于是后生之徒，复相放效，因陋就寡，赴速邀时，缉缀小文，名之‘策学’，不以指实为本，而以浮虚为贵”[①]。一开始就有人投机取巧，靠指南式的“策学”混迹考场。在以后实行的一千三百余年中，科举考试越来越蜕化为死记硬背儒家死书的八股形式，只是“代圣人立言”，扼杀了士人活泼的思想。在明清之际八股文沿用的五百余年间，科举完全走向了培养选择人才的反面。但是回溯隋炀帝执政的前期，他多方设法改善吏治，再加上这开进士科取士，新旧交替，改革官制，试图解决封爵冗滥、官员猥杂、武夫当道的积弊，冲击官僚世袭制度的根基，提高官僚队伍自我更新的活力，以吏治的整顿作为全部政治改革和国家整治的基本环节，实在是用心良苦。

① 刘昫：《旧唐书》卷 101《薛登传》，第 3138 页。

十六 经济腾飞之谜：

改度量衡，颁《大业律》

如果说，隋炀帝的改革在政治上没有立即出现轰动的奇迹的话，在经济上隋王朝是出现了奇迹的，当然这是隋文帝和隋炀帝两代皇帝都作出了努力的。本节研究隋代经济形成突飞猛进繁荣局面的原因，侧重隋政府让利于民，改善经济环境，活跃流通领域的措施和严密法制，创造廉洁政府这两个不大为人重视的方面。

古代的中国，小农自给自足的家庭经济一直占据着统治地位，隋代也不例外，坚持实行均田制就是要强化这样的小农经济模式。但是自从形成了人类社会共同体，互通有无的交换以及由交换引起的商品经济的发展，便是不可能完全遏制的。隋文帝制定而为隋炀帝坚持的另外一些政策，

胡人吃饼骑驼俑

胡商俑

胡商骑骆驼俑

又为商品经济的发展创造了若干必要的条件。

一个是入市税的问题。北周曾两度设置入市税，规定人们入市要交一个钱的税，这是传统的抑商政策的具体体现，即使从财政角度看，在入市前而不是在交易后便抽税，也是一种短视行为。为一个钱的入市税，将可能成为买主的顾客拒之于市场之外，在经济上财政上都是划不来的。隋文帝当政之初便废除了入市之税，以后隋炀帝再没有重设，对于入丰都市交易的胡商，他还下令给予免费招待酒食的优惠。凡此促成两京诸市的极度繁盛。

另一个是钱币的问题。开皇元年（581）起隋政府铸五铢

隋代五铢钱

钱，取代周、齐时代公私铸造的品种繁多、轻重不等的各种钱币和各地杂用的古钱、西域金银之钱。隋五铢钱“重如其文”，每一千钱重四斤二两[①]。置样钱一百于关，过关时要勘对，凡不一样的钱都没收销毁。京师和诸州的邸肆皆立榜，作为标准，与样钱不合者不得入市。还搜括天下邸肆现钱，非官铸者皆毁铜入官，甚至处死以恶钱贸易的人。依旧不禁处，县令夺半年禄。当时民间私铸之风很盛，往往偷工减料，杂以锡钱，于是又禁止私人开采锡镴（锡和铅的合金），同时增加官铸，以保证市场流通需要的货币量。铸铜钱这一有利可图的特权，隋文帝往往给了他的儿子们。开皇十年（590），杨广获准在扬州立五炉铸钱，后来因江南民间钱少，开皇末又诏准杨广在鄂州（治今武汉武昌）白纻山产铜处置十炉铸钱。汉王杨谅和蜀王杨秀也在并州、益

① 按二十四铢为一小两，三小两为一大两，十六两为一斤计，一千枚五铢钱实重四斤三两余。大凡缗钱不必足一千钱之数，这时重四斤二两便算一千钱。

州（治今成都）立炉铸钱。经过这一系列整顿，恶钱被严禁，私铸颇息，“自是钱货始一，所在流布，百姓便之”[①]。

还有盐酒专卖问题。北周末年实行专卖制度，酒坊、盐池、盐井都是国家专利，河东盐池和蜀中井盐不许百姓采用。开皇三年（583）下诏罢榷酒榷盐，撤销官置酒坊，“罢酒坊，通盐池、盐井与百姓共之，远近大悦”[②]。

更大的问题是度量衡。划一度量衡，是统一国家的财政经济管理和实现商品交易的必要条件。

隋代尺度，为“开皇官尺，即铁尺一尺二寸”，亦即后周市尺，“周朝人间行用。及开皇初，著令以为官尺，百司用之，终于仁寿。大业中，人间或私用之”[③]。开皇官尺的尺长约在二十九点五到二十九点六厘米之间[④]。这是大尺，还有小尺，尺长应与北周铁尺相当，为官尺的六分之五，长约二十四点五七八四厘米。大业中恢复古制，因记载失详又无实物遗存，尺长不详。

隋代量器，“开皇以古斗三升为一升。大业初，依复古

---

① 魏徵：《隋书》卷24《食货志》，第692页。

② 魏徵：《隋书》卷24《食货志》，第681页。

③ 魏徵：《隋书》卷16《律历志上》，第405页。

④ 详胡戟：《唐代度量衡与亩里制度》，《西北大学学报（哲学社会科学版）》1980年第4期。

斗”[①]。古斗应指新莽量制，莽量和商鞅量每升容约二百毫升，开皇量三倍之，每升合六百毫升，为今公制的五分之三。隋代量器实物仅存隋太府合一件，今在日本，据山下泰《隋大业合》一文称，实测容水十九点九毫升，乃大业三年（607）隋炀帝“改度量权衡，并依古式”[②]的遗物。

隋代衡制，“开皇以古称三斤为一斤，大业中，依复古秤”[③]，未见有实物传世。

由《隋书·律历志》可知，南北朝时期国家分裂，度量衡混乱，隋代继承北周整顿后规定的量制，为统一度量衡下了功夫。隋文帝时赵煚任冀州刺史，“冀州俗薄，市井多奸诈，煚为铜斗铁尺，置之于肆，百姓便之。上闻而嘉焉，颁告天下，以为常法”[④]。隋炀帝改度量衡一事看来也是实行了的，现存日本的大业合是一例证。《隋书·刑法志》也明言：“时斗称皆小旧二倍，其赎铜亦加二倍为差。”杖一百，按《开皇律》赎铜十斤，按《大业律》则三十斤，徒一年的赎铜也由二十斤改为六十斤，是又一例证。但现已看不到田令中和租庸调征纳的相关条文作相应调整的材料，看来依复古制到底实用不便，故如

① 魏徵：《隋书》卷16《律历志上》，第411页。

② 魏徵：《隋书》卷3《炀帝纪上》，第67页。

③ 魏徵：《隋书》卷16《律历志上》，第412页。

④ 魏徵：《隋书》卷46《赵煚传》，第1251页。

量尺，民间仍私用开皇官尺，到唐代又改回通用开皇制度，但保留大业度量衡为小制，“调钟律、测晷景、合汤药及冠冕之制则用之”[①]。在这些于科学于礼法不便辄改的领域，度量衡也保留古制。开皇、大业两制成为唐代度量衡大、小两制的直接渊源。

隋代法律也分《开皇律》《大业律》。开皇元年（581），高颎、杨素等人奉诏制定法律，开皇三年（583），又经苏威、牛弘修订为《开皇律》，共五百条，分十二卷。“自是刑网简要，疏而不失。”[②]早在北周末年杨坚执政时，为笼络人心，“革宣帝苛酷之政，更为宽大，删略旧律，作《刑书要制》，奏而行之；躬履节俭，中外悦之”[③]。但他当了皇帝又任情用刑，秘密监视内外百官，“有小过失，则加以重罪”。他甚至派人用钱帛向官吏行贿，有受贿者立即斩首。还设廷杖，每于殿廷当众决罚，“杖大如指，棰楚人三十者，比常杖数百，故多致死”。后来用法酷滥，“盗边粮者，一升已上皆死”，“盗一钱已上皆弃市”，“行署取一钱已上，闻见不告言者，坐至死……四人共盗一榱桶[桷]，三人同窃一瓜，事发即时行决”。搞得人们无所措手足，“行旅皆晏起早宿，天下懔懔焉”[④]。不过严厉惩治之下，贪官污

① 李林甫：《唐六典》卷3尚书户部金部郎中员外郎。

② 魏徵：《隋书》卷25《刑法志》，第712页。

③ 司马光：《资治通鉴》卷174宣帝太建十二年五月，第5412页。

④ 魏徵：《隋书》卷25《刑法志》，第714页。

吏们不能不有所收敛。

“炀帝即位，以高祖禁网深刻，又敕修律令”[①]，想改变隋文帝过于杀戮的失误，重整法治，大业三年，又制定了《大业律》，仍是五百条，分为十八篇：“一曰名例，二曰卫宫，三曰违制，四曰请求，五曰户，六曰婚，七曰擅兴，八曰告劾，九曰贼，十曰盗，十一曰斗，十二曰捕亡，十三曰仓库，十四曰厩牧，十五曰关市，十六曰杂，十七曰诈伪，十八曰断狱。”[②]与《开皇律》的十二卷比较，职制改为违制，户婚、贼盗、厩库各分为两篇，斗讼分为斗和告劾，增加了请求和关市两篇。《大业律》今已不传，内容无法详知，但已删除了十恶之条。十恶为谋反、谋大逆、谋叛、恶逆、不道、大不敬、不孝、不睦、不义、内乱，是常赦所不原的重罪。隋炀帝还宣布“罪不及嗣”的政策和“每从宽政”的意愿，《大业律》有二百余条量刑较前为轻，枷杖体罚也较前为轻。史称“是时百姓久厌严刻，喜于刑宽”[③]。一方面减轻刑罚，一方面在法律中增加了关市这样的专门篇章，表现着隋炀帝整治包括经济秩序在内的社会环境的新精神。

---

① 魏徵：《隋书》卷 25《刑法志》，第 716 页。

② 魏徵：《隋书》卷 25《刑法志》，第 716—717 页。

③ 魏徵：《隋书》卷 25《刑法志》，第 717 页。

以上从经济和法律两个方面可以看到隋代文帝炀帝两代君主为新统一的国家向有序方向发展做的一些努力，对开创从开皇到大业前期社会的安定和迅速繁荣有积极的影响。但是专制的皇帝，既代表着秩序，又破坏着秩序，《开皇律》《大业律》都被他们用自己的手破坏了。大业后期，更是“王纲弛紊，巨奸大猾，遂多私铸，钱转薄恶……货贱物贵，以至于亡”[1]。不仅经济秩序遭到破坏，“宪章遐弃，贿赂公行……百姓怨嗟，天下大溃”[2]，法制也遭到破坏。这是权大于法，人治破坏法治的传统政治积弊无由遏止的必然结局。

① 魏徵：《隋书》卷24《食货志》，第692页。

② 魏徵：《隋书》卷25《刑法志》，第717页。

十七　驰道与御道：

帝国交通网的奠基及布局

除了取消入市税，整顿货币，划一度量衡，和如《大业律》中增添关市篇等加强立法的措施之外，隋代商品流通得以大为活跃的另一个条件，是交通的改善。不仅有南北运河的兴修，使“商旅往还，船乘不绝”[①]，还修筑许多公路驰道，这也是隋炀帝系统地规划国土发展蓝图上的重要环节。而这些方面的成功，为在隋唐时期中国历史上第二个商品经济发展高潮（春秋战国秦汉时期是第一个高潮）的到来，创造了良好的经济环境。

大业三年（607）四月，隋炀帝下诏，要亲自“安辑河北，巡省赵、魏”。五月，

① 刘昫：《旧唐书》卷67《李勣传》，第2483页。

"发河北十余郡丁男凿太行山，达于并州，以通驰道"[①]。这应是相当于今石（家庄）太（原）线的滥觞。八月，隋炀帝决定从太原取道河内（今河南沁阳）还洛阳，为此，又在晋东南太行山中"开直道九十里"[②]。九月，隋炀帝由此道路过御史大夫张衡在河内的故宅，"悦其山泉，留宴三日"[③]，可见路是修通了。从北方重镇太原到河北和洛阳都有了直穿太行的便捷通道。

上述这次北巡，四月出发，六月到榆林，八月出塞外，计划"经突厥中，指于涿郡"。为此突厥诸部"乃发榆林北境，至于其牙，又东达于蓟，长三千里，广百步，举国就役而开御道"。启民（染干）可汗听长孙晟（李世民岳父）说："天子行幸，所在诸侯躬亲洒扫，耘除御路，以表至敬之心。"[④]亲自拔佩刀芟草，"饰庐清道"[⑤]，迎接隋炀帝。这条御道，起自榆林北，溯金河（大黑河）而上，折向东三千里，大致与今阴山南麓的京包线相当，最后在涿郡，与随即修成的大运河相连。

我们还注意到，隋炀帝这次出巡之初，曾"敕百司不得践暴禾稼，其有须开为路者，有司计地所收，即以近仓酬赐，务

① 魏徵：《隋书》卷3《炀帝纪上》，第67、68页。

② 魏徵：《隋书》卷56《张衡传》，第1392页。

③ 魏徵：《隋书》卷56《张衡传》，第1392页。

④ 魏徵：《隋书》卷51《长孙览附长孙晟传》，第1336页。

⑤ 魏徵：《隋书》卷3《炀帝纪上》，第70页。

赵州桥（上）
赵州桥石栏板（下）

从优厚”[①]。用纪律约束和经济补偿的办法避免扰民，考虑是周到的。

隋炀帝修运河时，渠旁皆筑御道，骑兵可以翊两岸而行，是双道，应为运河全线的通制。在今河北赵县城南洨河上，有名的赵州大石拱桥（安济桥），更说明了水道与陆路交汇处，有桥梁等配套的交通设施。赵州桥全长六十四点四米，桥面宽达十

① 魏徵：《隋书》卷3《炀帝纪上》，第68页。

米，单拱跨径三十七点零二米，又设计有四个小拱开在桥身上，可增加排洪量，保护石桥，迄今已经受了一千四百余年岁月的考验，岿然不动，还有精美的雕栏装饰，具有很高的科学和美学水平。赵州桥是石匠李春所造，桥的造型和结构设计为现代许多桥梁建设采用，代表了隋代交通设施的杰出水平，代表了隋代的文明。

大业年间施工的其他道路工程还有很多，如大业元年（605）营建洛阳的同时，"废三崤旧道，令开菱栅道"[①]，据《魏书·地形志》，恒农郡崤县有三崤山，菱栅则不知所在，大凡这次是改进了两京间函崤段的道路。

炀帝历年出巡，所到之处都要架设桥梁，修缮道路。如大业四年（608）出塞巡长城，由五原（今陕西定边）至代北恒山，正是北魏平城时代通凉州的鄂尔多斯沙漠南缘路东段[②]。大业五年（609）西巡，由长安经陇西、西平（今青海乐都），取道长宁谷（今西宁北川）、大斗拔谷（今甘肃扁都口隘路）到张掖，其间在渡浩亹水（今大通河）时桥坏，斩朝散大夫黄亘和督役者九人。

---

① 见《大业杂记》。《资治通鉴》卷180记为"废二崤道，开菱册道"。

② 参前田正名：《北魏平城时代的鄂尔多斯沙漠南缘路》，载《东洋史研究》第31卷第2号。译文见《西北历史资料》1980年1期。

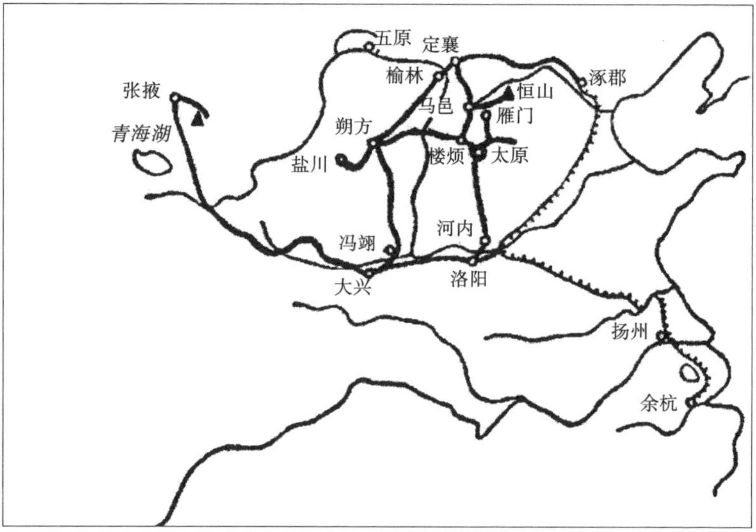

隋炀帝巡行修道示意图（西北大学地质系郭旗同志绘制）

将隋炀帝的这些巡行线路和所修御道、驰道、直道及运河结合起来，即可见当时的大路，东西间有约当今陇海、石太、京包三条；南北间有京杭、洛阳—太原—恒山和长安北到定襄（今内蒙古和林格尔西北）突厥牙帐，水陆也是三条。这样就以长安、洛阳、太原这个三角区为中心，形成一田字形的水陆交通网，再通过江河道路向东南西北四面八方延伸，联系各地。

“圭景正八表，道路均四方。”隋炀帝时期在我国交通史上是秦以后国内交通网布局和奠基的重要时期，这一交通建设的成就，对于统一国家的治理和巩固、发展有至关重要的影响。

但是另一方面，我们在充分评价隋代发展交通事业的积极意义的同时，也须看到为此而付出的沉重代价，我们甚至可以说，交通运输消耗了隋代的国力。当然我们也应注意到，如大业五年附国（在横断山的西藏昌都、四川甘孜地区）王宜缯遣弟子宜林为使入朝，"欲献良马，以路险不通，请开山道以修职贡。炀帝以劳人不许"[①]。顾及工程过于艰巨，没有贸然动工，隋炀帝有时也是量力而行的。

① 魏徵：《隋书》卷83《西域·附国传》，第1859页。

十八 突厥之患：隋朝政治的战略难题

同北方突厥的关系，是隋代政治的战略问题。

公元552年突厥打败柔然，取而代之，称雄漠北，突厥汗国的疆域，东起兴安岭，西至中亚的康居，成为北方的一支威慑力量。北朝后期，“时佗钵（572—581年在位）控弦数十万，中国惮之，周、齐争结姻好，倾府藏以事之。佗钵益骄，每谓其下曰：‘我在南两儿常孝顺，何患贫也！’”[①]。可即使是“岁给缯絮、锦彩十万段”[②]，倾府藏以事之，也不能阻止突厥兵南下侵扰。如公元563年，突厥自恒州，三

① 魏徵：《隋书》卷84《突厥传》，第1865页。
② 李延寿：《北史》卷99《突厥传》，第3290页。

道入逼晋阳，翌年出塞时“纵兵大掠，自晋阳至栾城七百余里，人畜无孑遗”①。入隋，突厥沙钵略可汗（581—587年在位）为其妻北周千金公主复仇而“悉众为寇，控弦之士四十万……纵兵自木硖（在今六盘山北）、石门两道来寇，武威、天水、安定、金城、上郡、弘化、延安六畜咸尽”②。隋室为此中止对陈朝的战事，全力出塞反击。经过隋文帝时期军事的和政治的种种手段抗争，加深了突厥的内讧，双方强弱的对比发生了变化，边境比较平静了，但不安定的因素仍然存在，开皇末突厥又数为边患。隋炀帝对北方突厥始终寄予极大关注，一再亲巡和竣修长城以为防御。无论我们如何认识长城的作用，这种不图一时苟安的积极姿态，不应视为无事生非的多余之举。

大业三年（607），隋炀帝从京师出发，首次巡狩北方，行前颁诏：

> 古者帝王观风问俗，皆所以忧勤兆庶，安集遐荒。自蕃夷内附，未遑亲抚，山东经乱，须加存恤。今欲安辑河北，巡省赵、魏。所司依式。③

① 令狐德棻：《周书》卷19《杨忠传》，第318页。

② 魏徵：《隋书》卷84《突厥传》，第1866页。

③ 魏徵：《隋书》卷3《炀帝纪上》，第67页。

巡行的大致线路日程是：四月丙申（十八日）从京师出发，己亥（二十一日）到赤岸泽（今陕西大荔沙苑西），以太牢祭故太师李穆墓。五月突厥启民可汗接连派子侄来朝，辛未（二十三日）启民可汗遣使请自己入塞迎驾，炀帝不准。六月辛巳（四日）猎于连谷（在今陕西神木北），戊子（十一日）到达榆林郡（治今内蒙古准格尔旗东北十二连城），丁酉（二十日）启民可汗来朝，甲辰（二十七日）隋炀帝登北楼看黄河里打鱼，用以宴请百僚，并做出塞的准备。隋炀帝采纳了定襄太守周法尚建议："结为方阵，四面外拒，六宫及百官家属并在其内；若有变起，所当之面，即令抗拒，内引奇兵，出外奋击，车为壁垒，重设钩陈……万一不捷，屯营自守。"①

启民可汗大概是看到了隋室君臣对他还不大放心，便又上表称："臣今非是旧日边地突厥可汗，臣即是至尊臣民，至尊怜臣时，乞依大国服饰法用，一同华夏。"虽然此表有表白自己，求取信任的用意，但从"赐臣……种种无少短"和"养活臣及突厥百姓"等话，可以看出民族关系借经济上彼此的依赖，有了实质性的发展。隋炀帝在七月辛亥（四日）用玺书郑重答复启民可汗："碛北未静，犹须征战，但使好心孝顺，何必改变衣服。"还下诏训示百官："先王建国，夷夏殊风，君子教民，不

① 司马光：《资治通鉴》卷180大业三年，第5631页。

求变俗。断发文身，咸安其性，旃裘卉服，各尚所宜，因而利之，其道弘矣。何必化诸削衽，縻以长缨，岂遂性之至理，非包含之远度。衣服不同，既辨要荒之叙，庶类区别，弥见天地之情。”[①]这些文件是研究我国民族关系史的重要资料，表现出中央王朝对少数民族风俗的尊重，表现出隋炀帝的明智和豁达，对边件事的处理无疑是很恰当的。

三天后的甲寅（七日），隋炀帝命宇文恺在郡城东设大帐，帐下备仪卫建旌旗，极有排场地设乐宴请启民可汗及其部落三千五百人。诸胡惊喜不已，争献牛羊驼马以数千上万头计，其中启民可汗及义成公主前后献马三千匹。隋炀帝也以大量丝帛织品回赠启民及其部落，仅启民可汗就是一万二千段（合十四万米），给所部诸国，包括奚、霫、室韦等民族的数十酋长二十万段（合二百三十六万米，一说二千万段，不可能）。还赠启民可汗辂车、乘马、鼓吹（乐器）、幡旗，特许他进见时“赞拜不名，位在诸侯王上”[②]，给予特殊尊崇的待遇。总的看来，也可以说这又是一次规模很大的以进献和赏赐的名义记载的传统的朝贡贸易。有趣的是价格似乎也是比较适宜的，即若将诸胡

① 魏徵：《隋书》卷 84《突厥传》，第 1874 页。

② 魏徵：《隋书》卷 3《炀帝纪上》，第 70 页。

“争献牛羊驼马数千万头”[①]约计为一万头，“赐物二十万段”[②]，合每头二十段，因其中有牛羊驼，平均价应低于马价，而唐代与回纥的绢马贸易，大致是四五十匹绢一匹马，在产马的河西地区为二十匹绢一匹马[③]，因此隋炀帝给酬“赐物”的数量是有根据的。而若与三年后大业六年“课天下富人买武马，匹至十万钱”[④]的高价，即按一匹绢值千钱，一马十万钱合百匹绢的不正常价相比，是很便宜的。

八月壬午（六日）隋炀帝从榆林出塞，北渡黄河，“亲巡云内，溯金河而东，北幸启民所居”[⑤]。云内，《资治通鉴》作“云中”，是盛乐宫所在地[⑥]，在今内蒙古和林格尔，到了前套大黑河流域。史称：“时天下承平，百物丰实，甲士五十余万，马十万匹，旌旗辎重，千里不绝。”宇文恺等还为此行专门设计建造了“观风行殿”，是一座能够行进的宫殿，“上容侍卫者数百人，离合为之，下施轮轴，倏忽推移”。还有“行城”护卫，“周二千

① 司马光：《资治通鉴》卷180大业三年，第5632页。

② 魏徵：《隋书》卷84《突厥传》，第1875页。

③ 参马俊民：《唐与回纥的绢马贸易——唐代马价绢新探》，《中国史研究》1984年第1期。

④ 司马光：《资治通鉴》卷181大业六年，第5653页。

⑤ 魏徵：《隋书》卷84《突厥传》，第1875页。

⑥《北史》卷1《魏本纪一》：“移都云中之盛乐宫。”

步，以板为干，衣之以布，饰以丹青，楼橹悉备”。现在也很难想象行殿是一座怎样的庞然大物，是如何安装轮轴驱动的。

这样一支出巡队伍震慑了塞外各族，“胡人惊以为神，每望御营，十里之外，屈膝稽颡，无敢乘马”。以至乙酉（九日）炀帝到达启民牙帐时，“启民奉觞上寿，跪伏恭甚，王侯以下袒割于帐前，莫敢仰视”[①]。隋炀帝得意极了，当场赋诗：

鹿塞鸿旗驻，龙庭翠辇回。
毡帐望风举，穹庐向日开。
呼韩顿颡至，屠耆接踵来。
索辫擎膻肉，韦韝献酒杯。
何如汉天子，空上单于台。[②]

不可一世得连当年征服了匈奴的汉天子都不在话下了。

同行的萧皇后还进了义成公主的庐帐作客，隋炀帝又向启民可汗和义成公主各赠送了一份包括金瓮和衣服被褥锦彩的厚礼，对特勒以下的贵族臣僚也有种种赏赐。至此这次排场的北

① 以上引文见《资治通鉴》卷 180 大业三年，第 5633—5634 页。
② 魏徵：《隋书》卷 84《突厥传》，第 1875 页。

巡达到皆大欢喜的高潮。而后启民可汗恭敬地将隋炀帝送上归途，直送入塞才于己丑（十三日）回去。

可能是因为发生了高颎、宇文弢、贺若弼等大臣私下议论，不满炀帝这次北巡的奢靡而以“诽谤朝政”罪被杀的事件[①]，隋炀帝这时改变了取道突厥去涿郡巡省河北的原计划，决定径直南返东京。癸巳（十七日），隋炀帝一行入楼烦关（在今山西宁武东北），壬寅（二十六日）到太原，九月己巳（二十三日）回到东京，途中特地到河内张衡家留宴三日，看来此行他的情绪极佳，没有因高颎等被处死受什么影响。

《资治通鉴》关于此次北巡的记载有些错误。出发北巡的日期记为四月丙寅，而四月己卯朔，无丙寅，《资治通鉴》中有五月丙寅日的记事，所以说四月丙寅车驾北上是明显的错误，此处以《隋书》记载的四月丙申为准。另外，《资治通鉴》在六月丁亥（十日）和戊子（十一日）两个紧邻的日子之间插入了这样一段记载：“帝过雁门，雁门太守丘和献食甚精；至马邑，马邑太守杨廓独无所献，帝不悦。以和为博陵太守，仍使廓至博陵观和为式。由是所至献食，竞为丰侈。”按，六月戊子隋炀帝到达榆林郡，显然前一日不可能在雁门和马邑活动，他是六月

① 司马光：《资治通鉴》卷180大业三年，第5633页。

辛巳猎于连谷后北上，一周内到达三百里外的榆林。《资治通鉴》忽略了四月辛巳炀帝猎于连谷的活动，没有注意北巡的路线，错把到雁门和马邑的时间安在榆林前了。如若炀帝这次确实到了雁门、马邑，时间应在返程中入楼烦关前后，或者这是翌年再次北巡祠恒岳途中的事。而丘和在博陵献食示范杨廓之事，更应是大业九年闰九月时事。司马温公为给这次北巡制造一点灰调子，便将《隋纪》上并没有，连《旧唐书·丘和传》也没有搞清楚时间的这条材料，勉强塞入那两个本无间隙的日子间，出现明显的错误。

大业四年（608）隋炀帝第二次北巡。三月乙丑（二十二日）“车驾幸五原，因出塞巡长城”，四月丙午（四日）“以离石之汾源、临泉，雁门之秀容，为楼烦郡（治今山西静乐）。起汾阳宫”。乙卯（十三日）下诏为突厥启民可汗“于万寿戍置城造屋”。七月辛巳（十日）“发丁男二十余万筑长城，自榆谷而东”。八月辛酉（二十一日）“亲祠恒岳，河北道郡守毕集，大赦天下。车驾所经郡县，免一年租调”。[1] 而后返东都。

这次出巡路线，按胡三省说，五原为丰州（今内蒙古五原

① 魏徵：《隋书》卷3《炀帝纪上》，第71页。万寿城遗址一说在今内蒙古托克托县东北。1991年夏赴内蒙古考察时，我们在和林格尔汉唐古城遗址中一处当地人称作皇宫的建筑废墟上捡拾到黄、绿釉面构件。这里应是隋唐时重要遗址，疑即启民可汗的万寿城。

南），而“榆谷当在榆林西”，所巡为“去年所筑”之长城[①]。那么就是大体上重复了去年的路线，又有什么意义呢？可能是胡三省搞错了五原的位置，引起一系列误解。隋代五原有两个，另一个是盐川郡治所在的五原县，即今陕西定边，正在开皇中修的长城线上。颇疑此行是从今陕西定边之五原起沿长城东北行，以恒山为终点。这次所修长城之榆谷，今地失考[②]。据宋修《新定九域志》卷四宪州条管涔山、古静乐城下记“长城，隋大业中发丁男百万筑之”[③]；虽将人数误同上年的百万，但仍是证明该地有隋炀帝所修长城的一条重要史料，为上年所修长城以南又一道防线。所巡正是北魏以来平城通往凉州西域的鄂尔多斯沙漠南缘路，又一条东西向的古代道路。当年四月诏起汾阳宫，在今山西宁武南管涔山天池附近，也正在巡行途中。这样认识似较合理，且三月天即巡至五原，从季节讲，当时到的是南面的五原也合理些，也正好解释这次没有像上次一样会见突厥首领的原因。

这次出塞巡长城，隋炀帝又设六合城为行宫：“方一百二十步，高四丈二尺。六合，以木为之，方六尺，外面一方有板，

① 司马光：《资治通鉴》卷181大业四年胡三省注，第5641页。

②《中国长城沿革考》称在今青海省东部，不知所据。

③ 王存：《元丰九域志·附录》，中华书局，1984年，第603页。

离合为之，涂以青色。垒六板为城，高三丈六尺，上加女墙板，高六尺。开南北门。又于城四角起楼敌二，门观、门楼槛皆丹青绮画。又造六合殿、千人帐，载以枪车，车载六合三板。其车軨解合交叉，即为马枪。每车上张幕，幕下张平一弩，傅矢，五人更守。两车之间，施车軨马枪，皆外其辕，以为外围。次内布铁菱，次内施蛰鞬。每一蛰鞬，中施弩床，长六尺，阔三尺。床桄陛插钢锥，皆长五寸，谓之虾须。皆施机关，张则锥皆外向。其床上施旋机弩，以绳连弩机，人从外来，触绳则弩机旋转，向触所而发。其外又以矰周围行宫，二丈一铃一柱，柱举矰，去地二尺五寸。当行宫南北门，施槌磬，连矰，以机发之。有人触矰，则众铃发响，槌击两磬，以知所警，名为击警。"[1] 这是一个占地三公顷余（四十七亩）的带自动报警的多层立体防御性堡垒。和上一次一样，对警卫和防御十分认真，表明在对突厥关系上保持着毫不麻痹的警觉。大业十一年（615）隋炀帝第三次北巡时遭到突厥袭击的事实说明，这样的警惕和修长城都不是多余的。反过来也可以说明，长途跋涉北巡是冒风险的国事活动，笼统以"巡游"两字来概括此类行动是极不准确的。

① 魏徵：《隋书》卷 12《礼仪志七》，第 283—284 页。

这次北巡中，隋炀帝依旧对突厥启民可汗表示了特别的关照，四月乙卯的诏书称：

> 突厥意利珍豆启民可汗率领部落，保附关塞，遵奉朝化，思改戎俗，频入谒觐，屡有陈请。以毡墙毳幕，事穷荒陋，上栋下宇，愿同比屋。诚心恳切，朕之所重。宜于万寿戍置城造屋，其帷帐床褥已上，随事量给，务从优厚，称朕意焉。[①]

中国政治的传统习惯，是中原天子给蛮夷番邦首领种种赏赐恩惠以维系宗主藩属的政治关系，用施舍者的得意来满足一个大国天子的虚荣心，隋炀帝并不能超越这种意识境界。当然，上一年具有朝贡贸易意味的赐物和这次有保障关塞作用的置城，还不全是一般意义上的恩赐，而具有更广泛的经济与军事上的意义，从而对民族关系的发展有切实的推进。启民所部，特别是在开皇末年“迁于河南，在夏、胜二州之间……尽为启民畜牧之地”[②]上生活的那部分突厥人民，在经济生活上日益缩小了和内地同胞的差异。入唐，数以万家的突厥人在长安与汉胡各

① 魏徵：《隋书》卷3《炀帝纪上》，第71页。

② 魏徵：《隋书》卷84《突厥传》，第1873页。

族人民和睦相处；在武则天时，留在胜、夏等六州的突厥求给谷种、农器、铁等生产、生活资料，都是证明。

隋炀帝处理同突厥的关系，除了政治上给其扶植和相当的待遇，经济上发展互通有无的贸易和给予赏赐，并使用炫耀武力和财富的方式亲自出巡等手段外，也不放弃军事上的防范，老办法还是修长城。

隋文帝即位之初就“敕缘边修保障，峻长城”[①]。崔仲方主持，“发丁三万，于朔方（治今陕西靖边白城子）、灵武（治今宁夏灵武西南）筑长城……绵亘七百里。明年，上复令仲方发丁十五万，于朔方已东缘边险要筑数十城，以遏胡寇”[②]。开皇十九年（599），又“在夏、胜二州之间，发徒掘堑数百里，东西拒河”[③]。夏州即朔方，胜州即榆林，是为崔仲方所筑灵武—朔方段长城往东北补了一段四百里长堑，将朔方以东数十城连成一线，在河套以内完成了一道城、堑结合的防线。大业三年（607）七月，隋炀帝第一次北巡途中，“兴众百万，北筑长城，西距榆林，东至紫河（今内蒙古浑河）”[④]，更向河套外东北方延伸，在突厥可汗牙帐以南突击修筑防线，当时显然有为炀

① 司马光：《资治通鉴》卷175，第5450页。

② 魏徵：《隋书》卷60《崔仲方传》，第1448页。

③ 魏徵：《隋书》卷84《突厥传》，第1873页。

④ 魏徵：《隋书》卷24《食货志》，第687页。

帝出塞安全计修为屏障的考虑。大业四年（608）七月在第二次北巡途中又发丁男二十万筑长城，自榆谷而东，或即在今陕西榆林附近往东修，西衔开皇中修至朔方的长城，将朔方以东的城、堑改造为长城，并向燕、代方向延伸。这样与《隋书·五行志》“大业四年，燕、代缘边诸郡旱。时发卒百余万筑长城”的说法也可契合。隋初以来一再兴师动众修筑的长城也就比较完善而可告竣工了。为此，隋炀帝得意的心情在他留下的《饮马长城窟行》一诗中有充分的表露。这首诗史上的名篇，值得一读：

饮马长城窟行示从征群臣

肃肃秋风起，悠悠行万里。
万里何所行，横漠筑长城。
岂台小子智，先圣之所营。
树兹万世策，安此亿兆生。
讵敢惮焦思，高枕于上京。
北河秉武节，千里卷戎旌。
山川互出没，原野穷超忽。
摐金止行阵，鸣鼓兴士卒。
千乘万骑动，饮马长城窟。

秋昏塞外云，雾暗关山月。
缘岩驿马上，乘空烽火发。
借问长城候，单于入朝谒。
浊气静天山，晨光照高阙。
释兵仍振旅，要荒事方举。
饮至告言旋，功归清庙前。[①]

① 沈德潜：《古诗源》，岳麓书社，1998年，第229页。

十九 远交近攻：经略林邑，结好赤土

隋炀帝不是个局囿隋境耽于守成的君主，他雄心勃勃志在四方，把眼光放到周围那些他力所能及甚至力所不及的许多地方。一生之中，二平江南，三下江都，三巡突厥，一讨浑庭，三驾辽泽之外，还经略林邑，结好赤土，招抚流求，通使倭国，内政外交空前活跃，下决心要不计成败利钝地改变中国和东方的政治地图，在历史上打下自己的烙印。

林邑，故地在今越南中南部。其北为交趾，两汉以来，一直在中原或南朝辖下。隋平陈以后，林邑曾在开皇十五年（595）遣使来贡方物，其后朝贡遂绝。群臣以林邑多奇宝说隋文帝，正好仁寿二年（602）交州（治今越南河内）俚帅李佛子之乱被大将军刘方讨平，于是又遣刘方为驩州道行军总管，率步骑和舟师南进，大业元年（605）正月至林邑海口。

林邑王梵志派兵守险，被刘方击走。林邑军又在阇黎江南岸立栅防守，刘方盛陈旗帜，金鼓齐鸣，制造声势，林邑军溃逃。隋军渡江后行三十里，林邑王亲率其兵骑着巨象从四面攻来，隋军初战象军失利，于是悄悄挖了许多陷坑，用草覆盖，派兵挑战，梵志全军出动，隋军佯败，诱林邑军追逐，结果许多象跌入陷坑，一时惊骇军乱，刘方又命以穿透力很强的弩箭射象，众象负伤后退逃窜，林邑军阵脚大乱，隋军乘机反击，俘斩以万计。继续追击，屡战皆捷，经过东汉马援铜柱又南行八日，至林邑国都。四月，梵志弃城退入海中，刘方入城，获其十八尊金铸庙主，刻石纪功而还。平林邑后置三州，后改为林邑郡、比景郡、海阴郡①。但隋军退走后，梵志“复其故地，遣使谢罪”②，入唐仍朝贡不绝。由隋文帝发动到隋炀帝时结束的这次征战，军事上虽然胜利了，实际上并没有什么意义。不仅林邑兵卒损伤以万计，由步骑万余及犯罪者数千人组成的隋军也付出惨重代价，归途中“士卒脚肿，死者十四五”③。刘方本人

① 魏徵：《隋书》卷31《地理志下》，第886页。

② 魏徵：《隋书》卷82《林邑传》，第1833页。

③ 魏徵：《隋书》卷53《刘方传》，第1358页。

也重演马援的悲剧，得病死在路上。制造南国可怕的瘟病的死神把凯旋的喜悦化为乌有。这一次悲惨的教训使隋炀帝再没有朝这个方向用兵。

在中印半岛这个方向，隋炀帝在远征林邑之后，曾派出和平使者常骏等往赤土，那是七世纪初中外关系史上的一段佳话。

赤土后称环王国，其地有巨港、马六甲、宋卡（泰国）等说，还有学者以为赤土即羯荼国的异译，在今马来西亚的吉打一带，为马六甲海峡北端的重要港口。虽然《隋书·赤土传》和《通典·边防四》对其位置有较详叙述，并注称"在日南郡西，陆行二十余日方至"，但确切所在学术界迄今尚无定论，只能大致判断其地在中印半岛南端的马来半岛。

大业三年（607）隋炀帝召募能通绝域的使者，屯田主事常骏和虞部主事王君政两位九品官表示愿冒险应募，隋炀帝非常高兴，各赐帛百匹和时服一袭，派遣他们出使赤土，带去绢帛五千段（约合六万米）赠赤土王。

当年十月[1]从南海郡（治今广州）出发，扬帆远航，二旬

---

①《隋书》卷3《炀帝纪上》作大业四年三月丙寅遣使赤土，按：南海信风，应是冬去春回，此从《隋书》卷82《赤土传》、《册府元龟》卷662《奉使部·绝域》。

后过焦石山，傍林邑东南行，过师子石、鸡笼岛到赤土界，赤土王派婆罗门鸠摩罗率三十艘的船队隆重迎接，“吹蠡击鼓，以乐隋使”[①]。又月余至赤土国都，王子那邪迦来迎，送金盘、金合香油、金瓶香水和白叠布四条供使者盥洗用。当日下午未时，那邪迦王子又驾象二头，持孔雀盖迎接使者入王宫，递交国书。以后接连数日宴请隋使，食物有黄、白、紫、赤四色之饼，牛、羊、鱼、鳖、猪、玳瑁之肉百余种菜肴，金钟置酒，女乐助兴。

赤土王派那邪迦王子跟随隋使回访，回赠隋炀帝的礼物有金芙蓉冠、龙脑香和各种土产方物，派婆罗门以香花奏蠡鼓欢送。海上行十余日至林邑东南，循海岸北上到交趾后改陆行。大约在大业五年二月[②]，那邪迦王子在常骏陪同下到弘农（治今河南灵宝）谒见，隋炀帝十分高兴地接待了客人们，给那邪迦

① 魏徵：《隋书》卷 82《赤土传》，第 1834 页。

②《隋书·赤土传》记那邪迦在弘农谒隋炀帝时在六年春。按：五年十一月炀帝去东都，六年三月下江都，其间未见西至弘农的材料。而《隋书·炀帝纪》记五年正月炀帝自东都还京师，二月戊戌在弘农附近的阌乡，三天后“辛丑，赤土国遣使贡方物”。又一周后至京师，疑是在此时接见那邪迦王子。且六年六月赤土又遣使贡方物，不大可能在六年春之后又来一次。此处从《隋纪》。

及其随员封官和赏物。这是一次非常友好的交往。

我们看到，在东南亚这个方向上，隋炀帝征伐林邑而结好赤土，实施着传统的远交近攻战略。据《隋纪》记载，在常骏出使前后的大业四年（608）三月和六年（610）六月，赤土国曾不断派使者入隋，两国保持着频繁的交往。

二十 东渡重洋：

遣使日本，招抚流求

中日关系源远流长，在至少两千年的交往中，首先在唐代出现了高潮，而这是奠基于隋炀帝—圣德太子（593—622年摄政）时期的。

《史记·秦始皇本纪》记载“方士徐市（福）等入海求神药”，衍出东渡日本的传说。《汉书·地理志》提及“乐浪海中有倭人，分为百余国，以岁时来献见”，最早记载了中日交往的情况。1784年在日本九州福冈县发现的“汉委奴国王”蛇纽金印，是东汉光武帝赐以印绶的实物。由于国内滇王之印等类似印章的发现，消除了日本出土的那颗金印真伪问题的争议。日本平安时代嵯峨天皇命于弘仁五年（814）编修的《新撰姓氏录·诸蕃卷》所载四百七十七户内，可以确认为汉族的二百零四户中，更有先秦的十四户和秦代的三十八户、汉代的七十户。[①] 这和九州北部的一些支石墓中出土的几十面汉代铜镜、王莽货泉及仿制品等文物，都可作为秦汉时代中日民间交往的证明。

往后如《隋书·倭国传》所说，“魏时，译通中国”。即魏明帝景初二年（238）邪马台国女王卑弥呼再度遣使来华，意在汲取先进的中国文明。魏明帝曹叡对此表示嘉许，封女王为“亲魏倭王”，并派使臣回访，从此至于齐、梁，两国交往接连不断。大批汉人也带着先进的耕桑技艺，不断移居日本。上述《新撰姓氏录》并记有三国时代迁去的三十六户，后来有些移居日本的汉人进入了大和国家的统治机构。

《新撰姓氏录》又记隋代迁去有五户，唐代二十二户，这些仅指成为日本蕃姓贵族高门的大户。官方通使更大为频繁，总数达二十三次之多。据《隋书·倭国传》和《北史·倭传》记载：“开皇二十年，倭王姓阿每，字多利思比孤，号阿辈鸡弥，遣使诣阙。上令所司访其风俗。”但这次日本遣使来隋的情况，《隋纪》与《资治通鉴》失载，《通典·边防典》的记载有阙文，

① 参徐桐生：《一部记载上古中朝日关系史的珍贵文献——〈新撰姓氏录〉介绍》，载《文史知识》1988 年第 12 期。

因此记事与大业三年（607）混，不知为何日本史书也失载。开皇年间的这次通使是否是史实，有待新的史料证实。

中日史书上都有记载的另三批日本遣隋使，都是隋炀帝接待的。

大业三年，即日本推古天皇十五年（607）七月，小野妹子大使和通事鞍作福利受倭王派遣来隋。《隋书》和《北史》所称倭王仍为多利思比孤，应即《日本书纪》中推古（女皇）的异译，既然翌年隋使林清回访的是推古女皇，那么在林清前一年和后一年派小野妹子来的应即是这位女皇。

小野大使说明来访的用意："闻海西菩萨天子重兴佛法，故遣朝拜，兼沙门数十人来学佛法。"[①] 日本"敬佛法"，但佛教是六世纪中叶才从朝鲜半岛的百济传去的，时日未多，所以想派僧人来求学。推古女皇选定的摄政圣德太子力图依靠佛教教义和儒家学说加强皇权，巩固统治。从隔了一年日本又派了一批学问僧来可知，此事得到隋政府同意了。

小野大使呈送的国书以"日出处天子致书日没处天子无恙"[②] 作为问候语，口气是友好的。但是日本从来都处在名义上

① 魏徵：《隋书》卷 81《倭国传》，第 1827 页。

② 魏徵：《隋书》卷 81《倭国传》，第 1827 页。

日本船图

受中国皇帝册封的从属地位，不过是汉委奴国王、亲魏倭王的二等角色，南朝刘宋时倭王还自拟“使持节，都督倭、百济、新罗、任那、秦韩、慕韩六国诸军事，安东大将军，倭国王”[①]

① 沈约：《宋书》卷97《倭国传》，中华书局，1974年，第2395页。

的头衔请求加委。这时圣德太子主政，巧妙地用外交辞令表达了与中国平等交往的合理愿望。日本君主想平起平坐的意思当然瞒不过细心的隋炀帝，他虽然当面不好发作，背后对负责外事接待的鸿胪卿交代："蛮夷书有无礼者，勿复以闻。"[①] 让下面的人替他挡驾。

《隋书·炀帝纪上》又记大业四年（608）三月壬戌倭国遣使贡方物，不知和小野妹子是不是一事。四月，隋炀帝派文林郎裴世清为使。一行十三人随同小野大使取道百济（今朝鲜半岛西南部）去日本。隋使到达筑紫（今北九州）的消息震动了朝野，圣德太子马上派吉士雄前往迎接，急命在难波（今大阪）为隋使修迎宾馆。六月十五日，裴世清一行到达难波，朝廷派出银装的彩船"艕船"三十艘，将隋使迎入新宾馆。八月三日隋使入京城时，女皇指派在十二阶冠位中仅次于大德的小德阿辈台率数百人，设仪仗，鸣鼓角，前去隆重迎接。而后又遣大礼（第五阶冠位）哥多毗率二百余骑郊迎。八月十二日入朝，圣德太子和诸王大臣头戴金髻花，身穿锦绣绫罗出宫迎接。裴世清呈交隋炀帝致推古女皇的国书：

知皇介居海表，抚宁民庶，境内安乐，风俗融和，深

① 魏徵：《隋书》卷 81《倭国传》，第 1827 页。

气至诚，远修朝贡，丹款之美，朕有嘉焉。①

在客客气气的褒扬中，仍透露出天朝大国天子凌驾于人之上的口吻。

推古女皇对隋使初次回访非常高兴，好像并不计较隋炀帝来书中说话的口气，反而对没有及早会见隋使表示歉意，诚恳地说："我闻海西有大隋，礼义之国，故遣朝贡。我夷人，僻在海隅，不闻礼义，是以稽留境内，不即相见。"据说小野大使在返途中过百济时遭劫掠，丢失了隋朝的国书，所以回到难波后先行入朝述职，交代此事。群臣议其疏失，判处流刑。女皇以为不宜让隋室知道丢失国书之事，特地赦免了他。为此，裴世清滞留难波五十天，女皇道了歉，接着又说："今故清道饰馆，以待大使，冀闻大国惟新之化。"裴世清满口答应道："皇帝德并二仪，泽流四海，以王慕化，故遣行人来此宣谕。"②

"冀闻大国惟新之化"是推古女皇、圣德太子热衷于发展中日关系的实质。处在历史转型期的日本，急于借鉴中国文化政治形成自己的律令制度，这是随即到来的大化革新的前夜，推古女皇和圣德太子三年前颁布的《十七条宪法》中"国无二君，

① 舍人亲王：《日本书纪》卷22，四川人民出版社，2019年，第307页。

② 以上引文见魏徵：《隋书》卷81《倭国传》，第1828页。

小野妹子为日本推古朝遣隋使。607 年（隋大业三年，日本推古天皇十五年），携国书入隋。608 年隋使裴世清等随同他返日。同年隋使归国，又偕高向玄理（？—654）等留学生和留学僧再度使隋，次年东归。小野妹子在隋称苏因高。图为小野妹子之墓

民无二主，率土兆民，以王为主”，完全是中国儒家“国无二君，民无二主”“率土之滨，莫非王臣”一类政治观念的翻版。所颁布的十二阶冠位，直接以德和仁、义、礼、智、信等儒家伦理信条为名，依次为大德、小德、大仁、小仁、大义、小义、大礼、小礼、大智、小智、大信、小信。日本的统治者如饥似渴地从中国文化中寻找治理他们国家的办法，由此可见一斑。

一月后，裴世清以“朝命既达，请即戒涂”[①]，提出回国，日方设宴欢送。九月十一日小野妹子第二次被任命为大使，陪送隋使回国，随行的还有副使吉士雄、通事鞍作福利和八名留学生、学问僧。这便是大业四年来中国的第二批遣隋使。

这次圣德太子交给大使转呈的国书，是他用汉语写的，称：“东天皇敬白西皇帝。”首次以天皇名义致书中国，并东西对等，再次表达了在平等的基础上展开外交的意向。此书是否顺利递交隋炀帝过目，他看后有何表示，这些中国史书中失载，所以不得而知了。《隋书·倭国传》中只有简单的半句，“复令使者随清来贡方物”，还是把客人当作来朝贡的番夷看待，弄不好国书也被按“无礼者，勿复以闻”的旨意，被下面的人搁置一边了。

重要的是第二批遣隋使带来的四名留学生和四名学问僧那八个人。留学生是倭汉直福因、奈罗译语惠明、高向汉人玄理、新汉人大国，学问僧是新汉人旻、南渊汉人请安、志贺汉人惠隐、新汉人广齐，差不多都是渡日汉人的后裔，他们来留学的时间，少则十几年，多则三十余年，直到唐高祖甚至唐太宗贞观中才回国。回去以后对移植中国文化作出了贡献，惠隐被延

① 魏徵：《隋书》卷 81《倭国传》，第 1828 页。

入皇宫讲经，南渊请安当了大化改新的中心人物大兄皇子和中臣镰足的老师，高向玄理和僧旻担任了最高的政治顾问国博士，成为大化元年（645）开始的改新政治的主要设计人。他们带回去唐朝的律令制度，将隋唐均田制和租庸调制移植为日本的班田制和租庸调制，开创了日本的“律令时代”。

《隋书·倭国传》称：裴世清回国时，日本使者随来贡方物，“此后遂绝”，又不对了。大业五年（609）九月小野妹子大使回国后，大业六年（610）正月倭国又曾“遣使贡方物”[①]。大业十年（614）六月还派遣以大使犬上御田锹、副使矢田部造为首的第三批遣隋使来中国，到翌年七月回国。这次随来的留学生和学问僧有惠光、惠日、灵光、胜鸟养、惠云等。频繁的遣隋使活动成为更大规模遣唐使的先声，而先期回国的直福因、惠光、惠济、惠日等则是派遣遣唐使活动的直接推动者，他们鼓吹以中国为建立“法式备定的天皇制国家”的“蓝本”的理想，后来在一定程度上实现了。[②]

隋炀帝对先后入隋的留学生和学问僧给予了热心的关照，将他们安置在鸿胪寺四方馆中，特召著名的蓝田下悟真寺开山

---

① 魏徵：《隋书》卷 3《炀帝纪上》，第 74 页。

② 本节写作参考了井上清：《日本历史》，天津人民出版社，1974 年；姚嶂剑：《遣唐使：唐代中日文化交流史略》，陕西人民出版社，1984 年；周启乾：《两千多年来的中日友好往来和文化交流》。

圣德太子像

祖净业和尚入馆担任他们的教授，为他们创造了很好的学习条件，使他们都能生活安定，学习有成，担当起中日文化交流的重任。

回顾这一段历史，日本学者认为“和中国的交通是由皇太子为求取经论而开辟的”[①]，我们说，求取经论固然是当时中日关系发展的宗教原因，此外还有更广泛的经济文化背景，这时中日双方致力开辟的，不仅是一条宗教之路，而且是一条代表东亚文明结晶的光耀千古的东丝绸之路，而在这条金光大道开通的初期，隋炀帝是一位积极的倡导者，在中日友好的历史长河中，他和当时担任日本摄政的圣德太子一样，是应载入史册的人物。

台湾，古称夷洲，隋代称流求，《禹贡》中的“岛夷”、汉代的“东鳀”，说的大约也是台湾。台湾岛原与大陆相连，在距今一二亿年前中生代的一次海浸运动中没入海中，距今五千万

① 村上专精:《日本佛教史纲》，商务印书馆，1981年，第15页。

年前新生代第三纪中叶的喜马拉雅造山运动时，重新隆起为台湾岛。台湾出土的史前时期的石器等文物形制与大陆的类同。《后汉书·东夷传》已记载了海峡两地人们交往的情况："会稽海外有东鳀人，分为二十余国，又有夷洲及澶洲。……有数万家，人民时至会稽市。会稽东冶县（今福建福州）人有入海行遭风，流移至澶州者。所在绝远，不可往来。"文中提到有传说徐福率数千童男女也去了该地。三国时吴国丹阳太守沈莹《临海水土志》言及"夷洲在临海（治今浙江临海东）东南，去郡二千里，土地无霜雪，草木不死……土地饶沃，既生五谷，又多鱼肉。……此夷舅姑子妇卧息共一大床，略不相避。地有铜铁……"[①] 对台湾岛的风土人情已有较详的了解。黄龙二年（230）孙权派将军卫温、诸葛直率甲士万人"浮海求夷洲及亶洲"[②]，想扩充人员土地以与魏、蜀抗衡，但结果如陆逊所料："卫温、诸葛直军行经岁，士卒疾疫死者什八九，亶洲绝远，卒不可得至，得夷洲数千人还。"[③] 孙权以"卫温、诸葛直皆以违诏

① 转引自范晔：《后汉书》卷85《东夷传》注，中华书局，1982年，第2822页。

② 陈寿：《三国志·吴书》卷47《吴主权传》，中华书局，1971年，第1136页。

③ 司马光：《资治通鉴》卷72太和五年二月，第2266页。

无功，下狱诛”[1]。三国抗争的紧张局势使孙权对卫温等这次出海行动期望甚高，一旦破灭，滥加诛杀。这是大陆政权对台湾的第一次官方行动。

隋代对台湾有了明确的称呼“流求国”，“居海岛之中，当建安郡（治今福建福州）东，水行五日而至”[2]。了解比过去具体准确多了。宝岛也引起了隋炀帝的关注。

大业三年三月癸丑（四日），遣羽骑尉朱宽使于流求国。此前在大业元年曾报告说“每春秋二时，天清风静，东望依希，似有烟雾之气”的海师何蛮与他同往，到了流求国，但因“言不相通，掠一人而返”。

大业四年，隋炀帝再次派朱宽去流求，“复令宽慰抚之”，可是“流求不从，宽取其布甲而还”[3]。这两次是试探性的招抚和求访异俗，只是取了人证物证回来好述职，没有大的骚扰。

朱宽招抚不成，隋炀帝改派武贲郎将陈稜和朝请大夫张镇周率东阳（治今浙江金华）兵万余人往流求。自义安（治今广东潮安）出海，经高华屿、鼊鼊屿到达流求。“流求人初见船舰，以为商旅，往往诣军中贸易。”[4]说明两地间平素存在贸易往

---

① 陈寿：《三国志·吴志》卷47《吴主权传》，第1136页。

② 魏徵：《隋书》卷81《流求传》，第1823页。

③ 以上引文见魏徵：《隋书》卷81《流求传》，第1824、1825页。

④ 魏徵：《隋书》卷64《陈稜传》，第1519页。

来。这次军中带了翻译，是“颇解其语”的昆仑人，陈稜“遣人慰谕之”[1]，流求王欢斯渴剌兜不从，遣兵拒战，被先锋张镇周打败，退至低没檀洞，小王欢斯老模又率兵拒战，被陈稜击败阵亡。隋军分为五军，进攻流求都邑，与渴剌兜所率数千众决战，从辰时至未时苦战了大半天，流求兵疲撤回栅内时被隋军攻破，渴剌兜战死，其子岛槌和男女数千被虏，焚其宫室，载战利品而还。大业六年二月乙巳（十三日）陈稜等献流求俘万七千口，隋炀帝颁赐百官作奴仆，陈稜进位为从二品散官右光禄大夫。原为正五品散官朝请大夫的张镇周进为正三品金紫光禄大夫。唯《隋书·食货志》记此役“士卒深入，蒙犯瘴疠，馁疾而死者十八九”。若按此说，则几乎是完全重演了三百六十多年前东吴卫温、诸葛直率舰队去夷洲的那幕历史，不过陈稜、张镇周不仅没像卫温他们一样掉脑袋，还荣升高位，隋炀帝的情绪也好，和孙权大不一样，因此《隋志》关于死那么多人的说法是否属实令人怀疑。而且《食货志》又说“俘虏数万”，也和同书《炀帝纪》的“献俘万七千口”、《陈稜传》和《流求传》的虏“男女数千”，《资治通鉴》的“虏其民万余口”都不同，《隋书·食货志》的说法可能与事实相差甚远，试想万余军队死者十八九，只剩一二千人，如何能从海上押解数万俘虏回

① 魏徵：《隋书》卷81《流求传》，第1825页。

来呢？

《隋书》和《资治通鉴》记隋炀帝大业三年、四年派朱宽两次去流求的任务是“慰抚”或“招抚”，不同于对一般外域的用词，可见流求与大陆关系近密，隋代已有意将台湾收入版图。流求王的一再抗拒实在不应成为隋军先礼后兵大肆攻掠的借口，缺乏耐心结果适得其反，被严重损伤了的双方关系“自尔遂绝”[①]。以后隋炀帝忙于征辽东和对付农民战争，再无暇东顾去收拾乱局，弥补与流求的关系。

① 魏徵：《隋书》卷81《流求传》，第1825页。

二十一 西巡万里：

中西交流的盛景

史称隋炀帝“威振殊俗，过于秦、汉远矣”[①]。他“志包宇宙”[②]，南北东西各个方面，都在他的规划之中。为通西域，他在这个方向上，对吐谷浑和伊吾（今新疆哈密）、高昌（今新疆吐鲁番东）寄予特别的关注，区别远近，采取了亲征、城守、和亲等不同方式处置，他还招徕远国，遣使波斯，不遗余力地重开丝绸之路。

吐谷浑都于青海湖西十五里的伏俟城，据有今青海大部、南疆一部和甘南、川西北一些地方，“东西三千里，南北千余

① 魏徵：《隋书》卷82《南蛮传》，第1838页。

② 魏徵：《隋书》卷81《东夷传》，第1828页。

丝路商队

里”[1]，人口虽不过数十万，但时与突厥、党项连兵，长期以来是西陲边地的不安定因素。据《周书》和《隋书》的《吐谷浑传》等记载，仅以隋朝建立前后半个世纪的情况来说，西魏大统年间（535—551），吐谷浑可汗夸吕“寇抄不止，缘边多被其害”；北周时，仍“数为边寇”，武成元年（559）“夸吕复寇凉州，刺史是云宝战没”；隋开皇元年（581），夸吕“以兵侵

①《周书》卷50《吐谷浑传》、《隋书》卷83《吐谷浑传》又称“东西四千里，南北二千里”，或是隋炀帝改度量衡按古里制所计之数。

弘州”，隋文帝不得已废弘州建制；是年又寇凉州；开皇三年（583）四月寇临洮，洮州刺史皮子信战败而死；并寇岷州，俄又入寇廓州。“高祖以陇西频被寇掠，甚患之。”[①]

征服吐谷浑，很自然地成了西魏、北周和隋唐政策的既定目标。各政权连续不断地对吐谷浑用兵，如西魏废帝二年（553）凉州刺史史宁袭击过境的吐谷浑赴北齐的使臣商队，“获其仆射乞伏触扳、将军翟潘密”。[②]西魏恭帝二年（555）史宁又与突厥木杆可汗攻入青海，袭破吐谷浑树敦、贺真二城，有意“拔其本根”。[③]北周明帝武成元年（559）诏贺兰祥、宇文贵率兵讨吐谷浑，攻拔洮阳、洪和二城，置洮州以还。北周武帝建德五年（576）遣太子伐吐谷浑，军渡青海，至伏俟城而还。隋文帝初年对吐谷浑连续用兵，杀掠甚众。开皇元年（581）遣元谐和贺娄子干、郭峻、元浩等率步骑数万击吐谷浑，兵出鄯州，趋青海，连战大捷，俘斩万计，夸吕远遁，其名王十余人率部降隋。开皇三年（583）五月，窦荣定破突厥及吐谷浑于凉州，六月，梁远又破吐谷浑于尔汗山。开皇四年（584）贺娄子干发河西五州兵击吐谷浑，“入掠其国，杀男女万余口”。[④]后来

① 魏徵：《隋书》卷53《贺娄子干传》，第1352页。

② 令狐德棻：《周书》卷50《吐谷浑传》，第913页。

③ 李延寿：《北史》卷61《史宁传》，第2187页。

④ 魏徵：《隋书》卷53《贺娄子干传》，第1352页。

吐谷浑内乱，无力寇边，隋文帝亦改行招抚，不许河间王杨弘和叠州刺史杜粲用兵。开皇九年（589），隋大军南下一举灭陈，吐谷浑震慑，比较收敛。开皇十六年，吐谷浑可汗世伏娶隋宗室女光化公主，建立和亲关系。世伏死，其弟优允立，依俗尚主，朝贡岁至，但犹“常访国家消息”窥测时机，隋文帝“甚恶之”①，暂时相安，矛盾依旧。

大业三、四年间吐谷浑又屡寇张掖（今甘肃张掖）。当时阴世师出任张掖太守，亲自捕击联合党项来寇掠的吐谷浑。另一次吐谷浑来寇张掖，被长孙炽率精骑五千击走，直追至青海。西陲不安，处于河西走廊中心的张掖尚且频被侵袭，这是隋炀帝对吐谷浑用兵，亲巡西土的背景之一。

隋炀帝西巡的另一个目的是畅通丝绸之路，发展商业贸易。

河西走廊是丝绸之路东段最便捷的主要通道，这条路早在西汉以前已经使用，公元前二世纪张骞通西域和汉武帝设河西四郡之后，交通运输日益繁忙。鉴于丝绸之路在沟通欧亚大陆东西方文明史上的巨大作用，在汉唐乃至明代以前的十五六个世纪里，无论我国是处在统一还是分裂时期，历代政府都特别重视维护这条道路的畅通。即使在动乱的南北朝时期，客商和使臣的队伍仍络绎不绝，克服千难万阻，在丝绸路上奔忙。上

① 魏徵：《隋书》卷83《吐谷浑传》，第1844页。

文提及的凉州刺史史宁截获的吐谷浑使臣商队，便有“商胡二百四十人，驼骡六百头，杂彩丝绢以万计”，很典型地反映了丝路贸易的宏大规模。但在隋代，“突厥、吐浑分领羌胡之国，为其拥遏，故朝贡不通”[①]，丝路受阻不畅。

由于丝绸之路在经济、文化、军事、政治及宗教等方面具有极大的重要性，历代争夺这条道路控制权的斗争也非常激烈，在东西方之间并演成若干国际性的战争。河西作为中原政权走向世界的一条重要走廊，同附近的草原民族也一直争战不已。更兼这里也是拱卫中原政权的前哨基地，特别是汉唐之间十来个建都长安的王朝都把西北方向的防御放在首位，其中对河西走廊的经营更是处于举足轻重的位置。顾祖禹《读史方舆纪要》称，“昔人言：欲保秦陇，必固河西；欲固河西，必斥西域”，合乎逻辑地总结了历代固守河西开拓西域的历史经验。这一点早在汉代就认识得很清楚，汉武帝在河西走廊中心设张掖郡时，起名就取“张国臂掖”之意。在隋代，危及走廊通道安全的主要是南北夹峙的吐谷浑和突厥两股势力，隋政权十分担心他们联合起来破坏西陲安定，甚至威胁关中长安，这情形和汉代匈奴与西羌夹峙河西的情形非常相像。就是在这样的背景下，为解决西陲不安、丝路不畅，隋炀帝决定西巡，到了青海和河西

① 魏徵：《隋书》卷67《裴矩传》，第1580页。

隋代酒神纹驼囊陶骆驼

走廊，往返历时半年。在古代中国，中原王朝的皇帝这样亲巡大西北的，只有隋炀帝一人。

事情是裴矩策动的。大业初“西域诸胡多至张掖交市，帝使吏部侍郎裴矩掌之”[①]。裴矩通过胡商对西域情况作了一番调查，写《西域图记》三卷，入朝奏上，引起隋炀帝极大兴趣。炀帝“每日引矩至御坐，亲问西方之事”[②]，裴矩又鼓吹一通，讲那边各种珍宝如何多，吐谷浑也不难打，“帝于是慨然慕秦皇、汉武之功，甘心将通西域”[③]。自此，隋炀帝把降服吐谷浑、突厥，“混一戎夏”，交通西域，发展丝路贸易定为国策，制定了全面的开拓西境的战略。先后三次派裴矩前往张掖、敦煌，以吏部侍郎、黄门侍郎的朝廷大员身份主持其事。首先是对付吐谷浑，

① 司马光：《资治通鉴》卷180大业三年，第5634页。
② 魏徵：《隋书》卷67《裴矩传》，第1580页。
③ 司马光：《资治通鉴》卷180大业三年，第5635页。

裴矩兼用了传统的“以夷制夷”的办法，为炀帝西巡创造条件。为此精心做了两年的准备。

大业三年（607），居伊吾以西蒲类海一带即今哈密、巴里坤地区的铁勒犯塞，寻遣使谢罪。裴矩奉炀帝命前往慰抚，讽令击吐谷浑以自效。铁勒被裴矩说服，在大业三年时先出了兵，隋炀帝正在榆林时得到铁勒契弊歌稜（莫何可汗）攻败吐谷浑的消息，优允可汗东逃，保西平境（郡治今青海乐都），遣使向隋“请降求救”，隋炀帝命左卫大将军宇文述率兵屯西平之临羌城（今青海湟源东南），“抚纳降附”[①]。吐谷浑见宇文述兵强，来势不善，又西遁。宇文述率鹰扬郎将梁元礼、张峻、崔师等追击，连拔曼头（在今青海共和西）、赤水（在今兴海东）二城，斩三千余级，获其王公、尚书、将军二百人，虏男女四千口而还，吐谷浑优允可汗南奔雪山，这时是大业四年七月。

宇文述这一仗成为炀帝西巡的前奏。宇文述率领的隋军撤回后，优允又返回故地，于是有翌年隋炀帝亲征之举。

关于大业五年这次实为亲征的巡狩活动，《隋书》的《炀帝纪》和《食货志》的有关记载与《资治通鉴》所记互有出入，《隋书·吐谷浑传》还将西巡和前一年宇文述进攻吐谷浑的事混记在一起，今经整理，并参考《北史》和《册府元龟》，可知这

① 魏徵：《隋书》卷61《宇文述传》，第1465页。

次西巡的具体日程是：

三月己巳（二日）从长安出发。

庚午（三日）到武功（今眉县西北）。

乙亥（八日）过扶风（今凤翔）旧宅，又至天水。

四月己亥（三日）大猎于陇西（治今县），到了陇川宫。过渭源（今县北）时留诗《临渭源》，充满诗意地上了路。诗曰：

西征乃届此，山路亦悠悠。
地干纪灵异，同穴吐洪流。
滥觞何足拟，浮槎难可俦。
惊波鸣涧石，澄岸泻岩楼。
滔滔下狄县，淼淼肆神州。
长林啸白兽，云径想青牛。
风归花叶散，日举烟雾收。
直为求人隐，非穷辙迹游。[1]

乙巳（九日）次狄道（今临洮）。

癸亥（二十七日）出临津关（今循化东），渡黄河，至西平（今乐都），陈兵讲武，演习军事。

① 丁福保：《全隋诗》卷1，1916年，第4—5页。

五月乙亥（九日）大猎于拔延山（今化隆马场山），长围周亘二百里。

庚辰（十四日）入长宁谷（今西宁北川）。

壬午（十六日）度星岭（今达坂山）。

甲申（十八日）宴群臣于金山（今西宁西）。

丙戌（二十日）至浩门川（今大通河），因桥在御马渡时坏，斩都水使者黄亘和督役者九人，滞留数日，桥成乃行。时战幕拉开，炀帝命元寿等四面合围吐谷浑于覆袁川（今俄博河），伏允遁出，其下诈称伏允，保车我真山（在俄博河南）。

壬辰（二十六日）右屯卫大将军张定和率师往车我真山，劝降不成，挺身登山，中矢而死。其亚将柳武建悉斩守敌数百。

甲午（二十八日）吐谷浑仙头王被围穷蹙，率部落男女十万余口、六畜三十余万来降。

六月丁酉（二日）遣大将军梁默、右翊卫将军李琼等追击吐谷浑主，皆力战而死。卫尉卿刘权出伊吾道击吐谷浑，至青海，虏获千余口，乘胜追奔至伏俟城。左武卫将军周法尚出松州道，逐捕亡散，也到了青海。伏允南遁，率数千骑客于党项（在今海南、果洛地区）。

辛丑（六日）隋炀帝谓给事郎蔡徵曰：“自古天子有巡狩之礼，而江东诸帝多傅脂粉，坐深宫，不与百姓相见，此何理也？”对曰：“此其所以不能长世。”

癸卯（八日）经大斗拔谷（今民乐扁都口南隘道），遇霖雨，人马俱有损失。

丙午（十一日）至张掖。

辛亥（十六日）诏诸郡以学业该通、才艺优洽等四科举人。

壬子（十七日）隋炀帝至燕支山（今山丹大黄山），高昌王麹伯雅、伊吾吐屯设及西域二十七国来朝谒。

癸丑（十八日）置西海（治伏俟城）、河源（治赤水城）、鄯善（治今若羌）、且末（治今且末县南）四郡，谪罪犯为戍卒以守之。又命刘权镇河源郡积石镇。

丙辰（二十一日）在观风行殿宴高昌王、伊吾吐屯设和西域各国来使。

戊午（二十三日）大赦天下，巡行路过的陇右诸郡给复二年。

七月丁卯（二日）置马牧于青海渚中，以求龙种，无效而止。

九月癸未（十九日）车驾入长安。

自关中赴河西，古道主要是南北二条。北道大体沿泾河上溯，过泾川、平凉，越六盘山，直趋武威，或转道兰州入河西。南道沿渭河西溯，越陇山，绕过宝鸡至天水间山河曲折险阻难行的地段，经陇西、渭源，到临洮又分两道，或北上兰州，过乌鞘岭进河西走廊，或西行北，经青海之乐都、西宁，自俄博—扁都口穿越祁连山到张掖。隋炀帝西巡，主旨在解决吐谷浑问题，自然是如上所述走南道，经青海赴河西。而返程当然不一定再走青海，但诸书记巡行日程都只详及张掖、燕支山——《隋书·西域传》有一句“万乘亲出玉门关”，殆是史官夸张的笔法——回来的路线诸书缺载，唯《资治通鉴》有一句：“车驾东还，经大斗拔谷。”示意是原道返回。《资治通鉴》此说由《考异》知是依据《略记》，《考异》且曰：“《帝纪》在六月癸卯。按西边地虽寒，不容六月大雪，冻死人畜。”诚如此言，车驾在返程中又过大斗拔谷时遇冻害的可能性比较大，而且这场悲剧发生在宴请西域诸国贵宾的盛会之后，于情于理较为可通。

隋炀帝在河西两次会见西域贵宾，盛况空前。当时“（炀帝）次燕支山，高昌王、伊吾设等，及西蕃胡二十七国，谒于道左。皆令佩金玉，被锦罽，焚香奏乐，歌舞喧噪。复令武威、张掖士女盛饰纵观，骑乘填咽，周亘数十里，以示中国之盛。帝见而大悦”[①]。四天后，再次宴享，“上御观风殿，大备文物，引高昌王麹伯雅及伊吾吐屯设升殿宴饮，其余蛮夷使者陪阶庭者二十余国，奏九部乐及鱼龙戏以娱之，赐赉有差”[②]。场面是非

① 魏徵：《隋书》卷67《裴矩传》，第1580页。

② 司马光：《资治通鉴》卷181大业五年六月，第5645—5646页。

隋代舞俑

常欢快的，预示着丝绸之路再度繁荣，高潮正在到来。

这次西巡对吐谷浑作战得胜，吐谷浑主南遁，至大业末不为边患，“自西平临羌城以西，且末以东，祁连以南，雪山以北，东西四千里，南北二千里，皆为隋有。置郡县镇戍，发天下轻罪徙居之”[①]。历史上第一次使青海省的大部分归入中原王朝郡县制度的管理之下。又拓地至鄯善、且末，启大唐开拓西域新疆之先声。可以说隋炀帝这次历史性的西巡达到了安定西陲、畅通丝绸之路的初衷，在我国的疆域史上和中西交通史上是一件大事，对我们民族国家的统一和发展有积极的影响。尽管以后的历史进程还有许多曲折反复，但这总归是坚实的前进的一步。我们国家特别是大西北的发展也便是在这样的历史积累中走向定局的。

关于西巡，人们往往用大斗拔谷出的事指责隋炀帝。关

① 魏徵：《隋书》卷83《吐谷浑传》，第1845页。

于在大斗拔谷的损失，《元和郡县志》记为“士卒冻馁死者十六七”，《北史·隋本纪》《隋书·炀帝纪》《册府元龟·帝王部·巡幸》和《资治通鉴》都说“士卒冻死者太半”或“大半”，《隋书·炀帝纪》和《资治通鉴》并记死“马驴什八九”，数字惊人。按《隋书·礼仪志》，这次在拔延山围猎的人数达“四十军，军万人”，合四十万计，则死亡士卒数达二三十万。但当日气象，《隋书·食货志》与《元和郡县志》记为“霖雨”或“大霖雨”，《资治通鉴》《隋书·炀帝纪》《北史·隋本纪》及《册府元龟·帝王部·好边功》记是“风雪晦冥”或“风霰晦冥”，明显不一。按节令推测，还不至有雪霰。况且同是《隋书》，《食货志》记这次损失是“士卒死者十二三”，少了一大半。因此诸书的记载均不能遽信。某些著作未及细审，贸然引“死者太半”的材料全盘否定炀帝西巡，似乎有欠斟酌。

“伊吾、高昌、鄯善，并西域之门户也。”[①] 鄯善在西巡时设郡，直接被控制起来，在这前后，隋炀帝还着力经营伊吾和高昌这两个丝绸之路上的重镇，以畅通向西域的条条大道。

如裴矩在《西域图记》中指出的那样，从敦煌往西海（今地中海）共分三道，北道从伊吾走天山北麓，中道从高昌走天山南麓，南道从鄯善走塔克拉玛干沙漠南缘。当时“商客往来，

① 魏徵：《隋书》卷67《裴矩传》，第1580页。

胡杨树

多取伊吾路”[1]，而自大业初铁勒屡败西突厥处罗可汗后，伊吾、高昌、焉耆诸国皆附铁勒，所以在炀帝西巡之前，裴矩就用心于伊吾和天山之北的铁勒，大业三年铁勒攻败吐谷浑，并不断遣使贡方物。同时裴矩向隋炀帝报告了西突厥败后国乱的情况，隋炀帝派司朝谒者崔君肃出使西突厥，劝说处罗可汗仿效启民可汗向隋朝称臣，配合隋军破吐谷浑，然后入觐隋炀帝和处罗可汗的母亲向夫人。于是处罗也遣使朝贡。虽然大业五年处罗

① 魏徵：《隋书》卷 83《高昌传》，第 1847 页。

可汗没有履约去大斗拔谷与隋炀帝会合，但与铁勒和西突厥沟通后，就比较好处理同伊吾、高昌的关系了。

隋炀帝处理同伊吾和高昌的关系，简单说来也是远交近攻。伊吾首领吐屯设曾在大业五年前往燕支山会见隋炀帝，而伊吾同隋军之间还有一次战争，这两件事孰先孰后史书记载不一。

《资治通鉴》记："帝以右翊卫将军河东薛世雄为玉门道行军大将，与突厥启民可汗连兵击伊吾。"《隋书》和《北史》无《伊吾传》，《炀帝纪》和《突厥传》均未记载此事，《资治通鉴》这条材料的来源是《隋书·薛世雄传》，但《考异》说："《本传》前有从帝征吐谷浑，后云：'岁余，以世雄为玉门大将，与突厥启民可汗击伊吾。'然则似在大业六、七年也。按是时启民已卒，伐吐谷浑之岁，伊吾吐屯设献地数千里，恩宠甚厚，隋何故伐之！今移置献地之前。"系于大业四年。按启民可汗之死，《隋书·突厥传》和《北史》的记载是在大业四年，《资治通鉴》记为大业五年，诚然不可能在炀帝西巡后岁余的大业六、七年再参与攻伊吾之事。但《薛世雄传》又有从帝征吐谷浑后由仪同三司（正五品）进位通议大夫（从四品），又因伊吾功进位正议大夫（正四品），依此顺序，自然是伊吾事在吐谷浑后。不无可能当时约定与薛世雄连兵的是近在跟前的西突厥处罗可汗，史籍误为东突厥启民可汗了，这样与大业六年置伊吾郡的情况也相合。

大业五年炀帝巡至张掖时，伊吾吐屯设和高昌王麴伯雅等一起到燕支山会见隋炀帝，这是裴矩劝诱来的，会见的气氛是热烈友好的。但《隋书·炀帝纪》和《资治通鉴》又说伊吾吐屯设或吐屯设等献西域数千里之地，隋炀帝于次日置西海、河源、鄯善、且末等四郡。这吐屯设献地之说显然不确，那本是吐谷浑的地方，《隋书·吐谷浑传》明纪“地兼鄯善、且末”，其故地为“西平临羌城以西，且末以东”，那东西四千里，南北

玉门关遗址

两千里，正是上述西海等四郡之地。伊吾只有哈密绿洲一地，并无那数千里之地可献。不知为何《隋书》和《资治通鉴》会有如此错误。

恰恰是这次西巡没有解决伊吾这处西域门户的问题，所以岁余之后隋炀帝又派薛世雄与突厥连兵击伊吾。薛世雄从玉门（关址在今甘肃安西双塔堡附近）出发，突厥失约，隋军孤军度碛，七百余里戈壁无行路，伊吾认为隋军不能至，并不防备，不料薛世雄兵度碛而来，伊吾大惧请降，诣军门送牛酒。薛世雄在汉代旧伊吾城（约在今哈密市西四堡）东筑城，号新伊吾。隋炀帝还特派裴矩“共往经略，矩讽谕西域诸国曰：‘天子为蕃人交易悬远，所以城伊吾耳。’咸以为然，不复来兢”[①]。薛世雄返回时留银青光禄大夫王威以甲卒千余人戍守。就在这大业六年，隋又设伊吾郡，实行直接的统治。

伊吾之后是高昌，在隋代也被视为西域的门户之一，控制着敦煌以西丝绸之路的中道。

高昌即今吐鲁番，又在伊吾以西五百七十里，若走东南捷径大海道，到敦煌郡一千一百里，当时的速度，“去敦煌十三日行”[②]。高昌是伊吾以西又一大绿洲，自西汉时起就在高昌设戊己

① 魏徵：《隋书》卷67《裴矩传》，第1581页。

② 魏徵：《隋书》卷83《高昌传》，第1846页。

校尉，在西域都护辖下治理地方，还屯田积谷，为驻扎西域的汉军和出使西域的汉使供应粮草。此后河西和中原的大族也不断迁来，又曾被柔然、高车控制，六世纪初兴起的麴氏高昌王国臣服于突厥，高昌王麴伯雅的母亲即突厥可汗之女，七世纪初和伊吾一起依附于铁勒。

由于裴矩的工作，大业四年高昌遣使入贡，隋炀帝“待其使甚厚”。大业五年，在燕支山高昌王麴伯雅受到隋炀帝的破格接待。而后他入朝累年，从征高丽，被授从一品最高散职光禄大夫，封弁国公，娶了隋宗室女华容公主，直至大业八年冬才衣锦还乡，荣归高昌。中原文明制度的熏陶，使这位高昌王下决心改变“被发左衽”的旧习，下令：“今大隋统御，宇宙平一，普天率土，莫不齐向。孤既沐浴和风，庶均大化，其庶人以上皆宜解辫削衽。”[①] 这不仅是个服饰的问题，它表达了“取悦中华”，偏倚隋朝政权的政治动向。隋炀帝“闻而甚善之”，下诏称赞：“高昌王伯雅识量经远，器怀温裕，丹款夙著，亮节遐宣。”诏书追述了历史上高昌与内地的密切联系，为支持麴伯雅“袭缨解辫，削衽曳裾，变夷从夏，义光前载。可赐衣冠之具，仍班制造之式。并遣使人部领将送。被以采章，复见车服之美，

① 魏徵：《隋书》卷83《高昌传》，第1847页。

高昌故城

弃彼毡毳，还为冠带之国”[①]。

有趣的是隋炀帝此诏与五年前回绝突厥“乞依大国服饰法用，一同华夏”的请求时的态度迥然不同了。那时还说：“衣服不同，既辨要荒之叙，庶类区别，弥见天地之情。”[②]不许改变衣服。现在来了个一百八十度的转变。政治家们往往性格多变，

① 魏徵：《隋书》卷83《高昌传》，第1848页。

② 魏徵：《隋书》卷84《突厥传》，第1874页。

处事不免有机会主义色彩，令人难以捉摸。不过隋炀帝这件事好像还不是完全不能解释，他好像注意到了启民可汗的东突厥和麹伯雅的高昌，民族成分的差异。高昌“本自中华”，当地多汉人和汉族血统的后裔，基本上也是农耕社会，且深受儒家文化影响。第三代高昌王麹坚（531—548 年在位）坐室中高悬“鲁哀公问政于孔子之像”和当地出土的大量《毛诗》《论语》《孝经》都是明证。种族和文化上更多的一致性，也许是隋炀帝对高昌采取了有别于突厥的政策的一个原因吧。

可惜麹伯雅想偏倚隋朝而摆脱多年来在柔然、高车、突厥、铁勒争夺控制权的夹缝中生存的窘境的苦心，没有得到国人的充分理解。铁勒还派有重臣驻在高昌进行监视，高昌“竟畏铁勒而不敢改也”[①]。只是岁岁派出使臣贡其方物，保持同隋的联系，实在是有苦衷而不是存心骑墙。隋炀帝这时也步入自己的多事之秋，越来越自顾不暇，对大业十年麹伯雅去位后高昌的政局无力过问，只好留给唐太宗接着办了。

西突厥是开皇五年（585）与东突厥分立的，当时龟兹、铁勒、伊吾及西域诸胡皆依附阿波可汗大逻便（583—587 年在位）。传到处罗可汗（604—611 年在位）时，因重税和滥杀薛延陀魁帅数百人，激起铁勒诸部激烈反抗，铁勒契弊部的契弊

① 魏徵：《隋书》卷 83《高昌传》，第 1848 页。

歌稜被推为莫何可汗，他屡败处罗可汗，并在大业三年攻败吐谷浑，为隋室开拓西域出了很大的力。

隋室在西域扶植的另一支力量是射匮可汗（611—619年在位），他本是西突厥一酋长，处罗可汗没有履约在大业五年赴大斗拔谷使隋炀帝大怒，于是按裴矩之计，利用射匮，“分裂其国”[①]。隋炀帝在仁风殿召见射匮的求婚使者，表示要立射匮为大可汗，要他发兵诛处罗，然后许婚。隋炀帝取出一支桃竹白羽箭交使者转给射匮，嘱“此事宜速，使疾如箭也”[②]。射匮大喜，发兵袭击处罗，处罗大败后逃遁到高昌东。接到高昌王麹伯雅的报告后，隋炀帝让裴矩驰往玉门关晋昌城（今甘肃瓜州东南），安排向夫人前往高昌。在母亲的劝说下，处罗可汗无可奈何地于大业七年（611）入朝，十二月己未（八日）在涿郡临朔宫朝见隋炀帝，诚惶诚恐地表示：“臣总西面诸蕃，不得早来朝拜，今参见迟晚，罪责极深，臣心里悚惧，不能道尽。”隋炀帝又高兴了，用一番大道理来安抚他：

往者与突厥相侵扰，不得安居。今四海既清，与一家无异，朕皆欲存养，使遂性灵。譬如天上止有一个日照临，

① 魏徵：《隋书》卷84《西突厥传》，第1878页。

② 魏徵：《隋书》卷84《西突厥传》，第1878页。

> 莫不宁帖；若有两个三个日，万物何以得安？比者亦知处罗总摄事繁，不得早来相见。今日见处罗，怀抱豁然欢喜，处罗亦当豁然，不烦在意。[①]

此时此刻处罗可汗的处境形同走投无路的阶下囚，隋炀帝这一席话简直是如同使他绝处逢生的阳光雨露。翌年元会，处罗可汗感恩戴德地上寿：“自天以下，地以上，日月所照，唯有圣人可汗。今是大日，愿圣人可汗千岁万岁常如今日也。”[②]隋炀帝下诏在会宁郡（治今甘肃靖远）为他余部万余人拨了一块畜牧地，由他弟弟达度阙设统领。处罗以后曾从征高丽，大业十年正月娶了宇文氏女信义公主，江都之乱时仍在隋炀帝身边。唐太宗有“天可汗”的荣耀彪炳青史，殊不知隋炀帝得“圣人可汗”的美誉更在唐太宗之前二三十年！

据《隋书·西域传》，大业年间西域与隋通使的有四十余国，这些国家包括今在新疆境内的库车一带的龟兹，且末一带的焉耆，和田一带的于阗，喀什一带的疏勒和在今中亚阿富汗北部的吐火罗、乌那曷、挹怛，乌兹别克斯坦境内费尔干纳盆地的钹汗，乌兹别克斯坦首都塔什干一带的石国，撒马尔罕周

① 魏徵：《隋书》卷84《西突厥传》，第1879页。

② 魏徵：《隋书》卷84《西突厥传》，第1879页。

围的康国、曹国、米国、史国、何国，布哈拉一带的安国等。《隋书·西域传》还记载："炀帝时，遣侍御史韦节、司隶从事杜行满使于西蕃诸国。至罽宾（隋唐时代约相当于今阿富汗东北一带），得玛瑙杯；王舍城（在今印度比哈尔邦巴特那之南），得佛经；史国，得十舞女、师子皮、火鼠毛而还。"

隋炀帝还曾"遣云骑尉李昱使通波斯"[①]，波斯亦派使者随李昱来隋，"引致西蕃"的战略一直实施到今波斯湾畔的伊朗。

这中西交通的盛况，大凡都是在解决吐谷浑和伊吾、高昌以后发展起来的。虽然他"混一戎夏"这种天方夜谭式的抱负无法实现，但古老的丝绸之路进入新的繁盛时期，已实实在在地出现在隋世。

① 魏徵：《隋书》卷83《波斯传》，第1857页。

二十二 巅峰盛世：

丝路的繁盛与隋朝的富庶

人们如果全面地回顾一下，到这大业五年以前，隋炀帝代表的隋政府和隋人的上述一切历史活动，那么再看到在这时出现一个达到巅峰状况的盛世局面，就不应该有任何意外了。隋代文明昌盛的代表，是大运河和丝绸之路，它们体现着时代的开拓精神和政策的活力与开放。这时大运河除江南段外都已开通，丝绸之路的繁盛情况更像春雷闪电般震撼着沉睡在自然经济中的华夏大地。

交通西域，发展丝绸贸易，是隋炀帝的既定政策。大业初即派裴矩去张掖掌管与西域诸蕃交市，并将西蕃十余国引进内地。大业五年西巡亲征取胜，进一步打开局面，阻遏丝路的吐谷浑“余烬远遁，道路无壅"[①]。又留下刘权等镇守河源四郡，"大开屯田，捍御吐谷浑，以通西域之路"[②]，保障着青海路和新疆南道的交通安全。接着成功地在伊吾筑城防守和设郡，不仅保障了当时通过伊吾的商道畅通，伊吾新城本身也成为丝路北道上一个交易中心。更兼和亲高昌，联络铁勒，臣服西突厥，派往西域诸国的使臣远涉中亚和波斯，隋炀帝有板有眼地打开了通向西域的所有门户，推进着对外关系的发展，迅速迎来丝绸之路新的繁荣。

西巡途中在河西大会西域君长，武威、张掖士女在郡县督课下盛饰纵观，便已经是一高潮，而后这一高潮迅速波及两京。大业六年（610）正月十五日，空前盛大的狂欢活动在长安由安德王杨雄主持，在洛阳由炀帝次子齐王暕主持。洛阳的活动因诸蕃酋长毕集而更为热烈，他们大献方物，"突厥启民以下，皆国主亲来朝贺"。为款待客人，隋炀帝命于皇城端门至外郭城建国门的天津街"盛陈百戏，自海内凡有奇伎，无不总萃"[③]，节目是从全国征集来的。"戏场周围五千步"，正好排满这条宽百余米、长近八里的长街两边，"执丝竹者万八千人，声闻数十

① 魏徵：《隋书》卷 63《刘权传》，第 1504 页。

② 司马光：《资治通鉴》卷 181 大业五年六月，第 5645 页。

③ 魏徵：《隋书》卷 15《音乐志下》，第 381 页。

隋代白釉陶女舞俑

里”[①]。“又勒百官及民士女列坐棚阁而纵观焉”[②]，隋炀帝自己也“数微服往观之”[③]。这场君臣百姓一起参加的中外联欢，“自昏至旦，灯火光烛天地，终月而罢”[④]，一直延续到月底。“百戏之盛，振古无比。”[⑤]一般认为我国历史上元宵佳节始自汉文帝时，而到唐代才成为民间风俗，其实从这大业六年起，庆祝“灯节”的风俗已普及民间，并延续至今，但是知道这是曾经隋炀帝倡导的人，现在已经不多了。

这次活动除了普天同庆盛世的意义外，还有一项实质性的内容是商业贸易。从迢迢千里的丝绸之路和各方来的客人们是讲求经济效益的，当时“诸蕃请入丰都市交易”[⑥]，隋炀帝答应

① 司马光：《资治通鉴》卷181大业六年正月，第5649页。
② 魏徵：《隋书》卷67《裴矩传》，第1581页。
③ 魏徵：《隋书》卷3《炀帝纪上》，第74页。
④ 司马光：《资治通鉴》卷181大业六年正月，第5649页。
⑤ 魏徵：《隋书》卷15《音乐志下》，第381页。
⑥ 司马光：《资治通鉴》卷181大业六年正月，第5649页。

了，“又令三市店肆皆设帷帐，盛列酒食，遣掌蕃率蛮夷与民贸易，所至之处，悉令邀延就坐，醉饱而散。蛮夷嗟叹，谓中国为神仙”[①]。据说当时酒食店都免费招待了胡客，还哄人家说：“中国丰饶，酒食例不取直。”不光是吹了牛，还真做了第一次吃饭不要钱的试验。当时还以缯帛缠树，炫耀富庶，按隋炀帝的脾气，极尽靡费奢华。有聪明的胡客看出破绽，问：“中国亦有贫者，衣不盖形，何如以此物与之，缠树何为？”市人自然是“惭不能答”。[②]这种浮夸的做法，贻笑当时，屡为后人抨击，或许也不能完全抹杀隋炀帝极力提倡发展贸易的苦心。

隋炀帝当时营建东京洛阳，和这时在洛阳接待各国使臣及西域等地的客商，将一向以长安为东端的丝绸之路东延至洛阳，从这里再通过运河和陆海路交通，联系高丽、新罗、百济和日本，又成为一条可称作东丝绸之路的国际新商道。东丝绸之路的开辟虽然也很早，布满运河线的高丽人、日本人的足迹表明，东丝绸之路走向繁荣是和运河连在一起的。横亘亚欧绵亘万里的东西丝绸之路和南北大运河略呈十字形在洛阳相交，这可以代表“宏放之主”隋炀帝的气魄和远略的杰作，是隋代文明的骄傲，当举世讴歌为沟通东西方物质文明和精神文明作出了

---

① 魏徵：《隋书》卷 67《裴矩传》，第 1581 页。

② 司马光：《资治通鉴》卷 181 大业六年正月，第 5649 页。

隋代嵌珍珠宝石金项链

“大动脉”和“历史主轴”式的贡献的丝绸之路时，如何能够忘却那和丝绸之路的规划发展连在一起的一代开拓者的代表隋炀帝的名字呢？

隋朝的繁荣，奠基于隋文帝时代，史称“开皇之治”。确切些说，真正的繁荣出现在开皇末，因为开皇三年（583）时“京师仓廪尚虚”[①]。凿成广通渠后问题也未彻底解决，开皇六年时仍“关中旱，米粟涌贵”[②]。开皇十二年时，虽“有司上言，库藏皆满”，但京辅一带“地少而人众，衣食不给”的问题仍束手无策，以致开皇十四年“关中大旱，人饥”，百姓随皇帝和百官到洛阳“就食”[③]。“上遣左右视民食，得豆屑杂糠以献。上流涕以示群臣，深自咎责，为之

① 魏徵：《隋书》卷24《食货志》，第683页。
② 魏徵：《隋书》卷22《五行志上》，第642页。
③ 魏徵：《隋书》卷24《食货志》，第685页。

不御酒肉，殆将一期。”[①] 直到开皇十七年，“户口滋盛，中外仓库，无不盈积。所有赉给，不逾经费，京司帑屋既充，积于廊庑之下”。十八年“天子遣使，将水工，巡行川源”，疏导治水之后，“自是频有年矣”。经济情况到这开皇十七、十八年时才真正见好。

“炀帝嗣位，天下全盛”[②]，在大业前期，隋代的强盛达到顶点，具体的断年，《资治通鉴》依《隋书》定在大业五年西巡成功之时。《隋书·地理志》称：

> 五年，平定吐谷浑，更置四郡。大凡郡一百九十，县一千二百五十五，户八百九十万七千五百四十六，口四千六百一万九千九百五十六。垦田五千五百八十五万四千四十一顷。其邑居道路，山河沟洫，沙碛咸卤，丘陵阡陌，皆不预焉。东西九千三百里，南北万四千八百一十五里，东南皆至于海，西至且末，北至五原，隋氏之盛，极于此也。

《资治通鉴》简略记为：

① 司马光：《资治通鉴》卷178开皇十四年七月，第5545—5546页。
② 魏徵：《隋书》卷81《高丽传》，第1817页。

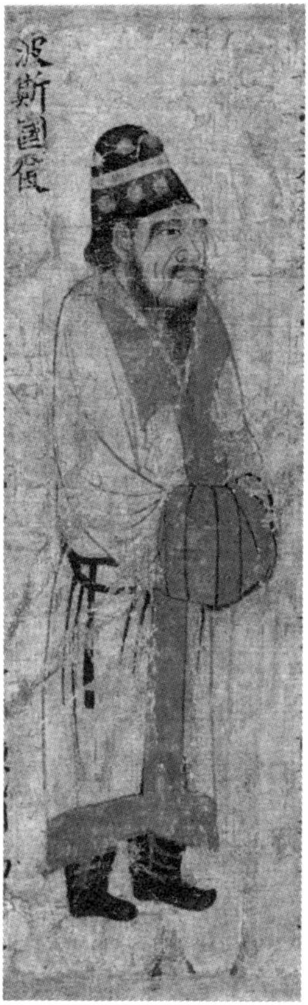

波斯国使

> 是时天下凡有郡一百九十，县一千二百五十五，户八百九十万有奇。东西九千三百里，南北万四千八百一十五里。隋氏之盛，极于此矣。

因此可以断言，隋世的极盛期，应是开皇十七年（597）到大业七年（611）征辽以前的那十五年，隋文帝和隋炀帝治下正好各占一半，七八年的样子。那是个了不得的年代，因为隋代出现的繁荣富庶，甚至是汉唐所不及的空前的奇迹。我们想通过和前后时代作比较的方法来观察和说明它。

以发展速度而言，从汉朝建立（前202）到汉武帝时代（前141—前87），从唐朝建立（618）到唐玄宗开元天宝时代（713—756），汉唐建成盛世都花了七八十年到一百年的时间，隋朝只用了不到二十年。当然汉唐都是在全国性农民战争后建立的，隋朝的建立未经过这样的大动乱，不需要一个休养生息时期的缓慢过渡，起步容易得多，但还是经过了东西和南北的统一战争。即使从北周平北齐统一北方时起计（577），到隋开皇末达到全盛也不过二十年，这个速度在中国历史上是创纪录的。

以人口而言，前引《隋书·地理志》和《资治通鉴》记载的大业五年的户数，若按《隋志》所记各郡县户数统计，户数为九百零七万五千七百九十一[①]，此数虽少于西汉平帝元始二年（2）的一千二百余万户（无汉武帝时的户口统计数），但接近东汉最高的九百余万至一千万户的记录，也与天宝十三载（754）九百零六万户相当[②]。在以劳动人手的体力和经验为基本生产力的时代，

百济国使

①《隋书》卷29《地理志上》中华书局标点本校勘记。又《旧唐书》卷9《玄宗纪》天宝十三载户部计帐，户数为九百六十一万，但与所记课户、不课户的合计数九百一十八万不合，有差误，不取。

② 参见《唐会要》卷84《户口数》。

人口数字在习惯上被用作衡量社会经济承载能力和发展水平的标志之一。隋代大业年间的九百万编户，是汉代之后中国人口的又一峰值，正是长期分裂后新崛起的统一王朝强大的表征。

以财赋而言，庞大的编户数字是国家巨额赋役征发的源泉，代表了空前的国力，隋文帝时代由于国库收大于支，逐渐积累起巨大的物质财富。“炀皇嗣守鸿基，国家殷富”，“户口益多，府库盈溢”[①]，国家经济状况十分景气。这偌大的一份家业，到了隋炀帝手里，变成可以大有作为的资本，于是他致力于种种建设国家的巨大工程和开辟丝路、发展国内外民族关系和国家关系的事业。

“时天下承平，百物丰实”[②]，直至隋末，“所在仓库，犹大充牣”，东都城内，仍“布帛山积”[③]。描述大业年间海内富庶情况的文字很多，尤其是唐初贞观君臣常常论及而载入《贞观政要》的两段文字，人们经常引用。其一是贞观二年（628）唐太宗对黄门侍郎王珪说的话：

> 隋文不怜百姓而惜仓库，比至末年，计天下储积，得

① 魏徵：《隋书》卷24《食货志》，第672、688页。

② 司马光：《资治通鉴》卷180大业三年八月，第5633页。

③ 魏徵：《隋书》卷24《食货志》，第688、689页。

供五六十年。[①]

这是隋文帝留给隋炀帝的家底。其二是贞观十一年（637）侍御史马周上疏陈时政中说的：

隋家贮洛口仓，而李密因之；东京积布帛，王世充据之；西京府库亦为国家之用，至今未尽。[②]

就像我不赞成把隋王朝的富有归为杨坚的所谓“重租政策”一样[③]，我也不大赞成把大业年间府库的充实全归罪为隋炀帝的横征暴敛和残酷剥削，那终究是在农业基础稳固、社会环境安定的条件下人们劳动生产出来的物质财富。在隋炀帝统治的开头一些年中，他规定的课税比隋文帝又有减轻，他还不时蠲免一些租赋，比如：

大业元年（605）七月，制战亡之家免除赋税徭役十年。

同年十月，因幸江都，扬州免除赋税徭役五年，旧扬州总

① 吴兢：《贞观政要》卷 8《辩兴亡》，上海古籍出版社，1984 年，第 256 页。

② 吴兢：《贞观政要》卷 6《奢纵》，第 209 页。

③ 胡戟：《北周与隋代的租额——隋文帝“重租政策”论质疑》，《兰州大学学报（社会科学版）》1984 年第 3 期。

隋代白瓷鸡首壶

管内免除赋税徭役三年。

大业二年四月，因东京成，免天下今年租税。

大业三年四月，颁《大业律令》，关内免除赋税徭役三年。

大业四年八月，出塞巡长城，祠恒岳，车驾所经郡县免一年租调。九月，诏免长城役者一年租赋。

大业五年六月，因西巡河右，陇右诸郡，免除赋税徭役一年，行经之所，免除赋税徭役二年。

大凡大规模工程和巡狩历经之地，都以蠲免赋税等办法给以补偿，给复面相当广，农民是得到实惠的。无疑这一有利于农业生产和社会安定的措施，是大业年间经济继续繁荣的条件之一。

我们无论如何也应该承认，大业前期社会经济的发展已经达到了一个很好的水平。我曾经试分析过唐代的农业劳动生产率，认为唐代粮食亩产量一般为一石至二石，平均不少于一石，折今一亩一百斤略多一点。唐代最盛时，占人口总数近三分之一的二千万农业劳动力，各合有种粮田三十来亩（合今制约二十三点五亩），按亩产一石计，平均每个农业劳动力年产粮约二千四百斤（粟），平均每人占有粮食约七百斤。粮食的人均占有量相当于1988年三百五十九公斤[①]的水平，国库存粮足够全国人口食用三个月。[②]库存粮食达到了当今联合国粮食及农业组织提出的够三个月口粮的目标水平。若今八亿农民按三亿劳动力计算，那么盛唐时每个农业劳动力的年产粮数也非常接近1988年的一千三百公斤的水平了。隋代农业各方面的情况都十分接近盛唐，我们有理由相信，大业前期的农业劳动生产率和上述分析的盛唐水平是非常相似的。

差不多可以说，在中国历史上，只有汉武、盛唐、乾嘉等几个被誉为“盛世”时的经济情况可以与隋朝相媲美，而炀帝时代的繁荣更以宏伟的气势进行着建设与开拓的历史性工程为特色，它对民族国家历史发展的深远影响，是那无为而治休养生息而来的小康日子消费性维持型经济不可同日而语的。可是中国人传统的心理接受的和讴歌的恰恰是后一种没出息的一时

①《信息日报》1989年4月5日载商业部长胡平语。转引自《报刊文摘》1989年4月18日。

② 拙文《从耕三余一说起——我国传统小农经济的生产效率和生产结构问题》，《中国农史》1983年第4期。

温饱，而不是前一种搏击前进。特别是当隋炀帝的历史活动注入了某种不仁的色彩而授人以柄时，他就被埋葬在千百年间异口同声的口诛笔伐中，真是打翻在地再踏上一只脚而永世不得翻身了。

两千年间中国社会的发展缓慢到近于停滞的悲剧，禁锢了思想文化和民族心理；而这种形成传统的文化心理上的障碍，又反过来僵化了社会生活，终于都循环往复，难以前进。隋炀帝时代的闪光就在这样的文化背景下被熄灭了，这个时代竟变成似乎是完完全全的一片黑暗……

可惜了隋代千百万君民共创的那天下承平的文明盛世！

二十三　不祥之兆：二下扬州与张衡之死

大业六年（610）正月十五通宵达旦歌舞百戏，这灯火辉煌开风气的元宵佳节体现着一派国泰民安景象，隋炀帝踌躇满志，写诗一首，题名《正月十五日于通衢建灯夜升南楼》：

法轮天上转，梵声天上来。
灯树千光照，花焰七枝开。
月影凝流水，春风含夜梅。
幡动黄金地，钟发琉璃台。[1]

事后他忽然心血来潮，在当年的日程上又安排了一次南巡。正是“扬州旧处可

---

① 丁福保：《全隋诗》卷1，1916年，第5页。

淹留，台榭高明复好游”[①]。

三月癸亥（二日）出发幸江都宫，四月丁未（十六日）在江都设宴款待江淮以南父老，还给了种种赏赐。

这次在江都期间的一件大事，是对张衡的处置。张衡就是那个仁寿四年（604）在仁寿宫中入寝宫侍疾，有拉杀隋文帝之嫌的人。张衡自开皇初就追随他在河北行台和并州、扬州奔走供职，开皇末张衡作为扬州总管府司马为晋王设计夺宗策，以后又介入仁寿宫之变，官至御史大夫。大业三年隋炀帝北巡回来返洛阳前专程去河内他家，留宴三日，“恩宠莫与为比”[②]。但是再没给这位追随自己近三十年的“藩邸之旧”更高的职位。大业四年，隋炀帝欲扩建汾阳宫，审设计图时张衡进谏：“比年劳役繁多，百姓疲敝，伏愿留神，稍加折损。”隋炀帝很不高兴。后来当着他的面对侍臣说：“张衡自谓由其计画，令我有天下也。”流露出很不满意的意思。于是挑他两个毛病，一是齐王暕违制，私自将伊阙令皇甫诩带进汾阳宫；一是前年祠恒岳时，来谒的父老衣冠不齐。这都被指是宪司失职，于是出张衡为榆林太守。第二年隋炀帝看到他一点没变瘦，认为是没有反省悔过之意，所以对他说：“公甚肥泽，宜且还郡。”仍让他回榆林

① 丁福保：《全隋诗》卷1《江都宫乐歌》，1916年，第2页。

② 魏徵：《隋书》卷56《张衡传》，第1392页。

去。后来调张衡督造江都宫。有人找他告发一个宫监，张衡不仅不予受理，还把告状人递的讼书交给那个宫监，宫监更肆无忌惮地报复告状者。礼部尚书杨玄感奉旨到江都，那个挨了整的人找到杨玄感告状称冤，杨玄感去见张衡，还没提这事，张衡先说了一句“薛道衡真为枉死”，为薛道衡抱不平。杨玄感向隋炀帝打了小报告。江都丞王世充又奏说张衡不断削减专供御用的物品，这不啻是火上添油。隋炀帝大怒，判他披枷戴锁送到江都市上斩首示众，后来才改判除名为民，放还田里。

说到薛道衡，那是个博学才子，“每有所作，南人无不吟诵焉”，还有“关西孔子”的美誉。[①] 杨广为晋王在扬州时想请他入幕，薛道衡不愿在王府供事，回避而去，晋王因此衔恨，“然爱其才，犹颇见礼”。炀帝即位以后，召薛道衡入朝，欲用为秘书监。但他一来便上一道《高祖文皇帝颂》，称颂“高祖龙跃凤翔，濡足授手……不烦二十八将，无假五十二征，曾未逾时，妖逆咸殄，廓氛雾于区宇，出黎元于涂炭”。对隋文帝的赞扬到了无以复加的地步，连“三吴、百越，九江五湖”，也是凭他“天纵神武……一举平定”。全无只字提到当今皇帝当年的功绩。隋炀帝看了心里很不舒服，对苏威说：“道衡致美先朝，此《鱼藻》之义也。”《鱼藻》是《诗经·小雅》中的一篇，内容追怀

① 魏徵：《隋书》卷 57《薛道衡传》，第 1406 页。

武王刺周幽王，是借古讽今的鼻祖。隋炀帝自以为圣明，一向不容忍别人指陈，更何况是在他事业顺利、春风得意之时。于是比秘书监降一级，只任薛道衡作正四品的司隶大夫，还“将置之罪”。[①] 可是薛道衡不听房彦谦劝说，还不肯杜绝宾客，卑辞下气，在皇帝跟前夹起尾巴来做人。正巧议改律令，久不能决，薛道衡又说闲话：如果高颎不死，新令一定早就颁行了。又有人打了报告，隋炀帝发怒：你还想着高颎啊？下令让他自尽，妻子流放且末。还有一种说法：“帝善属文，不欲人出其右。薛道衡死，帝曰：‘更能作空梁落燕泥否！’”[②] 那么是嫉妒其才能而加害于他了。

为薛道衡鸣不平的张衡，最终也难免杀身之祸。大业八年（612），他的小妾又告他“怨望”，于是炀帝下诏赐尽于家。张衡临死呼喊：“我为人作何物事，而望久活！”[③] 差一点道出仁寿宫之变的真相。监刑者是懂得炀帝为何不公开处死张衡的原因的，赶快把自己耳朵堵上，下令快杀张衡。俗话说伴君如伴虎，何况是掌握了隋炀帝隐私的人。在皇帝也没有隐私权的国家里，隋炀帝为了保护自己，就难免动用包括枉杀在内的手段了。

郭衍这次也跟随炀帝南下，他在张衡死前一年，先死在江

① 以上引文见《隋书》卷 57《薛道衡传》，第 1413 页。

② 司马光：《资治通鉴》卷 182 大业九年八月，第 5684 页。

③ 魏徵：《隋书》卷 56《张衡传》，第 1393 页。

都了。杨素更早在大业二年忌医而死。这样仁寿宫之变的当事人只剩宇文述一个了，他已与隋炀帝结成儿女亲家（其子宇文士及娶了隋炀帝唯一的亲生女儿南阳公主），又“善于供奉”，“观望帝意”，“述之宠遇，当时莫与为比”。这个贪鄙小人竟使炀帝“言无不从，势倾朝廷”[①]。大业五年以后，他确实已成为“炀帝身边的小圈子里的一员”，而且是最亲信的一员。可不到十年，隋炀帝就命丧在他另一个儿子——宇文化及的手里。

大业六年张衡除名后，对他落井下石的王世充马上得到加官兼江都宫监，也因善于献媚取宠，备受信任。一个个靠阿谀奉承起家的诡谲小人取代儒生学士，由隋炀帝自己安插在身边，亲信队伍改组得日趋腐败，是炀帝政治的不祥之兆。

隋炀帝大业六年这次下江都做的一件比较有意义的事，是在十二月敕开江南河，按他的老习惯，往往是自己在下面调查后作出决策：“自京口至余杭，八百余里，广十余丈，使可通龙舟，并置驿宫、草顿，欲东巡会稽。”[②] 如前所述，江南运河北起长江南岸的京口（今江苏镇江），东南至杭州西南的大通桥附近入钱塘江，沟通了长江水系和钱塘江水系，至此，全线通航的大运河将淮河、黄河、海河在内的五大水系连成一气，大运河

① 魏徵：《隋书》卷 61《宇文述传》，第 1465 页。

② 司马光：《资治通鉴》卷 181 大业六年十二月，第 5652 页。

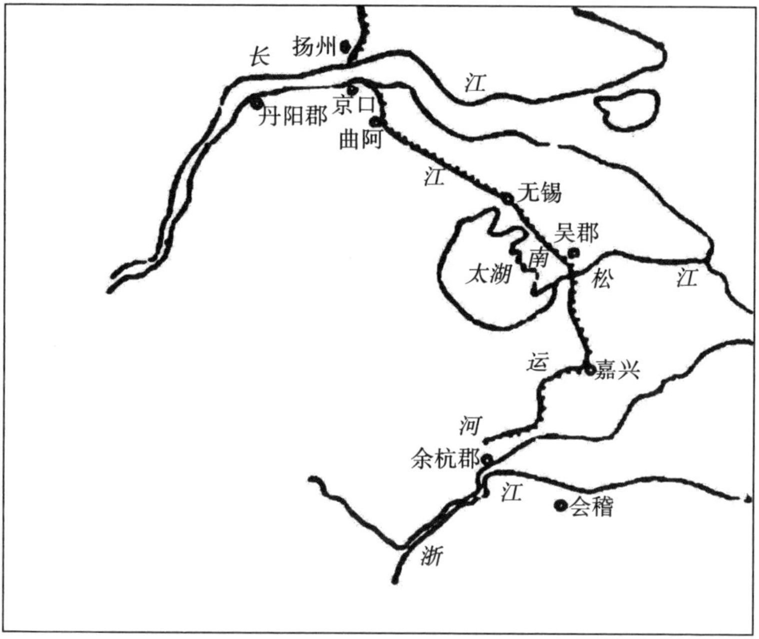

江南运河图

胜利竣工了。

一个巧合是拙稿写到这里时，适逢新闻报导钱塘江与浙东运河沟通的工程竣工的消息。这项工程起自艮山港，东经新塘镇至三堡，包括航道、船闸、围堤、桥梁、闸坝和农田水利设施等一系列工程，航道按五级标准修建，水深二点五米，宽度不划一。1984 年夏，我们的唐宋运河考察队曾前往参观，当时已动工多年，不期这长仅六点九七公里的航道工程到 1989 年才告竣工，前后历时十年！遥想一千三百七十九年前的隋代，似乎是隋炀帝一声号令，就穿凿成八百里江南河，前后这样差异巨大的建设速度，真是使人难以估算隋炀帝的能量了。

二十四 辽东之役：

炀帝与隋朝的历史转折

大业八、九、十那三年，隋炀帝连续三次亲征辽东。实际上，大业四年（608），开永济渠就有为征辽东作交通运输方面准备的意思。大业六年谋讨高丽，大业七年起，他就动员全国的力量投入征辽，这成为他个人的历史转折点，也是隋王朝从极盛急剧转向乱亡的转折点。

为什么隋炀帝这样不惜一切代价一而再，再而三地征辽东、打高丽？我们稍微放开一点历史的视角便可以看到，在他之前的开皇十八年（598），隋文帝派汉王谅率三十万隋军征辽；在他之后的贞观十九年（645）、贞观二十年（646）、二十一年（647）唐太宗三次伐辽，其中贞观十九年那次，还是太宗本人亲征；唐高宗显庆三年（658）、显庆五年（660）和龙朔元年（661）后连年征伐高丽、百济，直至总章元年（668）李勣拔平壤，高丽王降，高丽悉平。且不说隋代之前，仅隋炀帝前后七十年间就有十余次大规模远征，非灭了高丽才罢休。所以征辽东即打高丽，作为隋唐时代几代皇帝共同倾注国力从事的征讨，是不能全以隋炀帝或其他某个个人的原因解释的。

那么，隋唐之际频繁征辽的历史原因是什么？裴矩说隋炀帝攻高丽的一席话道出真谛，可视为那个时代的共识。裴矩的原话是："高丽本箕子所封之地，汉、晋皆为郡县；今乃不臣，别为异域。先帝欲征之久矣，但杨谅不肖，师出无功。当陛下之时，安可不取，使冠带之境，遂为蛮貊之乡乎！""帝从之。"[①] 隋炀帝是赞成他的看法的。这是大业三年隋炀帝北巡至塞外启民可汗帐时君臣间的对话。高丽使者并非偶然地正好也在那里，启民可汗不敢隐瞒，向隋炀帝作了引见。高丽使者出入突厥牙帐这件事非同小可，引起隋室君臣的警觉，引出裴矩上述那席话，隋炀帝当即敕牛弘宣旨高丽使臣：

> 尔还日语高丽王：勿自疑惧，存育之礼，当如启民。

① 司马光：《资治通鉴》卷181大业六年十二月，第5653页。

苟或不朝，将帅启民往巡彼土。①

自南北朝以来，高丽一直实施着联络南朝和北方游牧民族挑衅中原政权的战略，金宝祥先生对此有独到的分析②。为与高丽这一蚕食和半包围的战略抗衡，隋唐政权接连不断地对东北方向用兵，自认为是一场收复故土和反包围的斗争。

当时，朝鲜半岛上有高丽、百济、新罗三个分立的国家，新罗与隋唐政权经常保持着比较友好的关系，百济，特别是高丽，经常与隋唐政权冲突。作为隋唐在这个方向上主要对手的高丽，是一个跨越鸭绿江两岸的古代国家，当时不仅占据着朝鲜半岛北部，还趁魏、晋之乱占据了辽河以东的大片土地，并不时纠合靺鞨、奚、契丹等进犯辽西。隋王朝在北却突厥，南平吴、会，西讨浑庭，诸方大定之后，便把眼光放到东北方向。开皇十八年（598）的征伐，便是对高丽联合靺鞨进攻辽西的反击。这次高丽王高元没有理会隋室通过在突厥的高丽使臣传递回去的信息，隋炀帝便决心讨伐。

在北通涿郡的运河永济渠段修通后，大业六年“诏山东置府，令养马以供军役”，“课天下富人买武马，匹至十万钱；简

① 司马光：《资治通鉴》卷181大业六年十二月，第5653页。

② 金宝祥：《隋史总论》，《西北师范大学学报》1988年第2期。

阅器仗，务令精新”[1]，开始备战。大业七年二月乙亥（十九日），炀帝自江都登舟北上。途中，在二月壬午（二十六日）下诏讨高丽，并敕幽州总管元弘嗣往东莱海口（在今山东莱州）造船三百艘，还发布了总动员令，下诏“总征天下兵，无问远近，俱会于涿”[2]。四月庚午（十五日），隋炀帝乘龙舟由永济渠到达涿郡临朔宫，加紧部署征辽。又发江淮以南水手一万人、弩手三万人、岭南排撑手三万人。五月，又敕河南、淮南、江南造戎车五万乘送高阳（今河北保定），供载运衣甲帐幕，令兵士自挽之，发河南、河北民夫以供军需。七月，“发江、淮以南民夫及船运黎阳及洛口诸仓米至涿郡，舳舻相次千余里，载兵甲及攻取之具，往还在道常数十万人”，“又发民夫运米，积于泸河（今辽宁锦州）、怀远（今辽宁辽阳西北）二镇”。[3]

这做法与十六国时石虎的赵国、慕容皝的北燕同高句丽之间混战时的情况十分相似。东晋咸康四年（338），“赵王虎遣渡辽将军曹伏将青州之众戍海岛，运谷三百万斛以给之；又以船三百艘运谷三十万斛诣高句丽，使典农中郎将王典帅众万余屯田海滨，又令青州造船千艘，以谋击燕”。咸康六年，“赵王虎

① 司马光：《资治通鉴》卷181大业六年十二月，第5653页。

② 司马光：《资治通鉴》卷181大业七年，第5654页。

③ 司马光：《资治通鉴》卷181大业七年，第5654—5656页。

命司、冀、青、徐、幽、并、雍七州之民五丁取三，四丁取二，合邺城旧兵，满五十万，具船万艘，自河通海，运谷千一百万斛于乐安城。徙辽西、北平、渔阳万余户于兖、豫、雍、洛四州之地。自幽州以东至白狼，大兴屯田。悉括取民马，有敢私匿者腰斩，凡得四万余匹……欲以击燕”。[①]都遵循着传统的兵马未动，粮草先行的古训。

大业八年（612），四方兵皆集涿郡，隋炀帝不听谏阻，频频祭告上帝于临朔宫南，社于南桑干水上，祭马祖于蓟城北，下决心亲征。

正月壬午（二日），诏左右各十二军二十四路人马，共一百一十三万三千八百人，号称二百万大军，“其馈运者倍之”，陆续开拔，目标“总集平壤”。从癸未（三日）第一军出发，相去四十里发第二军，二十四军首尾相继，鼓角相闻，旌旗亘九百六十里，再加御营六军，又亘八十里，规模又大大超过当年伐陈之役，所以史籍称：“近古出师之盛，未之有也。”[②]

关于作战方略，三月死于道上的兵部尚书段文振临终前建议：“水潦方降，不可淹迟。唯愿严勒诸军，星驰速发，水陆俱前，出其不意，则平壤孤城，势可拔也。若倾其本根，余城

① 司马光：《资治通鉴》卷96，第3039页。

② 以上引文见《资治通鉴》卷181大业八年，第5660页。

自克；如不时定，脱遇秋霖，深为艰阻，兵粮既竭，强敌在前，靺鞨出后，迟疑不决，非上策也。”[①] 结果被他不幸言中。隋炀帝为防止诸将贪功轻进，竟颁布了一个不许专擅行动，一切要听他指挥的训令，称：

> 今者吊民伐罪，非为功名。诸将或不识朕意，欲轻兵掩袭，孤军独斗，立一身之名以邀勋赏，非大军行法。公等进军，当分为三道，有所攻击，必三道相知，毋得轻军独进，以致失亡。又，凡军事进止，皆须奏闻待报，毋得专擅。[②]

将在外，行动处处受制，一再坐失良机，这仗是没法打的。隋炀帝这道错误的训令，是造成第一次征辽失败的直接原因之一。

正月三日发兵后，至三月癸巳（十四日）炀帝亲莅辽水，诸军会齐，临水结大阵，高丽兵隔水防守。隋炀帝命工部尚书宇文恺造浮桥三道，桥成，但桥身短丈余不及岸，又被高丽兵阻击，左屯卫大将军麦铁杖慷慨赴死，对人说：“丈夫性命自有

① 司马光：《资治通鉴》卷 181 大业八年，第 5661 页。

② 司马光：《资治通鉴》卷 181 大业八年，第 5662 页。

所在，岂能然艾灸頞，瓜蒂歕鼻，治黄不差，而卧死儿女手中乎！”[①] 他自请为前锋，跃上东岸，与虎贲郎将钱士雄、孟金叉等皆阵亡。

隋兵死伤众多，仍不能占领东岸滩头，只好撤回。隋炀帝又命何稠接桥，两日后桥成。诸军相次攻上东岸，展开大战，高丽兵败，死者以万计。隋军乘胜进围辽东城（今辽宁辽阳），炀帝车驾也渡辽到城下。

攻城开始后，高丽兵眼看守不住了，便扬言请降。因炀帝有令，“高丽若降，即宜抚纳，不得纵兵”[②]，诸将只得放弃攻势，驰奏请旨，等命令传达回来，城里又调整好防御兵力，继续抵抗，“如此再三，帝终不寤”，终于坐失战机，辽东城久攻不下，炀帝以死迫胁将士也无济于事。

隋炀帝又派一支江淮水军，由右翊卫大将军来护儿统率，舳舻数百里，浮海先进。溯溴水（今大同江）进至距平壤六十里处，在遭遇战中打败高丽兵，继续乘胜前进，四万精兵在来护儿亲率下直扑平壤城。高丽伏兵于罗郭内空寺中，出击佯败，将隋军诱入城中。隋军纵兵掠城，部伍大乱，高丽伏兵乘机出击，隋军大败，来护儿侥幸逃脱，四万士卒生还者不过数千。

---

① 司马光：《资治通鉴》卷 181 大业八年，第 5661 页。

② 司马光：《资治通鉴》卷 181 大业八年，第 5662—5663 页。

隋军主力在辽东城和平壤两战俱败，其余诸军尚在鸭绿水西，作为后续部队急调前线，人马皆给百日粮，还有排甲、枪矟、衣资、戎具、火幕，人均装备重量在三石以上。人马不胜负荷，虽有严令“士卒有遗弃米粟者斩！”[①]军士们还是偷偷掘坑掩埋，结果走在半路上就要断粮了。高丽大臣乙支文德诈称投降，来观虚实后急速渡鸭绿水而去。诸将为是否追击他又意见纷纭，宇文述也以粮尽欲还。

奉炀帝命有权咨禀节度诸军的右翊卫大将军于仲文说：“仲文此行，固知无功，何则？古之良将能成功者，军中之事，决在一人，今人各有心，何以胜敌！”[②]于仲文的火是冲隋炀帝最宠信的儿女亲家左翊卫大将军宇文述发的。宇文述这才不得已而从之，追击乙支文德。乙支文德见隋军有饥色，便打疲劳战，一接触便佯败，诱隋军追击，一日七战，等隋军东渡萨水（今清川江），到离平壤城三十里处，乙支文德再次遣使诈降，称只要隋军撤退，便奉高丽王高元前往炀帝驻跸处朝见。宇文述见士卒实在疲惫不堪，不能再打了，便答应退兵。撤退途中，高丽兵四面来攻，隋军且战且退。七月壬寅（二十四日）半济萨

---

① 司马光：《资治通鉴》卷181大业八年，第5664页。此每石四钧一百二十斤，三石折今制的一百二十斤。

② 司马光：《资治通鉴》卷181大业八年，第5665页。

水时，高丽兵发起总攻，隋军大败，溃不成军。据《资治通鉴》称，一日一夜后撤四百五十里，逃到鸭绿水才站住脚，殿后的王仁恭打退了高丽兵的追击。此役唯卫文升一军独全，来护儿的水军闻讯也撤了回来。当初渡辽水的九军三十万五千兵，这时回到辽东城的仅有二千七百人，装备也损失殆尽。[①]

隋炀帝怒不可遏，当月癸卯（二十五日）锁系宇文述等引还。这第一次征辽战役，唯在辽水以西拔高丽的武厉逻，置辽东郡和通定镇外，余皆一败涂地，几乎一无所获。从国内形势看，征辽又岂止是一无所获，还搞乱了政治局面，引起天下骚动。一场深刻的亡隋危机，揭开了序幕。农民反抗的原因是显而易见的，征辽的兵徭役征发使得他们难以承受。

仅从大业七年起论，二月壬午下讨高丽诏时，并敕幽州总管元弘嗣“往东莱海口造船三百艘，官吏督役，昼夜立水中，略不敢息，自腰以下皆生蛆，死者什三四”。七月，江淮以南民夫赶往涿郡运米和装备，“往还在道常数十万人，填咽于道，昼夜不绝，死者相枕，臭秽盈路，天下骚动”。征辽还未开始，举国南北都已深深陷入征发备战的苦役中。特别是在赴辽西泸河、怀远二镇的千里运粮道上，“车牛往者皆不返，士卒死亡过半。

①《大业杂记》称宇文述十六万兵，败绩，死者十余万。《隋书·食货志》称“辽东覆败，死者数十万”。

耕稼失时，田畴多荒。加之饥馑，谷价踊贵，东北边尤甚，斗米直数百钱。所运米或粗恶，令民籴而偿之。又发鹿车夫六十余万，二人共推米三石，道途险远，不足充糇粮，至镇，无可输，皆惧罪亡命。重以官吏贪残，因缘侵渔，百姓困穷，财力俱竭，安居则不胜冻馁，死期交急，剽掠则犹得延生，于是始相聚为群盗”。[①]

隋末农民战争终于在《无向辽东浪死歌》的歌声中爆发了。著名的发难者之一是拥众占据长白山（今山东邹平县南）起兵的王薄。他自称“知世郎”，编歌谣煽惑人们奋起反抗，歌曰：

长白山头知世郎，纯着红罗锦背裆。
横稍侵天半，轮刀耀日光。
上山吃獐鹿，下山食牛羊。
忽闻官军至，提剑向前荡。
譬如辽东豕，斩头何所伤。[②]

漳南（今河北故城东）人窦建德，也在河北起兵，很有远见地分析形势说：“文皇帝时，天下殷盛，发百万之众以伐

---

① 以上引文见《资治通鉴》卷181大业十年，第5654—5656页。

② 曾慥：《类说》卷6，文学古籍刊行社，1955年，第437—438页。

高丽，尚为所败。今水潦为灾，百姓困穷，加之往岁西征，行者不归，疮痍未复；主上不恤，乃更发兵亲击高丽，天下必大乱。”他说服逃避应征高丽的孙安祖参加造反：“丈夫不死，当立大功，岂可但为亡虏邪！”[①] 韦城（今河南滑县东南）人翟让、章丘（今山东章丘西北）人杜伏威等相继起兵，一时“所在群盗蜂起，不可胜数，徒众多者至万余人，攻陷城邑”。

十二月甲子（十三日），隋炀帝敕由军队和郡县“相知追捕，随获斩决，然莫能禁止”[②]。另一方面，隋炀帝还没怎么把这初起的分散的小股农民军放在眼里，依旧按计划在翌年大规模再攻辽东。于是农民战争规模越来越大，据统计，在大业八年（612），史籍记载的新起的农民军有二十一支，其中，山东十四支，江淮四支，河南、关中和河西各一支。[③] 由“天下骚动”逐渐发展为燎原之势。

① 司马光：《资治通鉴》卷181大业七年，第5657页。

② 司马光：《资治通鉴》卷181大业七年，第5658页。

③ 唐长孺：《隋唐五代史》“隋末农民起义”条，中国大百科全书出版社，1988年，第329页。

二十五 大局已乱：二征辽东与杨玄感之叛

刚愎自用的隋炀帝，继续藐视拿起刀枪的农民军，还是一心放在征辽上。大业八年（612）八月，他还在返回东都途中，便又下敕往辽西望海顿运黎阳、洛阳、洛口、太原等大粮仓的谷子，派主管粮赋的民部尚书樊子盖留守涿郡，作再次征辽的准备。

大业九年（613）正月丁丑（二日），隋炀帝再次发布总动员令，征天下兵集涿郡。又修辽东古城以贮军粮，“始募民为骁果”[1]，是军事政策方面的一个重大变化，即在府兵为基础的征兵制之外，补充了一支

① 司马光：《资治通鉴》卷 182 大业九年，第 5668 页。

募兵制的骁果。不宜将此事简单地视为因均田制－府兵制破坏，兵员不足而采取的权宜之计，这不仅有适应经济基础的变化，开后代兵制先河的意义，而且在隋末的军事政治中发挥了相当的作用。隋炀帝最后迫不得已用骁果代替番上宿卫的府兵充当禁军，下制“骁果之家蠲免赋役”[①]，尽管在经济上、生活上千方百计满足骁果的要求，但后来骁果还是被宇文化及操纵，成为他发动兵变、杀死隋炀帝所仰仗的兵力，因此骁果成为中外学者瞩目的研究对象。

大业九年三月戊寅（四日），隋炀帝又踏上亲往辽东的征途，行前他对侍臣说：“高丽小虏，侮慢上国，今拔海移山，犹望克果，况此虏乎！”这种不切实际的豪言壮语中，已显露出他偏执狂式的不健康心态。左光禄大夫郭荣劝说的“千钧之弩，不为鼷鼠发机，奈何亲辱万乘以敌小寇乎”[②]的道理，他自然是听不进去了。

四月庚午（二十七日）隋炀帝渡过辽水。这第二次征辽的战役，他作了如下部署：一路主力由复职未久的宇文述和上大将军杨义臣率领，由陆路攻平壤，右骁卫大将军来护儿仍率舟师由东莱海路攻平壤；另一路主力由左光禄大夫王仁恭率领，

---

① 魏徵：《隋书》卷 4《炀帝纪下》，第 85 页。

② 司马光：《资治通鉴》卷 182 大业九年，第 5669 页。

攻新城（今辽宁抚顺北）。王仁恭以一千劲骑击破数万敌军后，高丽兵婴城固守。后继的攻辽东城的隋军主力以飞楼、橦、云梯、地道四面俱进，昼夜不息，而高丽应变抵抗。打了二十余日，隋军攻城不下，双方死伤都很惨重，战事呈胶着状态，不分胜负。隋炀帝这次收回了军事进止必须奏报由他独裁，不许诸将专擅的成命，改变为“帝命诸将攻辽东，听以便宜从事”[①]，允许将领们相机处理军务。他还命攻辽东城的部队造布囊百余万个，满贮土，堆成阔三十步、高与城齐的鱼梁大道，使战士可登而攻城。又命做八轮楼车，更高出城墙，准备俯射城内。新的一轮攻势正在紧锣密鼓中准备。

这时，忽然传来杨玄感起兵造反的消息，打乱了隋炀帝攻辽的全盘计划。杨玄感是已故权臣杨素的嗣子，以父功为柱国，任礼部尚书，“礼遇益隆，颇预朝政”[②]。但他也早就知道隋炀帝的心思，“使素不死，终当夷族”，所以仗着自己累世贵显，在朝文武多父之故吏的关系，蓄谋反隋已久。

隋炀帝第二次征辽时，委他在黎阳督运。他故意逗留漕运，不按时发送，存心制造渡辽诸军的粮食危机。隋炀帝遣使来催促，他托辞水路多盗，不能正常运粮，暗地里从辽东和长安召

① 司马光：《资治通鉴》卷 182 大业九年，第 5671 页。

② 魏徵：《隋书》卷 70《杨玄感传》，第 1616 页。

回他的三个弟弟和李密等人。六月乙巳（三日），杨玄感诈称水军总管来护儿反，率兵据城，大索男夫。造兵甲，置官署，移书傍郡，令发兵会黎阳。纠合少壮运夫五千余人和丹阳、宣城篙梢（船工）三千余人，刑三牲誓众说："主上无道，不以百姓为念，天下骚扰，死辽东者以万计。今与君等起兵以救兆民之弊。"众人踊跃激动得高呼万岁。

杨玄感请李密为他的谋主，李密提出上、中、下三计。上计是："天子出征，远在辽外，去幽州犹隔千里。南有巨海，北有强胡，中间一道，理极艰危。公拥兵出其不意，长驱入蓟，据临渝之险，扼其咽喉。归路既绝，高丽闻之，必蹑其后，不过旬月，资粮皆尽，其众不降则溃，可不战而擒。"中计是："关中四塞，天府之国，虽有卫文升，不足为意。今帅众鼓行而西，经城勿攻，直取长安，收其豪杰，抚其士民，据险而守之。天子虽还，失其根本，可徐图也。"下计是："简精锐，昼夜倍道，袭取东都，以号令四方。

杨玄感像

但恐唐祎告之，先已固守。若引兵攻之，百日不克，天下之兵四面而至，非仆所知也。”在这扼隋炀帝辽东退路、直取长安、袭取东都三策中，杨玄感偏偏选取下计为上策，引兵向洛阳。他的理由是：“今百官家口并在东都，若先取之，足以动其心。”还说“经城不拔，何以示威”。①

杨玄感军从汲郡南渡黄河以后“从乱者如市”，屯兵洛阳上春门时誓：“我身为上柱国，家累巨万金，至于富贵，无所求也。今者不顾破家灭族者，但为天下解倒悬之急，救黎元之命耳。”“众皆悦，诣辕门请自效者，日有数千。”②对于深受征辽之苦的广大民众来说，杨玄感是颇有一点号召力的，但是他迅即失败了，原因有二：一是战略方向抉择错误，以下计为上策，找一块硬骨头啃，攻不下来，自己没有退路；二是统治阶级上层，特别是隋军主力没有发生大的分化，杨玄感军虽迅速发展到五万人、十万人，终究不敌隋炀帝的优势兵力而败亡。③

杨玄感起兵大约半个月之后，隋炀帝才接到报告。知道有

① 以上引文见《资治通鉴》卷182大业九年，第5674页。

② 魏徵：《隋书》卷79《杨玄感传》，第1617页。

③ 收藏于大唐西市博物馆的《唐安墓志》称，唐安“大业八年起家为宣惠尉。会杨玄感志怀枭镜，谋危社稷，首黎阳而作梗，横巩洛以腾气。君壮发冲冠，驰军殉命，鹹如林之众，忽若冰销；溃择□之群，俄然雾廓。以功授建节尉”。代表了社会人士反对杨玄感的主流态度。他们和《隋书》对杨玄感的批判一致。

一批达官子弟参加造反，隋炀帝十分紧张。跟随征辽的兵部侍郎斛斯政，在暗中放走杨玄感的兄弟虎贲郎将杨玄纵、鹰扬郎将杨万石后，自己也于当月戊辰（二十六日）叛逃高丽，将军事机密、作战方案全部泄露给敌方。两天后的庚午（二十八日）夜半二更时，隋炀帝下令秘密撤退，全部军资、器械、攻具、帐幕都按堵不动，弃之而去。高丽虽有所察觉，未敢动作，翌日中午才派出探子，还怕隋军有诈。过了两天，才派数千追兵，远远跟在后面，直到探明隋炀帝已渡过辽水，才抄击隋军后军，杀略数千羸弱残兵。

隋炀帝命陈稜、宇文述、屈突通等将乘传发兵讨杨玄感。来护儿在东莱获悉杨玄感围东都，即日主动回军往洛阳，同时派其次子来弘整驰驿奏闻，使隋炀帝大为高兴。此前，留守长安的刑部尚书卫文升已率四万兵往救东都，留守东都的樊子盖杀戮不肯听命出战的高官，使将吏震悚，令行禁止，顶住了杨玄感精锐的攻城部队。

隋军四面而来，杨玄感在东都城外日陷被动，本来他指望自己振臂一呼，天下响应，不料只有梁郡的韩相国和余杭民刘元进在七月癸未（十一日）起兵呼应，“至于郡县，未有从者”。杨玄感基本上是处于孤军奋战的窘境。他这时又信任一个叫韦福嗣的两面派，李密被冷落，失望地说：“楚公（杨玄感）好反而不欲胜，吾属今为虏矣！”连杨玄感的叔叔万年县令杨岳都

杨岳墓志（左）
唐安墓志（右）

认为杨玄感“知进而不知退，知存而不知亡”[①]，是个成事不足，败事有余的祸害，早就提醒过隋炀帝，这时受连累而死。七月壬辰（二十日），杨玄感解东都围，引兵入关，这才按李密建议的中计行事，可是已耽搁了一个半月，机已错失，时不再来。从高丽撤回来的宇文述等军紧跟其后，准备前边一旦有官军阻

① 见大唐西市博物馆藏《杨岳墓志》。墓志称隋炀帝在辽东返途中曾特别下敕宽免杨岳，但因路途遥远，敕令到达时，杨岳已被处死。

击，便实施前后夹攻。杨玄感军进至今河南三门峡西的陕州弘农宫时，身份可疑的父老出面挽留，诱说：“（弘农）宫城空虚，又多积粟，攻之易下。”弘农太守蔡王杨智积也决定“以计縻之，使不得进”，故意登城骂得杨玄感出火，驻足攻城拼命。李密急谏：“公今诈众西入，军事贵速，况乃追兵将至，安可稽留！若前不得据关，退无所守，大众一散，何以自全！”①杨玄感正在气头上，哪里听得进去。攻城整整三日，攻不下来，这才又西行。到阌乡（今河南灵宝西），被宇文述、卫文升、来护儿、屈突通等官军大部队追上，杨玄感一日三战三败，八月壬寅（初一）又在董杜原大败。杨玄感独与十余骑奔上洛（今陕西商州），绝望之余，命其弟杨积善将他砍死。前后两个月，杨玄感起兵便被平息。

杨玄感起兵，从者十万，连同在三吴和梁郡遥相呼应的刘元进、韩相国，共有二十几万人马，因为公开打出反对征辽，为天下解倒悬之急的旗号，一时颇有声势。可以说，在反隋征辽这一点上，杨玄感起兵的大方向是和农民军一致的，并给了隋末农民战争以切实的推动。另一方面，杨玄感起兵是一次贵族造反，他和谋主李密都出自关陇集团的最高层，还有名将韩擒虎之子韩世谔、观德王杨雄子恭道、虞世基子柔、来护儿子

① 以上引文见《资治通鉴》卷182大业九年，第5681页。

渊、裴蕴子爽、大理卿郑善果子俨、周罗睺子仲等四十余名达官贵族子弟参加。这批衙内的世袭特权在隋炀帝改革官制中受到侵害和剥夺，杨玄感是他们的代表，是站在社会改革的反对派的立场上反隋的。在这一点上，杨玄感这一伙又绝非是进步势力的代表。隋炀帝遭到这批贵族子弟的反对，是他为改革在政治上付出的沉重代价。

二十六 三征辽东：

一场自欺欺人的胜利

大业九年（613）八月，尽管平定了杨玄感为首的贵族子弟造反，但国内大局已乱，“群盗所在皆满”。八月戊申（七日），隋炀帝下诏“盗者籍没其家”，“郡县官因之各专威福，生杀任情矣”[①]。炀帝对内靠恐怖政策维持国内统治，对外仍固执坚持已经闹得天怒人怨的征辽。封建专制政治对至高无上的君权没有有效的制衡机制，只得任凭隋炀帝一意孤行，一错到底，纵使亡隋也无转圜余地。

大业十年（614）二月辛未（三日），隋炀帝又下诏百僚议伐高丽。见皇帝天

① 司马光：《资治通鉴》卷182大业九年，第5688页。

怒难犯，百官全体沉默了数日，竟无一人敢说一句话。辛卯（二十四日）隋炀帝自己下诏，复征天下兵，“百道俱进”[①]，第三次征辽。

三月壬子（十四日），隋炀帝到达涿郡，士卒在道，却是亡者相继。癸亥（二十五日），炀帝至临渝宫，祃祭黄帝，斩叛军以衅鼓，即用叛逃军卒的血来涂军鼓，可是逃亡者仍不止。四月甲午（二十七日），隋炀帝到北平（今河北卢龙），七月癸丑（十七日）才慢腾腾地进到怀远镇，“时天下已乱，所征兵多失期不至”[②]，隋炀帝是强不可为而为之。此役唯有平杨玄感时获褒奖的来护儿所部保持了较高的士气，他的水军随船带粮，有运输条件，战绩稍佳。这时开进到毕奢城（即卑沙城，在今辽宁大连金州区），高丽兵举国来战，被来护儿军打败，隋军准备开往平壤。

高丽在隋军连年攻击下也困弊到极点，高丽王不胜忧惧，七月甲子（二十八日）遣使请降，将斛斯政囚送隋军。隋炀帝总算挽回了一点面子，脸上露出笑意，派出使臣持节召来护儿退兵。

来护儿不肯奉诏，召集部众鼓动说：“三度出兵，未能平

① 魏徵：《隋书》卷4《炀帝纪下》，第87页。

② 司马光：《资治通鉴》卷182大业十年，第5691页。

贼。此还也，不可重来。今高丽困弊，野无青草，以我众战，不日克之。吾欲进兵，径围平壤，取其伪主，献捷而归。”[①]要上表隋炀帝请战。长史崔君肃坚持反对，来护儿以“吾在阃外，事合专决”[②]，用将在外君命有所不受的道理辩解。崔君肃说服不了来护儿，便对众将说，你们要是跟从元帅违拒诏书，我一定要向皇帝报告，你们就都要获罪。厌战情绪早就像瘟疫一样传染到来护儿水军，众将都要求退兵，来护儿无奈，只好奉诏行事，班师回来。

八月己巳（四日），隋炀帝自怀远镇班师。十月丁卯（三日）回到东都，己丑（二十五日）回西京长安，举行告庙仪式，宣示征辽凯旋，告慰列祖列宗。隋炀帝通过跟随入朝的高丽使者转达征高丽王入朝的旨意。高元到底是不会来的，于是隋炀帝又下敕将帅整装待发，更图征伐。当然这不过是做做姿态，如来护儿早料定的，三次征辽之后，不可能再有第四次了。

隋炀帝当然清楚他征辽东的胜利是自欺欺人的，于是将一肚子的怒气冲着那个被解送回来的斛斯政身上发。斛斯政“明悟有器干”，曾受到隋炀帝宠信，用为兵曹郎，即兵部侍郎，让

① 魏徵：《隋书》卷64《来护儿传》，第1516页。

② 魏徵：《隋书》卷64《来护儿传》，第1516页。

他“专掌兵事”[①]。他是北魏太保斛斯椿之孙，与杨玄感的出身背景相似，这两个名门贵族平素交往很深，大业九年（613）杨玄感反前曾与他通谋，临事他又悄悄掩护杨玄纵兄弟从辽东潜回黎阳。料到隋炀帝要追究此事，斛斯政逃亡高丽，大量军事机密被他泄露。仗没法打了，隋炀帝只得立即撤兵回来，自然对这名叛逃的军政大员恨得咬牙切齿。

高丽王将斛斯政囚送回来，表示乞降诚意。隋炀帝将斛斯政押回西京，十月告庙仪式上带他去充作战利品或者牺牲似的展示了一下，十一月将他杀死在金光门外。死刑由宇文述执行，如去年杀杨玄感之弟杨积善一样，“缚诸应刑者于格上，以车轮括其颈，使文武九品以上皆持兵斫射，乱发矢如猬毛，支体糜碎，犹在车轮中”[②]。处死后还不解恨，更残忍地“仍烹其肉，使百官啖之，佞者或啖之至饱，收其余骨，焚而扬之”[③]。为三次征辽东打了一个令人毛骨悚然的句号。

① 魏徵：《隋书》卷60《段文政传》，第1459页

② 司马光：《资治通鉴》卷181大业九年十二月，第5686页。

③ 司马光：《资治通鉴》卷181大业十年十一月，第5692页。

二十七 雁门之围：冒险北巡的代价

大业十年（614）十月告庙，十一月处死斛斯政后，隋炀帝立即安排返回东都，准备再巡突厥。继大业三年、四年之后，北巡也是第三次了。

时至此刻，国内形势已经相当严峻，大业十年八月的一天，隋炀帝从辽东返回途中路过邯郸时，曾被杨公卿率领的一支八千人马的队伍偷袭，驾后第八队被劫去飞黄上厩马四十二匹。御驾尚且遭劫，可见国内情势之紧张。所以要解释清楚大业十一年（615）隋炀帝还要冒险北巡的缘由，是有些困难的。

看来问题出在大业五年（609）亲隋的启民可汗去世，其子咄吉继为始毕可汗后，隋与东突厥的关系发生变化。虽然始毕可汗仍由隋廷册立，他依突厥习惯请尚安义公主，继娶这位父妾为自己妻妾，隋炀帝诏从其俗，隋室与东突厥因此仍维持着翁婿关系，但始毕可汗并不愿执行他父亲启民可汗的遗训，为大隋世世典羊马作牧奴。另一方面，征辽以来，隋室已顾不上照料突厥，像以前一样使之“种种无乏”，相反，素称“有绥怀之略”，被委以“四夷经略”重任的裴矩，在对东突厥的民族政策上出现重大失误。他见突厥始毕可汗部众渐盛，又“献策分其势，欲以宗女嫁其弟叱吉设，拜为南面可汗，叱吉不敢受，始毕闻而渐怨”。分裂东突厥的这一计不成，他更错误诱杀史蜀胡悉。史蜀胡悉是深得始毕可汗宠任的谋臣，裴矩以为杀掉这个多谋略的大臣，便可以削弱突厥，于是“诈与为互市”，将其诱至马邑城下杀掉，还遣使持诏诓始毕可汗说：“史蜀胡悉叛可汗来降，我已相为斩之。”[①] 始毕可汗当然不会轻易上当，了解真相后“由是不朝”。

如今我们掌握的能解释隋炀帝当时还要北巡突厥原因的材料，就是上述这么一点。因为北方是边防的重中之重，为国家安危计，这个方向无论如何不能出问题，隋炀帝便作了再次亲巡的决断。

隋炀帝这次北巡的决心是很大的，当他在大业十年末返回

---

① 以上引文见《资治通鉴》卷 182 大业十一年八月，第 5697 页。

东都，准备再由直道北上太原出巡时，太史令庾质曾苦谏："比岁伐辽，民实劳弊，陛下宜镇抚关内，使百姓尽力农桑，三五年间，四海稍丰实，然后巡省，于事为宜。"① 隋炀帝听他说这扫兴的话，心里很不高兴。庾质又托病不肯跟从，这下激怒了皇帝，庾质被关进监狱，一直到死。

史籍上关于大业十一年（615）北巡一事的记载差舛亦多。《资治通鉴》记是三月己酉（十七日）去太原，四月去汾阳宫避暑的，《隋书·炀帝纪下》是五月己酉（十八日）去太原，避暑汾阳宫的。《大业杂记》："六月，突厥贼入岚城镇抄掠，遣范安贵讨击之，王师败绩，安贵死，百司震惧。"《资治通鉴考异》转述了这条材料，但正文中没有采用。看来正是突厥的这次袭击，促成隋炀帝立即出塞亲巡。《大业杂记》又称："七月，帝幸雁门，先至天池，值雨，山谷泥深二尺，从官狼狈，帐幕多不至，一夜并露坐雨中，至晓多死，宫人无食，贷糒于卫士。"这情景类似《资治通鉴》记在四月幸汾阳宫避暑时发生的情况："宫城迫隘，百官士卒布散山谷间，结草为营而居之。"按天池即在静乐县境内管涔山上，大业四年，隋炀帝在山上环天池筑汾阳宫，所以《大业杂记》与《资治通鉴》这里所述应是一事，出事的时间也似《大业杂记》所说的七月更合理，

① 司马光：《资治通鉴》卷182大业十年十一月，第5692页。

因为四月或《隋纪》所称的五月还不是避暑的季节。八月乙丑（五日）隋炀帝巡至北塞，三天后戊辰（八日）始毕可汗闻讯率数十万骑来袭，义成公主紧急通报了消息，隋炀帝一行急忙回驾驰入雁门，次子齐王杨暕率后军守崞县。次日追赶而来的突厥兵包围了雁门，隋军撤民房为守御。官军频战不利，雁门四十一城被突厥攻克三十九城，只剩雁门、崞县在隋守，城里口粮按标准只够十五万军民两旬支用。突厥猛攻雁门，箭头纷纷落在御前，隋炀帝"大惧，抱赵王杲而泣，目尽肿"[①]。上次出巡启民帐时那份威风一点影子都没有了。

关于战守对策，隋室将相们意见纷纭。左卫大将军宇文述主张皇帝率数千精骑突围。宰相纳言苏威认为放弃城守改用轻骑与敌较量，正好让突厥扬长避短，坚决反对万乘之主轻举妄动。民部尚书樊子盖和苏威意见一样，认为侥幸履险，"一朝狼狈，悔之何及！"主张"据坚城以挫其锐，坐征四方兵使入援"。[②] 虞世基劝帝"重为赏格，亲自抚循，又下诏停辽东之事"[③]。樊子盖也是这意见。萧皇后兄弟内史侍郎萧瑀补充说："将士之意，恐陛下既免突厥之患，还事高丽，若发明诏，谕以

① 司马光：《资治通鉴》卷 182 大业十一年八月，第 5698 页。

② 司马光：《资治通鉴》卷 182 大业十一年八月，第 5698 页。

③ 魏徵：《隋书》卷 67《虞世基传》，第 1572 页。

赦高丽，专讨突厥，则众心皆安，人自为战矣。”[①] 隋炀帝起初想突围，后来听取樊子盖等人意见决定守城，亲自勉励战士：“努力击贼，苟能保全，凡在行陈，勿忧富贵，必不使有司弄刀笔破汝勋劳。”下令：“守城有功者，无官直除六品，赐物百段；有官以次增益。”[②] 于是将士们不惜死伤，踊跃作战，昼夜坚守城池。

甲申（二十四日）隋炀帝又下诏“天下诸郡募兵，于是守令各来赴难”[③]。来勤王的各路兵马中，有后来的唐太宗李世民，这时他年仅十六周岁，隶属屯卫将军云定兴，即故太子杨勇宠妃云昭训之父所部。

东都和诸郡勤王的兵马到达离雁门咫尺之遥的忻口时，义成公主见到隋炀帝派去的求救使臣，便派人报告始毕可汗“北边有急”，诓他退兵。于是始毕可汗在九月甲辰（十五日）即包围雁门三十六天后解围而去。隋炀帝小心地派人探明附近山谷皆空，无胡马，突厥确已退走后，才派出二千骑兵追蹑至马邑，收拾了掉队的二千余突厥老弱残兵，好歹算出了一口窝囊气。

九月丁未（十八日）隋炀帝回到太原。十月辛未（十二日）

① 司马光：《资治通鉴》卷 182 大业十一年八月，第 5698 页。

② 司马光：《资治通鉴》卷 182 大业十一年八月，第 5698 页。

③ 魏徵：《隋书》卷 4《炀帝纪下》，第 89 页。

或十月壬戌（三日）隋炀帝回到东都。他马上故态萌发，又神气起来，对群臣说："突厥狂悖，势何能为！"[①] 苏威则提出当时答应的勋赏太重，宜加斟酌。樊子盖认为不宜失信。隋炀帝反而斥责樊子盖，问他是不是想收买人心，吓得樊子盖再不敢讲话。这次守雁门的将士一万七千人，原答应人人有勋赐，可是兑现得勋者才一千五百人，不到十分之一，给的不过是八九品的秉义尉、立信尉，赏赐一概没有。"会仍议伐高丽，由是将士无不愤怨。"[②]

言而无信是治军治政的大忌。隋炀帝、苏威君臣在勋赐一事上自食其言，还自以为得计，不料仅仅两年半后，江都兵变中起来造反杀隋炀帝的骁果中，便有相当一部分正是当年从雁门下来被夺赐破勋而怨愤填膺的将士。

① 司马光：《资治通鉴》卷 182 大业十一年十月，第 5700 页。

② 司马光：《资治通鉴》卷 182 大业十一年十月，第 5700 页。

二十八　反隋的怒潮：李密与瓦岗军的崛起

大业九年（613）八月杨玄感败死后，李密逃亡，与杨玄感从叔杨询相随，藏匿于关中冯翊（今陕西大荔）杨询的岳父家，因邻人告发被捕，囚于京兆狱中。后与韦福嗣、杨积善、王仲伯等十余人，经东都，同被押解往高阳隋炀帝驻跸处。李密与王仲伯商量设法逃亡，他俩拿出身上所有金宝给押送他们的解差看，说我们死时这些钱财都交给你，烦你为我们办后事，余钱就算酬谢你的大恩大德了。解差高兴地应允了，对他们的防禁渐弛。李密又请解差买酒食，通夜长饮，解差更加放松警惕。行至魏郡（治今河南安阳）的石梁驿（一说在邯郸）时，将解差灌醉后，李密、王仲伯穿墙逃走。自以为有献杨玄感首级之功的杨积善不肯一起逃走，后来受尽酷刑而死。

据韩昱《壶关录》，李密不久又被抓获："大业十一年正月，历亭镇将王该，认形状，获李密，送宇文述。密佯患足疾，防守者一日不行一二十里。忽至一涧，水深岸险，密跛足寅缘，佯足蹶，返扑而坠，乃至良久，状若未苏。防守者又无计下取之，遂以手中枪戟引之。密以手援戟，佯作失势，推戟向水。守者以危岸，手探不住，遂即放却，密即得枪，撾守者二人俱毙，遂投郝孝德于平原。"[①]

平原郡治今山东陵县，郝孝德不肯接纳。李密又找长白山王薄，也不见用。李密一时困乏之极，"至削树皮而食之，匿于淮阳村舍，变姓名，聚徒教授"[②]，又被郡县官吏怀疑拘捕。李密第三次设法逃脱后去找其妹夫雍丘令丘君明，妹夫不敢留他，将他转移到游侠王秀才家。秀才招他为婿，但又被丘君明的从侄丘怀义告发，官府来抓人时李密正好外出得免，而丘君明、王秀才都被害。

两年多流离颠沛的恐怖生活，没有使李密消沉，他的反隋意志反而更加坚定了。这几年里，农民造反虽然方兴未艾，"所

① 司马光：《资治通鉴》卷183大业十二年十月《考异》，第5706—5707页。

② 司马光：《资治通鉴》卷183大业十二年十月，第5707页。

在盗起”，但斗争还十分漫长，局势并不明朗。一方面社会矛盾激化，人们“同苦隋政”，任何一地有人揭竿而起，便有“民苦役者赴之如归”，“百姓从乱者如归市”。另一方面，隋炀帝还控制着强大的军事机器，掌握着战争的主动权。不仅杨玄感起兵时郡县未有从者，即使在和农民军作战时，尽管郡县“望风沮败”，但正规军一调集过来，农民军就难以抵挡。大业九年，在张须陀、王世充军镇压下，王薄、郝孝德、韩相国、管崇、刘元进、朱燮等旋即失败。不过农民军是“败而复聚，其势益盛”①。隋廷单凭武力，已经镇压不下去了。

隋炀帝相应采取的社会政策急剧趋向反动。大业七年农民战争初起，他便于十二月甲子（十三日）下敕命府兵都尉、鹰扬与郡县相知追捕，盗窃以上，不分轻重，随获斩决，是格杀勿论了。大业九年，又诏：“为盗者籍没其家……郡县官因之各专威福，生杀任情矣。”②绳治杨玄感党羽时，隋炀帝竟说：“玄感一呼而从者十万，益知天下人不欲多，多即相聚为盗耳。不尽加诛，无以惩后。”御史大夫裴蕴奉此旨意“峻法治之，所杀三万余人，皆籍没其家，枉死者太半，流徙者六千余人”③。连

① 以上引文见《资治通鉴》卷182大业九年。

② 司马光：《资治通鉴》卷182大业九年，第5688页。

③ 司马光：《资治通鉴》卷182大业九年，第5683页。

当年杨玄感围东都开仓赈给百姓时受米的，也都被坑杀在都城南。对这样残酷的杀戮，“帝大称善”[①]。江都丞王世充发淮南兵数万人，击毙在江南吴地起兵称天子的刘元进后，为招降余众，在通玄寺瑞像前焚香为誓，约定降者不杀。本来打算散逃入海的人听说后都在“旬月之间，归首略尽，世充悉坑之于黄亭涧，死者三万余人”。这么一来“余党复相聚为盗，官军不能讨，以至隋亡”。但隋炀帝还“以世充有将帅才，益加宠任”[②]。

大业十年，隋炀帝仍保持着强大的镇压力量，王世充又大破孟让十余万众于都梁宫（在今江苏盱眙）；关内讨捕大使屈突通斩拥有十万众的刘迦论于上郡（治今陕西富县）；河南道十二郡讨捕大使张须陀逼降齐郡（治今山东济南）左孝友十万众。这时李渊取代了握强兵在陇右的弘化留守元弘嗣，掌握了关右十三郡兵，翌年被正式任命为山西、河东抚慰大使，他也参加了对农民军的讨伐。

大业十一年停止征辽后，隋军主力都投入镇压农民军。二月庚午（七日）隋炀帝下诏：“宜令人悉城居，田随近给，使……穿窬无所厝其奸宄，萑蒲不得聚其逋逃。”[③] 于是郡县驿亭

① 魏徵：《隋书》卷67《裴蕴传》，第1575页。

② 司马光：《资治通鉴》卷182大业九年十二月，第5688页。

③ 魏徵：《隋书》卷4《炀帝纪下》，第89页。

村坞皆筑城，结果自然是“百姓废业，屯集城堡”[1]，对生产力形成一次大破坏。这表明隋统治力量开始龟缩城镇，失去了对广大农村的控制能力。但同时，这种坞堡政策坚壁清野，使原来已经出现的“民皆结堡自固，野无所掠，贼众渐馁”[2]的情况更加严重，农民军在物质保障方面遇到了巨大困难。就是在这样困苦的逆境中，李密经历了两年多逃亡生涯，他冷静地总结杨玄感和许多支农民军失败的教训，寻找着新的战斗道路。

大业十二年（616）李密参加了瓦岗军，从此如鱼得水，宏图大展。

瓦岗军的创始人翟让，早年为东郡法曹，犯了死罪，狱吏黄君汉见他骁勇，是个“可救生民之命”的人才，仗义放他一条生路。大业七年翟让与同郡人徐世勣、单雄信起兵于瓦岗（今河南滑县南），贾雄为军师，邴元真为书记，徐、单为领兵将校。

李密自雍丘再次亡命后，“往来诸帅间，说以取天下之策”，王伯当等逐渐相信了他，并认为“杨氏将灭，李氏将兴”的谶言将应在他身上。李密看到翟让这支力量最有希望，便让王伯当引荐他上了山，又说服了几支队伍归瓦岗。起初翟让对这个

① 魏徵：《隋书》卷24《食货志》，第688页。

② 司马光：《资治通鉴》卷182大业十年十二月，第5693页。

“上柱国、蒲山公”身份的公卿子弟不自立而投奔自己，不免心存戒疑。李密便又结托贾雄为自己说项：“将军姓翟，翟者，泽也，蒲非泽不生，故须将军也。”翟让打消了疑虑，“与密情好日笃”。[①]

后来李密在瓦岗军立了三大功，使孑然一身的他登上瓦岗军寨主的宝座，这并不像一些论著说的那样是这个地主阶级分子搞分裂阴谋得逞的篡夺，几十万瓦岗将士也不是那么好欺骗的。

第一功是破要塞金堤关。在“四海糜沸，不得耕耘”的情况下，李密看到瓦岗军像别的农民军一样，“食无仓廪，唯资野掠，常苦不给”，担心“旷日持久，加以大敌临之，必涣然离散”，于是建议“先取荥阳，休兵馆谷，待士马肥充，然后与人争利”。翟让同意了，于是在大业十二年十月攻下金堤关和荥阳诸县。过去徐世勣也建议翟让：“荥阳（今河南荥阳）、梁郡（今河南商丘），汴水所经，剽行舟，掠商旅，足以自资。”因而“引众入二郡界，掠公私船，资用丰给”。[②]可谓英雄所见略同。“天下大乱，本为饥馑”[③]，粮食问题，是关系农民军存亡兴衰的

① 以上引文见《资治通鉴》卷183大业十二年十月，第5707—5710页。
② 以上引文见《资治通鉴》卷183大业十二年十月，第5708—5710页。
③ 司马光：《资治通鉴》卷184义宁元年九月，第5752页。

第一件大事。隋末农民战争初起时便“水路多盗”[①]，原因是运河线上多运粮船和粮仓，自然就吸引来大批饥民和农民军，可徐世勣他们以前搞剽掠只是一时的权宜之计，并无解决军需的长策，李密则在运河线上攻关占城，使瓦岗军有了保障食粮来源的立足地。

第二功是消灭张须陀。瓦岗军攻占荥阳诸县震惊了隋炀帝，他立即命河南道十二郡讨捕大使张须陀率军反扑，诚然是生命攸关，志在必得。翟让过去几次吃过张须陀的亏，见他又来，大惧，将避之。李密认为不能丢掉这片新得的立足之地，对翟让说，可以一战而擒既骄且狠的张须陀，要翟让只列阵以待，自己担保破敌。李密设伏大海寺北林间，击败张须陀军，而后招呼翟让、徐世勣、王伯当，全军合围隋军。张须陀真是一员勇将，自己四次突围而出，看本部人马没有全突出去，便四次拍马回救，终于力殚阵亡，“河南郡县为之丧气”，而农民军士气大振。胜利后翟让特准李密建牙，独立为蒲山公营。李密治军，“凡号令士卒，虽盛夏，皆如背负霜雪。躬服俭素，所得金宝，悉颁赐麾下，由是人为之用”[②]。

第三功是攻占兴洛仓。瓦岗军攻占荥阳诸县后“资粮粗

① 司马光：《资治通鉴》卷182大业九年四月，第5672页。

② 司马光：《资治通鉴》卷183大业十二年十月，第5711页。

足”，翟让不免有些止足。实际隋军与农民军之间的战斗，在大业十二年（616）末还呈拉锯胶着状态。虽然农民战争已发展到陇西、岭南，已具有全国性的规模，但隋太原留守李渊部仍大破甄翟儿于雀鼠谷（在今山西霍州北）；太仆卿杨义臣和清河郡丞杨善会则大败张金称，并凌迟处死了这位生命不息歌讴不辍的强悍农民军首领；杨义臣还在阵前击斩了高士达。李密此刻非常清醒地看到，决战在即，要取得决胜的把握，必须将各路农民军的力量汇聚起来。这个道理杜伏威也懂，即“力分势弱，常恐被擒，若合为一，则足以敌隋”[①]。杜伏威甚至不惜一战，收服别的农民军听命于他，就是怕分散的势力遭到共同的失败。李密更发展了他以前的观点，看出只有掌握了大粮仓，才有最大的吸引力和凝聚力。他在大业十三年（617）二月对翟让的建议中把这个道理讲得很透彻：“今百姓饥馑，洛口仓多积粟，去都百里有余，将军若亲帅大众，轻行掩袭，彼远未能救，又先无豫备，取之如拾遗耳。比其闻知，吾已获之，发粟以赈穷乏，远近孰不归附！百万之众，一朝可集。”[②]《革命记》中又有这样一段材料，密说让曰：“洛口仓米逾巨亿，请公发一札之令，使

① 司马光：《资治通鉴》卷 182 大业九年末，第 5689 页。

② 司马光：《资治通鉴》卷 183 义宁元年二月，第 5719—5720 页。

密奉之，告诸道英雄，就仓吃米，必当云合响应，受命于公。”[①]李密的眼光瞄准了洛口仓。翟让很佩服李密的见识，表示：“惟君之命，尽力从事，请君先发，仆为后殿。”[②]大业十三年（617）二月庚寅（九日），李密、翟让袭占洛水入黄处的兴洛仓（后改洛口仓）。上面说过，该仓三千窖，每窖粮食八千石，是隋唐第一大仓。

东都隋室的留守官员急了，立即派出虎贲郎将刘长恭等与继张须陀任河南讨捕大使的裴仁基相约，于十一日会于兴洛仓城南。李密、翟让事先得知了这一情报，分出十队精锐八面埋伏，以逸待劳，大败隋军饥兵，使之折损十之五六，辎重器甲全被缴获，瓦岗军声威大震。更兼“开仓恣民所取，老弱襁负，道路相属”[③]，构成一幅隋末农民战争中最激动人心的历史画卷。七个月前隋炀帝三下江都走过这附近时，虞世基曾请发兵屯守洛口仓，隋炀帝还嘲笑他：“卿是书生，定犹恇怯。”[④]这时真把洛口仓丢了，他一定是追悔莫及。

洛口大捷后，李密取得了无可争议的领袖声望，翟让表现得豁达大度，推戴李密为主，称魏公。庚子（十九日）设坛场

① 司马光：《资治通鉴》卷183大业十二年十月《考异》，第5710页。

② 司马光：《资治通鉴》卷183义宁元年二月，第5720页。

③ 司马光：《资治通鉴》卷183义宁元年二月，第5720页。

④ 司马光：《资治通鉴》卷183大业十二年七月，第5706页。

即位，称永平元年。“开仓以振（赈）群盗，众至数十万。”[①]

李密拜翟让为上柱国、司徒、东郡公，单雄信和徐世勣分任左、右武侯大将军，房彦藻和邴元真为左、右长史，杨德方、郑德韬为左、右司马，祖君彦为记室。赵、魏以南，江、淮以北的农民军莫不响应，河南郡县多被李密攻占，连讨捕大使裴仁基，其子裴行俨和原为张须陀骁将的秦叔宝、罗士信和程咬金、赵仁基等将，都纷纷叛隋归降李密，瓦岗寨聚义将士这时基本上都已到位，而隋军的倒戈和郡县归降农民军，显示隋政权无可遏止地在土崩瓦解。

以大业十三年（617）四月瓦岗军进军东都为标志，农民军向隋室发动了决战攻势。丁未（二十六日）李密发布檄文声讨隋炀帝，又掀起一场政治攻势，隋炀帝陷于农民战争的汪洋大海，已无法自拔。

这篇出自祖君彦之手的檄文长达2910字，是一份有名的历史文件，其中“罄南山之竹，书罪未穷；决东海之波，流恶难尽”，传为名句。文中历数隋炀帝十罪，移录于下：

先皇大渐，侍疾禁中，遂为枭獍，便行鸩毒。祸深于莒仆，衅酷于商臣，天地难容，人神嗟愤。州吁安忍，阏

① 魏徵：《隋书》卷4《炀帝纪下》，第92页。

伯日寻，剑阁所以怀凶，晋阳所以兴乱，甸人为罄，淫刑斯逞。夫九族既睦，唐帝阐其钦明；百世本枝，文王表其光大。况复隳壤［坏］盘石，剿绝维城，唇亡齿寒，宁止虞、虢，欲其长久，其可得乎！其罪一也。

禽兽之行，在于聚麀，人伦之体，别于内外。而兰陵公主逼幸告终，谁谓殺首之贤，翻见齐襄之耻。逮于先皇嫔御，并进银镮；诸王子女，咸贮金屋。牝鸡鸣于诘旦，雄雉恣其群飞，袙衣戏陈侯之朝，穹庐同冒顿之寝。爵赏之出，女谒遂成，公卿宣淫，无复纲纪。其罪二也。

平章百姓，一日万机，未晓求衣，昃晷不食。大禹不贵于尺璧，光武不隔于支体，以是忧勤，深虑幽枉。而荒湎于酒，俾昼作夜，式号且呼，甘嗜声伎，常居窟室，每借糟丘。朝谒罕见其身，群臣希睹其面，断决自此不行，敷奏于是停拥。中山千日之饮，酩酊无名；襄阳三雅之杯，留连讵比。又广召良家，充选宫掖，潜为九市，亲驾四驴，自比商人，见要逆旅。殷辛之谴为小，汉灵之罪更轻，内外惊心，遐迩失望。其罪三也。

上栋下宇，著在《易》爻；茅茨采椽，陈诸史籍。圣人本意，惟避风雨，讵待朱玉之华，宁须绨锦之丽。故璇室崇构，商辛以之灭亡；阿房崛起，二世是以倾覆。而不遵古典，不念前章，广立池台，多营宫观，金铺玉户，青琐丹墀，蔽亏日月，隔阂寒暑。穷生人之筋力，罄天下之资财，使鬼尚难为之，劳人固其不可。其罪四也。

公田所彻，不过十亩；人力所供，才止三日。是以轻徭薄赋，不夺农时，宁积于人，无藏于府。而科税繁猥，不知纪极；猛火屡烧，漏卮难满。头会箕敛，逆折十年之租；杼轴其空，日损千金之费。父母不保其赤子，夫妻相弃于匡床，万户则城郭空虚，千里则烟火断灭。西蜀王孙之室，翻同原宪之贫；东海糜竺之家，俄成邓通之鬼。其罪五也。

古先哲王，卜征巡狩，唐虞五载，周则一纪。本欲亲问疾苦，观省风谣，乃复广积薪刍，多备饔饩。年年历览，处处登临，从臣疲弊，供顿辛苦。飘风冻雨，聊窃比于先驱；车辙马迹，遂周行于天下。秦皇之心未已，周穆之意难穷，宴西母而歌云，浮东海而观日。家苦纳秸之勤，人阻来苏之望。且夫天子有道，守在海外，夷不乱华，在德非险。长城之役，战国所为，乃是狙诈之风，非关稽古之法。而追踪秦代，板筑更兴，袭其基墟，延袤万里，尸骸蔽野，血流成河，积怨满于山川，号哭动于天地。其罪六也。

辽水之东，朝鲜之地，《禹贡》以为荒服，周王弃而不臣，示以羁縻，达其声教，苟欲爱人，非求拓土。又强弩末矢，理无穿于鲁缟；冲风余力，讵能动于鸿毛？石田得而无堪，鸡肋啖而何用？而恃众怙力，强兵黩武，惟在并吞，不思长策。夫兵犹火也，不戢将自焚，遂令亿兆夷人，只轮莫返。夫差丧国，实为黄池之盟；苻坚灭身，良由寿春之役。欲捕鸣蝉于前，不知挟弹在后。复矢相顾，髽而成行，义夫切齿，壮士扼腕。其罪七也。

直言启沃，王臣匪躬，惟木从绳，若金须砺。唐尧建鼓，思闻献替之言；夏禹悬鞀，时听箴规之美。而愎谏违卜，蠹贤嫉能，直士正人，皆由屠害。左仆射、齐国公高颎，上柱国、宋国公贺若弼，或文昌上相，或细柳功臣，暂吐良药之言，翻加属镂之赐。龙逢无罪，便遭夏癸之诛；王子何辜，滥被商辛之戮。遂令君子结舌，贤人缄口。指白日而比盛，射苍天而敢欺，不悟国之将亡，不知死之将至。其罪八也。

设官分职，贵在铨衡，察狱问刑，无闻贩鬻。而钱神起论，铜臭为公，梁冀受黄金之蛇，孟佗荐蒲萄之酒。遂使彝伦攸斁，政以贿成，君子在野，小人在位。积薪居上，同汲黯之言；囊钱不如，伤赵壹之赋。其罪九也。

宣尼有言，无信不立，用命赏祖，义岂食言。自昏主嗣位，每岁行幸，南北巡狩，东西征伐。至如浩亹陪跸，东都守固，阌乡野战，雁门解围。自外征夫，不可胜纪，既立功勋，须酬官爵。而志怀翻覆，言行浮诡，危急则勋赏悬授，克定则丝纶不行，异商鞅之颁金，同项王之刓印。芳饵之下，必有悬鱼，惜其重赏，求人死力，走丸逆坂，匹此非难。凡百骁雄，谁不仇怨。至于匹夫蕞尔，宿诺不亏，既在乘舆，二三其德。其罪十也。①

檄文胪列隋炀帝鸩毒先皇、乱伦兽行、沉湎荒政、广建宫室、科税繁猥、巡狩劳民、拓土征辽、拒谏害能、贿政鬻狱、食言无信等十项罪行，称："有一于此，未或不亡。"但这篇檄文，《隋书》的《炀帝纪》《李密传》和《祖君彦传》都失载，《资治通鉴》只提一句，殆因是宣传品，史料价值不高。连魏徵、司马光这些对隋炀帝毫无好感的史家，也不遑收录在他们的著作中。

① 刘昫：《旧唐书》卷53《李密传》，第2212—2215页。

二十九 袭占长安：

李渊的机遇与决断

隋末大规模的反隋武装斗争，无疑是一场以农民为基本队伍的农民战争。“辽东之役，征税百端”[①]，无以复加的苦役暴政，农事荒废造成普遍的饥馑，达到“民始采树皮叶，或捣藁为末，或煮土而食之，诸物皆尽，乃自相食”[②]的惨境，全国农民被逼上造反的路。

社会其他阶层也均以不同方式抱不同目的，卷入了这场造反与镇压的斗争。其中引人注目的是统治阶级最上层中的一批

---

① 司马光：《资治通鉴》卷 184 义宁元年九月，第 5751 页。

② 司马光：《资治通鉴》卷 183 大业十二年末，第 5716 页。

人，这里指的是关陇集团中军事贵族的动向。过去在这个集团中出了西魏、北周、隋三朝统治者，使社会心理上对之有一种莫名的迷信。现在这个集团中一些门第很高的军事新贵，又想借助他们光荣祖先的余荫，跃跃欲试要争当下一朝代的皇帝了。过去的杨玄感，现在的李密、李渊，后来的宇文智及、宇文化及，都是这一类人。他们极大的社会能量，足以使千百万农民的战斗和牺牲再次成为改朝换代的工具。起兵之初尚只有三万人马的李渊，便与李密推让天下，旁若无人，正表现出这些柱国大将军裔孙们的自信。他们影响着这场农民战争，使之又同时具有统治阶级最高层的分裂和统治集团内部争权的性质。

李渊的祖父李虎，是西魏八大柱国之一，属关陇军事贵族的最高门第，出身背景和西魏柱国大将军李弼的曾孙李密十分相像。当杨玄感起兵时，李渊已在涿郡同他未来的妻舅宇文士及密谈过反隋，但这位老谋深算的官僚认为当时时机不成熟而隐忍未发，贸然举兵的杨玄感果然招致了杀身之祸。

李渊并没有动作，但隋炀帝就像不放心那个“左仗下黑色小儿”李密一样，对李渊这个有同样高贵出身的官僚持有戒心。征辽时方士安伽陀对隋炀帝说过：“当有李氏应为天子。”“劝尽诛海内凡姓李者。”[1] 因此在大业十一年三月，隋炀帝将杨隋立国

---

① 魏徵：《隋书》卷37《李穆传附李浑传》，第1120页。

的第一功臣李穆的后人满门抄斩。隋炀帝对李密、李渊这些李姓贵族仍放心不下，担心在他们中间会再出一个亡隋的开国皇帝，就像他父亲杨坚三十年前取代北周时做的一样。李密终于被逼上梁山，参加了杨玄感起兵和瓦岗军，而李渊的日子也不好过。

大业九年（613）杨玄感起兵后，隋炀帝急调卫尉少卿李渊驰往弘化郡（治今甘肃庆阳）接替与杨玄感关系密切的元弘嗣为留守，掌握包括今陕、甘、宁三省区的天水、陇西、金城、枹罕、临洮、汉阳、灵武、朔方、平凉、弘化、延安、雕阴、上郡等关右十三郡兵，但旋即召他前去述职。李渊称病没去，隋炀帝怒责他在后宫的外甥女王氏：你舅为何迟迟不来？王氏回答说有病，炀帝问：死得了死不了？！“渊闻之，惧，因纵酒纳赂以自晦”[①]，靠用刘备的韬晦计保全自己。

大约在大业十一年（615），李渊又被任命为山西河东抚慰大使，在当地主持镇压农民军。其实这块地区并未完全交给他，这年年末，隋炀帝便又派樊子盖耀武扬威地进入晋中，率数万关中兵在绛郡（今山西新绛）围剿敬盘陀等农民军。“不分臧否，自汾水之北，村坞尽焚之，贼有降者皆坑之，百姓怨愤，

① 司马光：《资治通鉴》卷182大业九年八月，第5682页。

郑州刺史李渊造像记（大业二年李渊任郑州刺史，因子李世民患病，李渊为他造像祈福）

益相聚为盗。”[①] 这才不得不又下诏让李渊代樊子盖，给了他抚慰大使的实权。

大业十二年（616）又任命李渊为太原留守，同时指派两名亲信虎贲郎将王威和虎牙郎将高君雅为副留守，监视李渊。王威在前文曾经提及，大业六年（610）他曾接替薛世雄戍守伊吾。李渊和马邑太守王仁恭奉诏反击入寇的突厥兵，大业十三

① 司马光：《资治通鉴》卷 182 大业十一年十二月，第 5701 页。

年（617）春的一次作战失利，隋炀帝又派使者来，要将李渊、王仁恭押送江都。大约是随即发觉这样做不利于控制河东局势，数日后，便又派诏使驰驿而来，宣布赦免他俩，并官复原职。这场反复之间已可见李渊的身家性命和官位都岌岌可危，在朝不虑夕中。

大业十三年（617）三月，谋杀王仁恭后在马邑起兵、投靠突厥的刘武周袭取了汾阳宫，将俘获的宫女送给始毕可汗。好色到不惜以性命徇私欲的李渊，这时也在晋阳宫监裴寂的安排下，以晋阳宫人"私侍"自己，这和丢失汾阳宫都是死罪。走到这一步的李渊，除了反隋，也没有别的路了。

李渊又分别与河东讨捕副使夏侯端、鹰扬府司马许世绪、行军司铠武士彟（武则天生父）及唐宪、唐俭兄弟等分别密商过反隋之事，直至大业十三年四月瓦岗军进攻东都，农民军和官军进入决战阶段时，李渊才认为起兵时机成熟。[①] 因为，不仅隋军主力被各地农民军牵制，而且隋炀帝滞留江都，"在三千里外，加以道路险要，复有他贼据之"[②]。就是说，"道路隔绝"[③]，

① 参见汪篯师《唐太宗》，载《汪篯隋唐史论稿》，中国社会科学出版社，1981年，第78页。

② 司马光：《资治通鉴》卷183义宁元年四月，第5733页。

③ 魏徵：《隋书》卷22《五行志上》，第639页。

已信息不通，隋炀帝失去了控制北方的能力，李渊的机会来了。

跟随在李渊身边的次子李世民，起先大概是背着父亲与晋阳令刘文静和裴寂等密谋起兵，并“倾身下士，散财结客”，联络好逃避辽东之役而亡命在太原的右勋卫长孙顺德（李世民岳父长孙晟的族弟）、右勋侍刘弘基、左亲卫窦琮等人，准备行动。李渊、李世民父子不谋而合，决定诈奉密诏，以击高丽为名，发太原、西河、雁门、马邑民年二十以上、五十以下悉为兵，还公开以防御突厥为名招兵买马。王威、高君雅看出破绽，准备在晋祠祈雨时对李渊下手。晋阳乡长刘世龙向李渊密报了此消息。五月癸亥（十四日）夜，李渊命李世民伏兵于晋阳宫城外，随时进入街衢。甲子（十五日）晨，李渊照常与王、高一起坐堂视事，安排刘文静引开阳府司马刘政会入厅，称有密状告副留守，状纸上说的是王威、高君雅秘密引突厥入寇。不管高君雅如何大声申辩，刘文静与刘弘基、长孙顺德一拥而上，当场将王、高二人抓获下狱。历史上将这一天作为“唐公起义师于太原”[①]的纪念日。

李渊晋阳起兵后的目标是袭取长安，但第一件要做的事情是处理与突厥的关系，否则不要说南下长安有后顾之忧，就是

① 魏徵：《隋书》卷4《炀帝纪下》，第92页。

固守晋阳一隅也未必能够长久。经刘文静等策划，李渊“自为手启，卑辞厚礼”，致书始毕可汗，说明自己“远迎主上（炀帝），复与突厥和亲”的举义宗旨。始毕可汗则表示对隋炀帝不再信任，“隋主为人，我所知也，若迎以来，必害唐公而击我无疑矣。苟唐公自为天子，我当不避盛暑，以兵马助之”。得悉突厥明确的支持表态后，李渊与裴寂等议定，“改易旗帜，杂用绛白，以示突厥”。隋用红旗，突厥白旗，绛白旗表示两事之，走折中的路。李渊承认这是“掩耳盗钟”，“然逼于时事，不得不尔”。[①] 后来还答应“若入长安，民众土地入唐公，金玉缯帛归突厥”[②]，以换取突厥的合作。始毕可汗爽快地送来战马两千匹，这对李渊的唐军是一极大的支持。李渊这一段实际称臣突厥的历史可以理解，但不光彩，唐代史臣曾曲笔隐晦，真相已经陈寅恪先生考辨，大白于世。[③]

善处同李密的关系也很重要，因为李密掌握着最强大的一支反隋武装，而且近在东都，不用数日便可打到长安或太原。为避免“更生一敌”，李渊又同李密书信来往，“卑辞推奖”，称

① 司马光：《资治通鉴》卷184义宁元年六月，第5737—5738页。

② 司马光：《资治通鉴》卷184义宁元年七月，第5742页。

③ 陈寅恪：《论唐高祖称臣于突厥事》，载《寒柳堂集》，上海古籍出版社，1980年，第97—108页。

自己愿“欣戴大弟，攀鳞附翼。唯弟早膺图箓，以宁兆民”，自己只求“属籍见容，复封于唐，斯荣足矣”。哄得李密高兴，以为“唐公见推，天下不足定矣！”一心鏖战东都，拼掉隋军主力，为李渊作嫁衣。李渊达到了“骄其志，使为我塞成皋之道，缀东都之兵，我得专意西征”[①]的目的。

对隋室的决策，是尊炀帝为太上皇，立代王为帝，先走这一步，往下再看。

六月，在河东（治今山西永济西）护家的长子建成、三子元吉和在长安的女婿柴绍被秘密召回太原后，便发兵小试，先拔西河（治今山西汾阳），而后挥师南下。由于采取杨玄感、李密都未能采取的径直攻入关中的战略，和接纳农民军，对应募的奴仆和良人同样论功行赏的政策，方方面面的关系都处理得比较妥帖。向关中的进军，除了在霍邑一度受阻外相当顺利，在占领华阴永丰仓和朝邑长春宫（在今陕西大荔朝邑镇）后，“关中士民归之者如市”[②]。六月从太原出发时李渊只有三万人马，到攻至长安城下时已是二十余万的大军了。

十一月丙辰（九日）唐军攻入京城，按原议遥尊炀帝为太上皇，壬戌（十五日），正式举行了立元德太子杨昭的第三子

① 司马光：《资治通鉴》卷184义宁元年七月，第5743页。

② 司马光：《资治通鉴》卷184义宁元年九月，第5756页。

代王侑为帝的仪式，改元义宁。早在攻城前李渊便严令约束诸军："毋得犯七庙及代王、宗室，违者夷三族！"[①] 入城后又"约法十二条，悉除隋苛禁"[②]，但是不放弃"志在尊隋"[③]"翼戴皇室"[④] 的旗号，留有余地，等待局势的进一步发展。

---

① 司马光：《资治通鉴》卷 184 义宁元年十月，第 5761 页。

② 司马光：《资治通鉴》卷 184 义宁元年十一月，第 5762 页。

③ 司马光：《资治通鉴》卷 184 义宁元年七月，第 5743 页。

④ 魏徵：《隋书》卷 5《恭帝纪》，第 99 页。

三十 北还无日：三下扬州的无奈与疯狂

我们已经久违了本书的主人公，现在转回来说他。

从雁门侥幸脱身回到东都的隋炀帝，精神上开始垮台。他再无心张罗国事，剩下要做的只是对付风起云涌的农民战争，使他的王朝得以苟延残喘。但是当“河南、山东大水，饿殍满野”时，他“诏开黎阳仓赈之”，也因“吏不时给”而办不到了，只好眼看着“死者日数万人”[1] 而束手无策。

以他的聪明，不难看出黑云压城，风雨满楼，大厦将倾的前景。世事茫茫，懒得穷技应付，再去推动那架被腐蚀坏了的

---

① 司马光:《资治通鉴》卷184义宁元年九月，第5752页。发大水和赈济事应在此前。

官僚机器运转起来挽救危亡，他转而想到要尽情地享受一下人生，把青少年时的简朴和当皇帝以后的操劳奔波中失去的生活弥补回来。后人津津乐道的隋炀帝的艳事，大多是按这时传下的逸闻史料铺叙夸张而成的。

他似乎知道要与他精心规划建造的心爱的东都洛阳永别了，于是连连出游。《资治通鉴》记在大业元年（605）的西苑十六院的情景：

> 每院以四品夫人主之，堂殿楼观，穷极华丽。宫树秋冬凋落，则翦彩为华叶，缀于枝条，色渝则易以新者，常如阳春。沼内亦翦彩为荷芰菱芡，乘舆游幸，则去冰而布之。十六院竞以肴羞精丽相高，求市恩宠。上好以月夜从宫女数千骑游西苑，作《清夜游曲》，于马上奏之。[①]

我颇疑是这大业末年的事情。一次有明确日期的记载是大业十二年三月上巳节："帝与群臣饮于西苑水上，命学士杜宝撰《水饰图经》，采古水事七十二，使朝散大夫黄衮以木为之，间以妓航、酒船，人物自动如生，钟磬筝瑟，能成音曲。"[②]要的

① 司马光：《资治通鉴》卷180大业元年五月，第5620页。这里提到秋冬和冰，便不是大业元年的事了，因为是年八月炀帝即离开东都下江南。

② 司马光：《资治通鉴》卷183大业十二年，第5702页。

又是机器人式的玩意儿。这与他书房中能自动启闭帷帘的飞天，能起伏叩拜陪他饮酒的木偶柳謍，还有能行动的观风行殿，都是留在机械史上的谜。

四月的一天，洛阳宫中大业殿西院着火，隋炀帝以为有盗，惊慌出逃，进入西苑，藏匿草间，直到灭火后查明没事才回宫。他已如惊弓之鸟。传说自大业八年以后，他便“每夜眠恒惊悸，云有贼，令数妇人摇抚，乃得眠”[①]。心理上和生理上都已不很正常了。

不过此时玩兴还大。五月，更有放萤火夜游之举。“上于景华宫征求萤火，得数斛，夜出游山，放之，光遍岩谷。”[②]又玩出了新名堂。这件事后来唐太宗也提起过，贞观八年（634）他对侍臣说起隋炀帝幸甘泉宫，怪无萤火，敕云：“捉取少多，于宫照夜。”不料“所司遽遣数千人采拾，送五百轝于宫侧”[③]。唐太宗将此事是作为“人君之言不可容易”，即皇帝不可以随便讲话的例子说的。你让“捉取少多”，要一点儿，下面奉迎拍马的办事人员会兴师动众送五百轝，搞一大堆来，事情常常坏在下面这些人身上。

东都虽好，已非久留之地。隋炀帝预感这里将成为农民战争争夺的中心，便作南迁打算。早在大业十一年从雁门脱身回

---

① 司马光：《资治通鉴》卷183大业十二年，第5703页。

② 魏徵：《隋书》卷4《炀帝纪下》，第90页。

③ 此处引文据《资治通鉴》卷183《考异》，第5703页。

到洛阳的当月，他就已下诏江都，命更造龙舟水殿数千艘以备南巡，制度规模比原来还要大。原来的船都在前年杨玄感叛乱时被烧掉了。

大业十二年正月，又下诏毗陵（治今江苏常州）通守路道德集十郡兵数万人于郡东南起宫苑，周围十二里，内为十六离宫，大抵仿东都西苑之制，规模自然小得多了，但“奇丽过之”，一心要将他得意的西苑搬到江南去。

这年七月，江都新造的龙舟完工，送到东都。隋炀帝和宇文述迫不及待地张罗第三次下江都。右候卫大将军赵才进谏，以“百姓疲劳，府藏空竭，盗贼蜂起”[①]为由，劝阻炀帝，希望他还京师以安黎民。

炀帝大怒，把他关了十几天，火气消了才放他出去。自此以后，名位较高的朝臣们见隋炀帝南下决心已定，没有敢再吭声的，倒是一个叫任宗的正六品建节尉上书极谏，当即被杖杀于朝堂。

七月甲子（十日），隋炀帝登上龙舟，第三次往江都而去。临行，故作多情地留诗赠别洛阳宫女，“我梦江都好，征辽亦偶然。但存颜色在，离别只今年”。不料这时又有两名不识相的从九品小吏奉信郎崔民象、王爱仁站出来劝阻江都之行。崔民象

① 司马光：《资治通鉴》卷183大业十二年七月，第5705页。

扬州观音山，据传隋炀帝在此建迷楼

在洛阳建国门挡驾，隋炀帝大怒，“先解其颐，然后斩之”[1]。王爱仁在汜水上表，请炀帝还西京，隋炀帝又斩之而行。

到梁郡（治今河南商丘），有当地人驾前上书说：“陛下若遂幸江都，天下非陛下之有！”[2]隋炀帝对他们格杀勿论。真是一路走，一路杀，发疯似的赶往江都他的归宿地而去。这一路

① 司马光：《资治通鉴》卷183大业十二年七月，第5705页。

② 司马光：《资治通鉴》卷183大业十二年七月，第5706页。

扬州观音山鉴楼，楼名寓意以炀帝为鉴

的血腥气，完全不是当年浩浩荡荡的景象了。无论怎样批判前两次下江都的豪奢，那终归还是有炫耀中原天子气派，震慑江南人心的效果的。可现在这架势，虽然还有龙舟乘坐，倒更像是落荒而逃了。

隋炀帝到江都之后，更加放荡不羁，命岁贡童女，由王世充挑选江淮民间美女充实后宫，他和吴绛仙、韩俊娥一班绝色才女一起歌吟他创作的艳诗《春江花月夜》：“暮江平不动，春花满正开。流波将月去，潮水带星来。”沉浸在声色淫乐之中。

不光是他自己，对身边男女之间的苟且之事，他也一向很放任。当年在洛阳西苑，便“于苑中林亭间盛陈酒馔，敕燕王倓与（萧）钜、（宇文）皛及高祖嫔御为一席，僧、尼、道士、女官为一席，帝与诸宠姬为一席，略相连接，罢朝即从之宴饮，更相劝侑，酒酣殽乱，靡所不至，以是为常。杨氏妇女之美者，往往进御。皛出入宫掖，不限门禁。至于妃嫔、公主皆有丑声，帝亦不之罪也”[①]。现在更加放纵。他也没忘了侍卫的骁果，乱拉江都境内寡妇、处女给配对。“恣将士所取，或先与奸者听自首，即以配之。”[②]

隋炀帝不顾一切地放纵玩乐，酒卮不离口，从姬千余人亦常醉。他天天策杖步游，非夜不止，汲汲顾景，唯恐不足。对他朝思暮想的江都美好风光，真是怎么看也看不够了，这其中大概是寄托着对他青年时事业和爱情起步的老地方的无限眷恋。

究竟是落花流水春去也，既然“道路隔绝……遂无还心”[③]，后来连在江都他都没有安全感了，打算利用长江天堑为屏障，移住江南，放出“将逊于江左”[④]的口风，并在大业十二年（616）正月命筑毗陵宫苑，大业十三年（617）十一月起丹阳宫。丹阳郡治所在今江苏南京，《隋书·五行志上》和《大业杂记》卷五有关于丹阳宫的记述。他还欲筑宫于会稽（治今浙江绍兴），因乱，会稽宫没有修成，终于到了他干不成什么事的时候了。当时人们迷信的谶语歌谣又兴起，一首《桃李章》这样

① 司马光：《资治通鉴》卷181大业六年正月，第5650页。

② 司马光：《资治通鉴》卷184义宁元年九月，第5751页。

③ 魏徵：《隋书》卷22《五行志上》，第639页。

④ 魏徵：《隋书》卷4《炀帝纪下》，第93页。

吟唱逆境中的隋炀帝："桃李子，皇后绕扬州，宛转花园里。勿浪语，谁道许！"[①]这是对皇帝、皇后在扬州，北还无日，将转于沟壑，葬身江都的不祥预言，还隐约点出许公宇文化及将是他的掘墓人。

无可奈何的隋炀帝百无聊赖地打发余日，有一天照着镜子，忽然对萧后说："好头颈，谁当斫之！"[②]无论这是不是玩世不恭的谑语，反正这时他连生生死死都看得很淡薄。他似乎已在功业、享乐上都满意地过完了自己的一生，无所谓地面对死亡的到来。

① 司马光:《资治通鉴》卷 183 大业十二年十月，第 5709 页。

② 司马光:《资治通鉴》卷 185 武德元年，第 5775 页。

三十一 鼓城阁之变：隋炀帝的败亡

隋炀帝放弃西归长安的打算，引起禁卫部队的恐慌和不满，因为“从驾骁果多关中人，久客羁旅，见帝无西意，谋欲叛归”[①]。隋炀帝“括江都人女寡妇，以配从兵”[②]，也不能打消骁果们对家乡父老妻儿的思念之情。总领骁果的头目武贲郎将司马德戡“风闻兵士欲叛”，派校尉元武达私下去弄清骁果的意图，决心加以利用，找来跟他相好的武贲郎将元礼、监门直阁裴虔通，用煽动性的语言说：“今闻陛下欲筑宫丹阳，势不还矣。所部骁果，莫不思归，

① 魏徵：《隋书》卷85《宇文化及传》，第1888页。

② 魏徵：《隋书》卷4《炀帝纪下》，第93页。

人人耦语，并谋逃去。我欲言之，陛下性忌，恶闻兵走，即恐先事见诛。今知而不言，其后事发，又当族灭我矣。进退为戮，将如之何？”又说：“我闻关中陷没，李孝常以华阴叛，陛下收其二弟，将尽杀之。吾等家属在西，安得无此虑也！”商量来商量去自是进退无路可走，于是决定反叛，“骁果若走，可与俱去”[①]。他们又联络了内史舍人元敏，鹰扬郎将孟秉，符玺郎李覆、牛方裕，直长许弘仁、薛世良，城门郎唐奉义，医正张恺，武勇郎将赵行枢，千牛李孝本，其弟李孝质，勋侍杨士览等，有这些人便可打通宫廷政变的各个关节。于是通过宇文智及会见宇文化及，约定“三月十五日举兵同叛，劫十二卫武马，虏掠居人财物，结党西归”。宇文智及野心勃勃，认为不能一走了事，还要夺取皇权，说：“当今天实丧隋，英雄并起，同心叛者已数万人，因行大事，此帝王业也。”[②]此议得到司马德戡赞同，又约定奉宇文化及为主。

宇文化及是宇文述长子，祖父宇文盛是北周上柱国，和杨坚一样是出自武川的关陇军事贵族高门，这在时人心目中，是个有资格问鼎的身份。其弟宇文士及娶南阳公主，攀上皇亲的宇文化及更加凶险骄恣。他从小不循法度，“乘肥挟弹”，在街

① 魏徵：《隋书》卷85《宇文化及传》，第1889页。

② 魏徵：《隋书》卷85《宇文化及传》，第1889页。

上横冲直撞，是京城有名的“轻薄公子”。做官以后，数次受贿，再三免官。大业三年（607）跟随炀帝北巡时，化及、智及兄弟俩“违禁与突厥交市”，惹怒隋炀帝，被囚禁数月。回到东京青门外时，将他“解衣辫发”，准备处死后再进城，终因为是女儿南阳公主大兄哥的关系，最后还是没有开刀，将他和智及赐给其父宇文述为奴。

此后宇文化及沉寂了十年。大业十二年（616）十月宇文述去世，隋炀帝为告慰这位自己最宠信的亲家公的亡灵，命宇文化及袭爵许国公，用为右屯卫将军，智及为将作少监。一年多之后，当司马德戡等表示拥戴他这位出身关陇集团的将门嗣子为反隋之主时，化及“初闻大惧，色动流汗，久之乃定”，战战兢兢地进入了角色。

大业十四年（618）三月乙卯（十日），司马德戡还怕众心不一，又设计了一场骗局来胁迫骁果叛乱，由许弘仁和医正张恺“出言惑众”，称：“陛下闻说骁果欲叛，多酝毒酒。因享会尽鸩杀之，独与南人留此。”谣言一放出，骁果“谋叛逾急”。

三月十日半夜，司马德戡在江都东城内集合数万兵，举火与城外相应。隋炀帝察觉有动静，问是何事，裴虔通谎报：“草坊被烧，外人救火，故喧嚣耳。”[①] 一手遮掩过去。

---

① 以上引文见《隋书》卷85《宇文化及传》。

也许是该隋炀帝走到末路了，当时有两拨人来向他告变，都没有成功。一是他孙子燕王倓（元德太子次子）来叩宫门，“宇文化及弑逆之际，倓觉变，欲入奏，恐露其事，因与梁公萧钜、千牛宇文皛等穿芳林门侧水窦而入。至玄武门，诡奏曰：‘臣卒中恶，命县俄顷，请得面辞，死无所恨。’冀以见帝，为司宫者所遏，竟不得闻。俄而难作，为贼所害，时年十六”[①]。另一拨是裴蕴等，“及司马德戡将为乱，江阳长张惠绍夜驰告之。蕴共惠绍谋，欲矫诏发郭下兵民，尽取荣公来护儿节度，收在外逆党宇文化及等，仍发羽林殿脚，遣范富娄等入自西苑，取梁公萧钜及燕王处分，扣门援帝。谋议已定，遣报虞世基。世基疑反者不实，抑其计。须臾，难作，蕴叹曰：‘谋及播郎，竟误人事。’遂见害”[②]。可能以上两拨人马其实是一事，本来有统一的行动计划，因徒有潘陆之才的书生虞世基的贻误，燕王只得亲自叩宫报警，终因司宫者有意或无意地阻遏，隋炀帝消息不通，失去了平抑叛乱的最后时机。

当夜，乱党城门郎唐奉义主闭城门，他和裴虔通商量好，“诸门皆不下钥”[③]。三更之后，司马德戡集合好数万叛军，孟秉、

① 魏徵：《隋书》卷59《燕王倓传》，第1438页。

② 魏徵：《隋书》卷67《裴蕴传》，第1576—1577页。

③ 魏徵：《隋书》卷85《宇文化及传》，第1889页。

宇文智及等千余人先由城外进入，劫持负责昼夜巡察的候卫虎贲冯普乐，分派叛军把守郭下街巷。至翌日五更时，司马德戡将一部分兵士交给裴虔通，更换诸门卫士，裴虔通自己打开没加锁的宫门，领数百骑冲入成象殿，杀死怒斥乱军的右屯卫将军独孤盛。武贲郎将元礼引导军队继续深入宫中，宿卫军士都跑散。裴虔通率军驰入永巷，问隋炀帝所在，宫中一美人指示“在西阁”，军队跟她去抓皇帝。隋炀帝隔窗问裴虔通：“卿非我故人乎！何恨而反？”裴虔通回答：“臣不敢反，但将士思归，奉陛下还京师耳。”炀帝答应：“与汝归。”双方这些话都是应酬文章，裴虔通在抓获炀帝后，便率兵将他看守起来。天亮以后，孟秉以甲骑前去迎接宇文化及。“化及未知事果，战栗不能言，人有来谒之者，但低头据鞍，答云‘罪过’。”[①] 一副连反叛勇气都没有的软骨头相。

宇文化及到宫城门时，司马德戡将他引入朝堂，决定先将炀帝拉出江都宫门示众，而后带回，派令狐行达弑帝于宫中。隋炀帝坚持让把马鞍换成新的，才跟他们走了这一趟。回来后在寝殿内执行时，隋炀帝年仅十二岁的小儿子赵王杲在身边“号恸不已”。隋炀帝眼看着裴虔通举刀将自己这个爱子斩于

---

① 魏徵：《隋书》卷85《宇文化及传》，第1890页。

萧皇后凤冠仿制品

跟前，“血湔御服”[①]。接着，又要向隋炀帝下手，隋炀帝喝住刽子手，讲：“诸侯之血入地，尚大旱，况天子乎！”[②]天子自有天子的死法，叫拿鸩酒来。他对此早有准备，曾嘱姬妾们：“若贼至，汝曹当先饮之，然后我饮。”[③]但这时慌乱中，身边人逃散了，找不到毒药，于是自己解下练巾授令狐行达，缢死身亡，时为三月丙辰（十一日），算留了个全尸。

五个月后改葬时开棺装殓，人们惊奇地发现遗容安详，与

① 魏徵：《隋书》卷59《赵王杲传》，第1444页。

② 佚名：《炀帝海山记》，载《历代小史》卷6，哈佛大学燕京图书馆藏本。

③ 司马光：《资治通鉴》卷185武德元年三月，第5781—5782页。

隋炀帝衣冠冢

平日无异，他平静地迎接了死亡。就这样，年仅五十岁的隋炀帝，在江都宫西阁的温室中结束了他不可谓不是轰轰烈烈的一生。时人也把这个事变称作“鼓城阁之变”。

隋炀帝在承认“我实负百姓”之后长辞人世，萧后默默地为与自己相伴了三十五年的夫君料理后事，与宫人一起撤漆床板为小棺，将炀帝和赵王杲同殡于西院流珠堂。蜀王秀及其七男，齐王暕及其二子并燕王倓，同日遇害。隋氏宗室、外戚，无少长皆死，株连了一大片。被杀的还有虞世基、裴蕴、来护儿、袁充、宇文协、宇文皛、萧钜等人及他们的儿子。

事平后，给事郎许善心不肯随百官一起诣朝堂拜贺宇文化及，其侄许弘仁来劝也不听，被擒至朝堂。又释放他让走时，仍不肯谢，于是也被杀害。其母范氏，九十二岁了，抚柩不哭，说："能死国难，吾有子矣！"[①] 自己也不再进食，十余日死，追随儿子而去，悲壮地为隋炀帝殉葬。

更壮烈的是朱贵人，危难中唯她在隋炀帝身边，勇敢地挺身而出指责叛军："'三日前，帝虑侍卫秋寒，诏宫人悉絮袍裤，帝自临视，造数千袍，两日毕工，前日赐公等岂不知也，尔等何敢逼胁乘舆！'……大骂不息，为乱兵所杀。"[②] 慷慨赴死。我们的这位风流天子还赢得一位红颜知己杀身以殉。

作乱的骁果中，有些是被威胁进去的，宇文化及摆驾北还行至显福宫时，战死在辽东的麦铁杖之子虎贲郎将麦孟才和虎牙郎将钱杰找折冲郎将沈光密商，说我们受先帝厚恩，可现在低头侍奉仇人，受其驱使，有何面目活在世上，我一定要杀了他，死无所恨！沈光听了感动地对麦孟才说，这正是期望于将军的。于是相约恩旧，在晨起出发时袭击宇文化及。不料语泄事败，司马德戡率兵镇压，杀沈光和麦孟才，他们手下数百

① 司马光：《资治通鉴》卷185武德元年三月，第5783页。

② 佚名：《炀帝海山记》，载《历代小史》卷6，哈佛大学燕京图书馆藏本。

人都战斗至死，无一降者。这又是一部分骁果将士，以死报其故主。

还有隋官如南阳郡丞吕子臧、河间郡丞王琮、幽州总管罗艺，长年为隋守，听到炀帝死讯，发丧成礼，率吏民临哭尽哀以后才归降唐朝或窦建德。隋将尧君素守河东，唐军久攻不下，屡劝不降，把他妻子带到城下来劝："隋室已亡，君何自苦！"尧君素说："天下名义，非妇人所知！"[①]拉弓放箭，射其妻子。最后粟尽粮绝，被手下人害死，甘心做个守死不移的隋室忠臣。

三支主力农民军，也均以自己的方式表达了对已故隋炀帝的哀悼。

杜伏威拒绝宇文化及授予的历阳太守的官职，仍上表于隋皇泰主杨侗（元德太子杨昭子），受皇泰主封为楚王。窦建德称："吾为隋民，隋为吾君，今宇文化及弑逆，乃吾仇也，吾不可以不讨！"发兵擒杀宇文化及并其二子，还尽斩逆党宇文智及、杨士览、元武达、许弘仁、孟景（司马德戡和张恺此前已死于内讧）。谒见隋萧皇后时称臣，为炀帝发丧，"素服哭炀帝尽哀"[②]。李密临阵面责宇文化及："主上失德，不能死谏，反行

① 司马光：《资治通鉴》卷186武德元年十二月，第5827页。
② 司马光：《资治通鉴》卷187武德二年二月，第5841—5842页。

弑逆……天地所不容。”[①] 倾其劲卒良马拼掉那十余万众的叛军，使窦建德得以一战而擒灭宇文化及。李密的瓦岗军为此元气大伤，旋败于王世充，不得已投降了唐朝，即使如此，也未见李密有后悔打宇文化及这一仗的言行。

隋炀帝之死，在宫廷内外举国上下甚至农民军中还有这一类反应，非常耐人寻味，它折射着我们泱泱礼仪大国古代文明的丰富特色，也应使我们看到，当时人们心目中的隋炀帝，是一位能慑服人心的大皇帝，除了暴君的一面之外，还有令人敬仰，吸引人追随的一面，在他身上寄托着对一度辉煌的大业盛世的记忆和怀念。即如李渊，在长安得到隋炀帝死讯时，也“哭之恸”，表示：“吾北面事人，失道不能救，敢忘哀乎！”[②]

武德元年（618）八月，得到唐高祖李渊准许，隋炀帝的爱将江都太守陈稜找到炀帝灵柩，奉梓宫于成象殿，粗备天子仪卫，改葬隋炀帝于江都宫西吴公台下。“发敛之始，容貌若生，众咸异之。”[③] 九月，李渊追谥前朝皇帝、自己的姨表兄为炀帝，按谥法，“好内远礼炀，去礼远众炀”，这自然不是一个好的评价。武德二年（619）六月，曾正式下诏葬隋帝及子孙，但因江

① 司马光：《资治通鉴》卷185武德元年六月，第5797页。

② 司马光：《资治通鉴》卷185武德元年四月，第5791页。

③ 魏徵：《隋书》卷4《炀帝纪下》，第94页。

都还被李子通占据，未能执行。直至武德五年（622）八月全国基本平定后，才正式改葬隋炀帝于扬州雷塘。

雷塘就在吴公台东边不远处，古邗沟水从这里静静地淌过。我曾评价隋炀帝：“当他的名字和大运河连在一起的时候，他便是不朽的了。”[①] 让他长眠在这大运河畔，应是对这位大皇帝莫大的慰藉。

涟漪荡漾的运河水轻轻拍岸，水声浪涛伴随着他，他真是不能再有什么遗憾了。只是随着雷塘畔古邗沟的干涸，这里的炀帝陵渐渐被人忘却了。清嘉庆十二年（1807），扬州巡抚阮元，这位文物古迹的有心人，经过考察，认定在今扬州城西北槐泗镇槐二村一座背靠蜀岗的荒冢便是隋炀帝陵，便重新为他竖起一块陵碑。人们望着这座杂草丛生，高不及二丈的荒冢，抚弄着那半截在土中的毛石碑，都不免感慨不已，这就是那位“慨然慕秦皇、汉武之功”[②]，又更想“掩吞秦、汉”[③]，“志包宇宙”[④]，甚至自诩“吾当跨三皇，超五帝，下视商周，使万世不可

① 胡戟：《千秋功罪说隋炀》，载《运河访古》，上海人民出版社，1986 年，第 76 页。

② 司马光：《资治通鉴》卷 180 大业三年十月，第 5635 页。

③ 魏徵：《隋书》卷 83《西域传》，第 1859 页。

④ 魏徵：《隋书》卷 81《东夷传》，第 1828 页。

及”[1]的隋炀帝的归宿？人们不禁会被激发起无限的思古幽情，在心中轻轻吟诵晚唐诗人罗隐的《炀帝陵》：

入郭登桥出郭船，红楼日日柳年年。
君王忍把平陈业，只博雷塘数亩田。

① 佚名：《炀帝海山记》，载《历代小史》卷6，哈佛大学燕京图书馆藏本。

附论　曹庄隋炀帝墓

2013年3月报纸上发布了扬州发现有隋炀帝墓志的墓葬的消息，七个月后又进一步发消息，并称国家文物局组织的专家组，认定是隋炀帝最后的埋葬地。于是前述阮元考定的位于扬州市邗江区槐泗镇隋炀西路的隋炀帝陵被称为“伪陵”。

新发现的扬州市邗江区曹庄墓葬，发现于中星海上紫郡楼盘工地，是一个中小型的砖墓，墓室、耳室和甬道三部分合在一起才四十平方米。出土一方贞观元年（627）的《随故炀帝墓志》，还有十三环玉带、编钟、铺首等文物，但是没有棺椁尸骨。

文物局新闻发布会新提供的炀帝墓的材料，仅仅是两颗牙齿！但是宣布这是十余位权威专家认定的隋炀帝最后的葬地。两颗五十岁人的牙齿说是隋炀帝的，旁边一具据测是五十六岁以上女性的尸骨，虽没有玉册墓志，仍被认为可能是隋炀帝死

十三环蹀躞金玉带

后近三十年八十岁时去世的萧后。然而，埋在侧室的被认为是“萧妃”的尸骨，亦无棺椁能够保存，而“隋炀帝”尸骨，除了两颗牙齿却荡然无存，是说不过去的。人们不能不怀疑棺椁和尸骨都朽烂到无影无踪的说法，质疑隋炀帝最后是否埋到这里。

至关重要的墓志，还是没有全文或全石的照片发表。据说可辨的文字只有“随故炀帝墓志。惟随大业十四年太岁……一日，帝崩于扬州江都县……于流珠堂。其年八月……西陵荆棘芜……永异苍梧……贞观元年……朔……葬炀……礼也”。并无官方正式安葬的字样。去现场看了的小婿常晓勇见告，墓志后面没有字，当时就没刻完！

没有棺椁尸骨和玉册，只凭十三环玉带、编钟、门环等文物，便认为可以“坐实”该处是隋炀帝、萧后最后的正式埋葬地，显然不妥。

这事从一开始就有争论。作家马伯庸从墓志年号“随大业十四年”提出质疑。电影剧本《隋炀帝》的作者丁家桐和扬州大学教授李文才支持马伯庸的质疑。而据称扬州考古研究所和当地学者赞成十几位权威专家的意见：这里是唐太宗时给隋炀帝安排的最后的埋葬地，贞观二十年（646）三月萧后去世，也葬入此地。

知道我有不同看法，江苏的一些媒体和《华商日报》《北京日报》陆续采访了我。

我根据当时的人事政治和丧葬礼仪，认为曹庄墓不可能是正式的隋炀帝最后埋葬地，只是他的一些亲信追随者为他做的一个衣冠冢。

因为有墓志，此处应是隋炀帝的一个墓，但对认定是隋炀帝最后的葬地的意见，我提出几点疑问。除了墓室和墓志的寒酸，我的疑点主要是：

一、为什么在正史上有时日记载的唐高祖时第三次正式将隋炀帝安葬在雷塘仅仅五年之后，又有这次改葬？

二、墓志的石质看来很坚实，为何字迹如此漫漶难辨？一般从墓里新出的墓志，字迹都完好如初，即使经过盗墓，盗墓贼也不会耐烦去磨掉铭文。

三、炀帝墓室里为何只有两颗牙齿，棺椁尸骨全无痕迹？即使被盗过，盗洞多大，能把棺椁弄出去吗？

隋炀帝墓志

四、墓里的女性尸骨，鉴定为大于五十六岁，与去世时虚岁八十一的萧后相差二十多岁，怎么就认定是萧后的尸骨呢？

五、从披露的墓志铭内容看，没有奉敕撰文和受派主办丧事的官员姓名。按说当年李渊得到隋炀帝死讯后还“哭之恸”，说些“吾北面事人，失道不能救，敢忘哀乎”的话，给这位前代皇帝、姨表兄弟以礼葬是一定的。唐太宗和他更是亲上加亲。《资治通鉴》卷198记载，贞观二十二年三月“庚子，隋萧后卒，诏复其位号，谥曰愍；使三品护葬，备卤簿仪卫，送至江都，与炀帝合葬”。特派三品高官备卤簿仪卫护送去江都，却葬得那样简陋，能交代吗？

萧后去世距濮王泰与胞兄承乾争太子位而被两废的贞观十七年（643）仅三年，虽然他们的九弟，长孙皇后生的第三子李治被舅舅长孙无忌保送上太子位，但是唐太宗看好的是第四子李恪，以为类己，有意立储。李恪受到鼓舞，与李治争太子位的风头正健。这李恪的生母杨妃是萧后所生，也就是说，唐太宗有将天下还给隋炀帝外孙的想法。这时去世的萧妃，既是唐太宗的亲姨妈，又是老岳母，亲王外孙正得宠，她的葬礼一定不会怠慢。可现在被认定的萧妃墓，规模可怜，不要说没有玉册，连棺椁墓志都没有，甚至没有任何陪葬品，怎么理解？

六、最后一大疑问是上文说的雷塘和这墓地有什么关系。有人说这里和相距六点五公里的槐泗镇雷塘乡，当时都属范围很大的雷塘，有什么根据？

我想用一个大胆的假设，对以上疑问做一股脑儿的解释。

这新发现的隋炀帝墓不假，是一群好事者为之。他或他们原是隋炀帝身边的亲信，与在被宇文化及裹挟北上途中为隋炀帝复仇发难的沈光、麦孟才等全部战死，无一降者的数百骁果一样，矢忠于隋炀帝。他或他们手里有隋炀帝生前用的十三环玉带。当初李穆劝进时给杨坚送这东西表示拥戴，可知它是皇帝专用的东西。他或他们还有编钟等宫中重器，甚至手里还有近五十岁的隋炀帝生前的落齿。古人有保存头发、牙齿用以安葬或造衣冠冢的习惯。这时他或他们起意以牙齿为主，私葬隋炀帝，正好又有一个以死殉隋炀帝的朱贵儿式的宫人去世，或者找来的就是朱贵儿的遗骸，附葬在旁。没法给他们准备玉册，于是偷偷请人做墓志，书写镌刻得很马虎匆忙。如此一来，自然就没有什么“萧后”了，埋葬的地方自也不必是雷塘。世人并不知此事，自然都以雷塘为隋炀帝最后的归宿。这个义冢默默地等来 2013 年的重见天日。

地方上可能为了发展旅游业，匆匆给这墓定性，指望有轰动效应，不想想这样没做考古工作，就否定了热心文物古迹调查的清代扬州大儒阮元考定的雷塘墓，是不严谨的，况且将那个已经费力打造的炀帝陵景区当作“伪陵”报废，经济上也得不偿失吧。

好在国家文物局专家组的负责人刘庆柱算我学弟，保留着北大人宽容不同意见的雅量，只说我和他们的争论，是中医、西医的不同。但真相只有一个，还是希望讨论明白。

隋炀帝大事年表

568 年

时政大事　祖父柱国、大司空杨忠死，父杨坚袭爵隋国公。

569 年

杨广履历　出生。

572 年

杨广履历　四岁。

时政大事　周武帝杀宇文护亲政。

573 年

杨广履历　五岁。

时政大事　长姐杨丽华为周太子妃。

577 年

杨广履历 九岁。随父在博陵。

时政大事 北周灭北齐统一北方。杨坚为定州总管。

578 年

杨广履历 十岁。为雁门郡公。

时政大事 周武帝死，周宣帝立。杨妃为皇后，杨坚为上柱国、大司马。

580 年

杨广履历 十二岁。

时政大事 周宣帝死，周静帝年幼，杨坚入总朝政，平三方叛乱。

581 年

杨广履历 十三岁。封晋王，拜柱国，出任并州总管。

时政大事 杨坚称帝建隋，北周亡。

582 年

杨广履历 十四岁。任河北道行台尚书令，进位上柱国。

时政大事 突厥四十万兵攻隋，大掠边郡。

583 年

杨广履历 十五岁。

时政大事 杨爽等出塞反击突厥取胜。

584 年

杨广履历 十六岁。娶萧妃。请乘衅图突厥，不许。

时政大事 梁主萧岿朝长安，议亲，饯于霸上。关中凿广通渠。关内饥。驾幸洛阳。

585 年

杨广履历 十七岁。奉诏以兵援沙钵略，给以衣食。

时政大事 大索貌阅，作输籍法。突厥内乱，沙钵略可汗度漠南称臣为藩附。

586 年

杨广履历 十八岁。入为雍州牧、内史令。

587 年

杨广履历 十九岁。

时政大事 江淮间开山阳渎。沙钵略死。废梁国。

588 年

杨广履历 二十岁，出任淮南道行台尚书令。为行军元帅，统帅平陈诸军，发《遗陈尚书江总檄》。

时政大事 下诏伐陈，九十总管五十一万八千大军誓师出发，自长江上、中、下游攻陈。

589 年

杨广履历 二十一岁。坐镇桃叶山指挥平陈，入城斩五佞，命陈叔宝致书上江、岭南，陈国皆平。返京献俘，拜太尉。改任并州总管。

时政大事 隋军渡江总攻占领建康，俘陈后主，陈亡。

590 年

杨广履历 二十二岁。徙扬州总管，与杨素平叛。

时政大事 江南豪强叛乱被平定。

591 年

杨广履历 二十三岁。从戒师智和尚受菩萨戒。王府学士多引南人。

时政大事 太子杨勇妃元氏暴亡。

594 年

杨广履历 二十六岁。

时政大事 关中大旱，隋文帝率臣民就食洛阳。

595 年

杨广履历 二十七岁。随祠太山。领武侯大将军。

时政大事 以岁旱祠太山，大赦天下。

596 年

杨广履历 二十八岁。归藩。

597 年

杨广履历 二十九岁。

时政大事 史万岁击平西宁羌。诏褒兴隋功臣李穆、高颎等十七人。

598 年

杨广履历 三十岁。

时政大事 高丽兵侵辽西。杨谅为元帅率三十万军伐高丽，败归。

599 年

杨广履历 三十一岁。入朝。

时政大事 突厥利可汗奔隋。立为启民可汗，妻以义成公主。高颎免官。上柱国李彻死。

600 年

杨广履历 三十二岁。为行军元帅，出灵武击破突厥。立为皇太子。

时政大事 四弟杨俊病死。太子杨勇废为庶人。

601 年

杨广履历 三十三岁。

时政大事 废州县学，颁舍利于诸州。

602 年

杨广履历 三十四岁。

时政大事 杨素军击突厥，达头可汗远遁。独孤皇后死。三弟杨秀废为庶人。杨素被疏夺实权。

603 年

杨广履历 三十五岁。

时政大事 启民可汗归国，尽有达头可汗所部铁勒、仆骨十余部众。

604 年

杨广履历 三十六岁。继皇帝位。至洛阳。

时政大事 隋文帝死于仁寿宫。缢杀故太子杨勇。五弟汉王谅反，败死。诏除妇人及奴婢之课，男子二十二岁成丁。发丁男数十万掘堑，诏营建东京。

605 年

杨广履历 三十七岁。乘龙舟下江都。

时政大事 立萧妃为皇后。诏宇文恺等建东京，每月役丁二百万。徙诸州富商大贾数万家于东京。发河南、淮北民前后百余万开通济渠，淮南民十余万开邗沟。刘方攻入林邑国都。筑洛阳西苑。诏兴办教育，拔擢人才。

606 年

杨广履历 三十八岁。发江都，自伊阙陈法驾入东京。

时政大事 东京成。遣十使并省州县。迁江南六千余家部京户入东京。凿东都漕渠入洛。制百官不得计考增级。杨素绝医死。建洛口仓、回洛仓。

607 年

杨广履历 三十九岁。还长安，北巡到榆林观渔，渡河巡启民可汗牙帐。返太原，由直道过济源张衡家回东京。

时政大事 朱宽访流求。颁行《大业律》。改度量权衡。改上柱国以下官为九大夫散职。废九等爵，唯留王、公、侯三等。发河北丁男开太行驰道。发丁男百余万筑榆林、紫河间长城。诛高颎、贺若弼。河北工艺户三千余家入东都。使裴矩掌西域互市。

608 年

杨广履历 四十岁。由五原出塞巡长城，祠恒岳。命蓝田悟真寺净业和尚教授日本留学生、学问僧。

时政大事 发河北百余万众开永济渠。倭国小野妹子使隋，答问大国惟新之化，遣裴世清随小野妹子大使回访倭国。发丁男二十余万筑榆谷东长城。宇文述击吐谷浑。常骏使赤土。朱宽再次慰抚流求。小野妹子再次使隋。薛世雄击伊吾，筑城留兵戍守。

609 年

杨广履历 四十一岁。自东都还京师。西巡河右，经大斗拔谷至燕支山。会见高昌王麹伯雅等二十七国君长。还京师。

入东都。

时政大事 诏天下均田。制魏、周官不得为荫。合围吐谷浑于覆袁川，伏允南遁，置西海、河源、鄯善、且末四郡。突厥启民可汗死，立始毕可汗。是年全国一百九十郡，一千二百五十五县，八百九十万户，四千六百万口。隋氏之盛，极于此。

610 年

杨广履历 四十二岁。洛阳元宵夜微服观灯。二下江都。

时政大事 诸蕃客商入丰都市交易。陈稜、张镇周击流求。诏唯有功勋得赐封。开京口至余杭八百里江南河。

611 年

杨广履历 四十三岁。自江都乘龙舟至涿郡。会见西突厥处罗可汗。

时政大事 下诏讨高丽，征天下兵会于涿郡。王薄作《无向辽东浪死歌》，农民战争爆发。诏追捕，随获斩决。

612 年

杨广履历 四十四岁。亲征高丽至辽水，独裁军事进止，贻误战机。还东都。

时政大事 处罗可汗称炀帝为圣人可汗，表示臣服。发一百一十三万大军征高丽，攻辽东城、平壤俱败，置辽东郡还。诏勋官不得回授文武职事。杀张衡于家。

613 年

杨广履历 四十五岁。第二次亲征高丽，渡辽水。返途过博陵，追忆高祖皇帝。

时政大事 再度征兵征辽，始募民为骁果。发丁男十万筑大兴城。攻辽东新城，二十余日不克。杨玄感在黎阳起兵，征辽军撤回。杨玄感围东都、弘农，不克败死。李渊驰代元弘嗣为弘化留守。建洛阳东城。杜伏威起兵。

615 年

杨广履历 四十七岁。第三次北巡。到太原、汾阳宫避暑。在雁门被突厥围，脱身返东都。

时政大事 修撰新书三十一部，万七千余卷。整理正御本三万七千余卷。诏民悉城居，百姓废业。族灭李浑家。李渊任山西河东抚慰大使。裴矩诱杀突厥谋臣史蜀胡悉，始毕可汗率数十万骑围攻雁门。三十六天后撤。诏更造龙舟。

616年

杨广履历 四十八岁。上巳节与群臣饮于西苑。放萤火夜游。三下江都。

时政大事 修毗陵宫苑。李密入瓦岗军。破金堤关，消灭张须陀。李渊为太原留守。

617年

杨广履历 四十九岁。括江都妇女配骁果。起宫丹阳，将逊于江左。

时政大事 窦建德据乐寿称王。瓦岗军袭占兴洛仓，李密称魏公。进攻东都，发布讨隋檄文。刘武周取汾阳宫。李渊、李世民起兵晋阳，攻入长安。立代王杨侑为帝。遥尊炀帝为太上皇。

618年

杨广履历 五十岁。死于江都宫变。隋亡。

时政大事 司马德戡等胁迫骁果叛乱，事宇文化及为主。缢杀炀帝。李渊称帝长安，建唐朝。

后　记

千余年来，在旧史家和文学家的通力合作下，隋炀帝的面目被大大地丑化了，他同武则天一样，被泼了最多的脏水。确实，鉴戒史学使命所在，谁愿冒天下之大不韪，去为一个亡国之君说话呢？人们都是信奉现实的政治需要高于信史原则的。

文学家们更早就懂得票房价值，小市民喜欢什么，他们就编什么，于是从《南部烟花录》到《隋炀帝艳史》，还有《炀帝开河记》《海山记》《迷楼记》等，不一而足。这些都只为告诉人们，隋炀帝是个最坏的皇帝，一个终日花天酒地、荒淫寻乐的无道昏君。

令人不解的是隋炀帝起码还开过一条运河啊！那明打明的是一直为国为民出着大力的功德。在古代，外国有金字塔、空中花园等七大奇迹，中国也有万里长城和兵马俑等惊世之作，但它们多数是神像和帝王陵墓花园，只有亚历山大港的灯塔是引航设施，万里长城仅有单纯的防御功能，恐怕世界上哪一项古代工程的社会历史价值，都不能和像一道彩虹沟通了中国南北、荷载着古老的黄土文明奔向蔚蓝色世界的大运河相比。开这么条迄今为止世界上最长的人工运河，是一个一无是处的昏君能办的事吗？更有甚者，习惯株连的中国人，又反过来让大运河受隋炀帝不好的名声连累，滔滔运河水被视为亡国祸水，似乎只因为载过他乘坐的美女拉纤的龙舟就变得淫荡，变得污浊，从来就神气不起来，得不到应有的评价。抱残守缺的士大夫们热衷讴歌的只是几千年一贯制的男耕女织，宁可要死水一潭式的平静和凝固不变的生活，以为这是维持皇权统治万世不坠的治国良方。

配合运河，隋炀帝还建东都，以适应经济重心南移和东盛西衰的趋势，在国土开发史上迈出了历史性的一步。又再通西域，发展丝路贸易，调整田令，统一度量衡，在经济上建树甚伟。

他早年平陈平叛，坐镇江都，对结束三百年的南北分裂有功。后又西巡东征，实施发展统一国家的战略。征辽一事非议最多，但若按祖君彦檄文的观点，始终恪守辽河为界，那么东北的大部今天便是版图外的异域。还有官制改革和影响深远的创设科举，隋炀帝无疑是中国历史上一位重要的改革家，是最有作为的古代历史人物之一。在他执政的大业前期，出现过一个极盛的治世。

然而他也是一个被专制政治体制戕害的天才，无限膨胀的权力，促成他犯下失之于暴的重大过失，致使盛世急剧衰败。南北朝分裂势力的余孽乘势作乱，规模空前的农民战争和饥荒造成数以千万计生命的死亡，给隋朝人民带来深重灾难，这同样是不能不由他承担主要责任的历史罪恶。

大发展的历史机遇成就了他，他又轻易毁掉了历史继续前进的势头，当他横暴地剥夺了他的臣民的生存权利时，他自己的末日也就到了。

往后的历史，一时灾难深重，但很快就恢复了前进的势头，继续朝他开创的路走下去。在贞观之治的战略中，我们不难看到，唐太宗是跟在隋炀帝之后亦步亦趋的。不仅以隋为镜，而且以隋为师。

隋炀帝在晚年是个暴君，但他首先是一个顺应潮流的战略家。功是功，过是过，青史才有公道。如果史学家按一善遮百丑或一罪抵百功的陋规去思考历史，在这样一个简单明白的事情上也失去了分辨是非曲直的能力，成了只会歌功颂德的御用文人，或只会发廉价义愤的市民的尾巴，那么青史就失去了独立品格，只配被社会冷落了。今天我们也不能否认，旧史观在史学界还有影响，对隋炀帝的看法，魏徵、司马光的观点甚至还占着优势。只是在近年，中外一些史学家才提出异议，要重新评价隋炀帝。

1959 年 9 月，万绳楠先生在《史学月刊》上发表论文，全面评述隋炀帝，肯定了他在历史上的许多作为，提出了与在他之前写《隋炀帝》的韩国磐、宫崎市定不同的看法。可是他的意见立即遭到《隋炀帝是不折不扣的暴君》一类文章的反驳。随着政治上“反击右倾翻案风”的运动，由郭沫若替曹操翻案掀起的一场史学论争，关于隋炀帝的题目还未及做，就忙不迭地偃旗息鼓了。

1979 年，英国的崔瑞德独具慧眼地指出：人们不能期望在集中把他说成是古典的“末代昏君”的大量被篡改的历史和传奇后面，对此人的实际情况有更多的了解。“他们把他写成令人生畏的典型的‘末代昏君’。在民间传说、戏剧和故事中，他的形象被作者和观众的随心所欲的狂想大大地歪曲了……在中国的帝王中，他决不是最坏的。”（《剑桥中国隋唐史》中译本，1990 年版）1984 年，日本的布目潮沨出版《被视为暴君与明君的隋炀帝与唐太宗》一书，列举了两人同出于关陇统治集团，都是次子，都曾占据父妾或弟媳，做了有悖中国人道德之事，又都曾数次远征高丽同归失败等四个共同点，却有暴君和明君截然相反的两种评价，对正统史观提出质疑。

1987 年，香港的杨永安在《隋唐五代史管窥杂稿》第一辑中，发表了两篇关于隋炀帝的文章，也指出："李世民之行为实与杨广一样，惟唐宗独享美名于后世而炀帝则遗臭于青史，此正千古以来成王败寇之论定也！"为炀帝"欲为贤君之心"申辩，并用专文分析"从《隋炀帝艳史》一书中看笔记、小说对杨广形象之歪曲"。

"文革"开始后，我离开一住九年的北京大学历史系，来到内蒙古一荒僻矿区，成为没能领导一切的工人阶级的一员。百无聊赖之际，将手头的《隋书》翻来覆去看了几遍，分门别类将全书史料整理抄成十一本笔记，此时对关于隋炀帝的传统评价产生了疑问。

1981 年，在考察丝绸之路途中，张掖举办了一次学术报告会，临时要我发言。我就《隋炀帝在张掖》这个题目，将自己的疑虑和盘托出，从他一生辛辛苦苦张罗国事的经历，说明他的活动无不有建设和发展国家的历史内容，使唐太宗跟着他亦步亦趋。我对隋炀帝可以肯定的一面所给的赞誉，在场的两百人大约是没一位认可的。考察队队长宁可教授当即说明，发言只代表个人意见，邓文宽并不认可地概括我对隋炀帝的评价："伟大的暴君。"

这几年，国内隋唐史学者关于隋炀帝的意见已不那么“舆论一律”了。我本人通过参加1984年的运河考察，更坚定了对研究隋炀帝的信心，很乐意地做了隋炀帝一生事业和辛苦的“知音”。而后承布目潮沨先生赠书，拜读了他对隋炀帝、唐太宗比较研究的精彩分析，又蒙黄约瑟先生惠寄杨永安先生的大作。金宝祥先生不仅惠赠他的大作《隋史总论》，而且多次表示对我研究这个题目的关心。在西北大学和西安交通大学听我课的学生，也绝大多数表示支持我的论点。以上种种使自己感到鼓舞，增加了信心，于是继武则天的传记之后，又有心写了这本书，并坚持在那年浪迹天涯中完成书稿。全稿的最后几节是在宁静的九华山上写成的，限于当时手边资料缺乏，内容不免单薄，但为了留下一段忘却的纪念，也就不改了。

相信明眼人能理解，我赏识这位“伟大的暴君”，绝无为昏暴张目之意。我相信，当我们翻过他那曾经辉煌的一页和暴虐的另一页后，如果能令人信服地给予适当的褒贬，为已亡人找回公道，就能证明，历史是最无情的，因此也是最有情的。史学家秉笔站在这个审判台上，绝不掩饰邪恶，也不埋没贡献。他们面对光明与卑劣交错的社会矛盾，有时显得无能为力，但作为人类良知的承担者，有责任将自己的领域辟为一片讲真话讲公道的净土，社会的正义也是要靠史学家的刀笔来支撑的。

这对个人来说也许是一种奢望，倘若成为史学家群体的自觉，一代一代矢志不渝地努力做下去，那么还历史以本来面目，就不是可望而不可即的了。

记得一位精通历史的大政治家说过：一部二十四史，大部分是不可信的。这是明眼人非常老到的看法。太多被篡改了的历史要后人去澄清，这需要智慧，有时还需要一点勇气。